커플 · 가족치료에서의 공통요인

효과적 개입의 토대

커플 · 가족치료에서의 공통요인

효과적 개입의 토대

Douglas H. Sprenkle, Sean D. Davis & Jay L. Lebow 공저

최연실 역

신정

감사의 글

우리 세 사람 모두는 우리가 이 책을 쓰는 데 있어 그들의 어깨 위에서 있었던 공통요인의 지적 거인들에게 감사하고 싶다. 그 거인들은 칼 로저스Carl Rogers, 솔 로젠츠윅Saul Rosenzweig, 제롬 프랭크Jerome Frank, 마이클 램버트Michael Lambert, 브루스 웜폴드Bruce Wampold에게만 제한되는 것이 아니다. 그리고 우리는 심리치료연구회Society for Psychotherapy Research의 회원들이 수십 년간에 걸쳐 공통요인에 관한 심리치료 연구를 수행한 것에 대해서도 감사드리고 싶다. 또한 이 프로젝트에 특별한 관심을 보여준 것에 대해 길포드 출판사Guilford Press의 짐 나지오트Jim Nageotte에게도 감사하고 싶다.

나D. H. S.[1]는 『변화의 심장과 영혼The Heart and Soul of Change』이라는 선구적인 책으로 이 분야에서 처음으로 책을 쓰도록 나를 고무시켰던 배리 던컨Barry Duncan, 스캇 밀러Scott Miller와 마크 험블Mark Hubble에게 특별한 감사의 말씀을 전하고 싶다. 나는 또한 나의 친구이자 나의 공통요인 출판에서 자주 공동저술을 하는 아드리안 블로우Adrian Blow의 의미 있는 언급에 대해서도 감사하고자 한다. 또한 과거 수십 년 동안 이 아이디어들을 들어주고 그것들에 도전해 주었던 퍼듀대학교Purdue University 부부 · 가족치료 박사과정의 학생들과 동료들에게도 감사하고

---

1) Douglas H. Sprenkle

싶다. "퍼듀 마피아Purdue Mafia"는 항상 내 마음 속에 특별한 자리를 차지하고 있을 것이다. 내 공동저자들인 션 데이비스와 제이 리보우에게 감사하고 싶다. 당신들은 이 책에서 당신들만이 쓸 수 있는 장들을 썼고 열띤 시너지를 일으키는 데 기여를 하였다. 당신들과 함께 일한 것은 영광이었다. 끝으로, 수십 년 동안 내 일을 옹호해 주고 지치지 않고 들어주고 그럴 자격이 있는 것보다 더 많이 나를 사랑해 준 나의 배우자 시드니 문Sidney Moon에게 큰 감사를 전한다.

나S. D. D.[2]는 이 분야에서 일찍이 내 멘토가 되어주신 마크 버틀러Mark Butler, 프레드 피어시Fred Piercy, 그리고 더글라스 스프렝클 박사에게 감사드리고 싶다. 당신들은 진정으로 완벽한 전문가들이시다. 긴 학문적 업적 성취 목록에 부가해서, 당신들은 다들 겸손하고, 가식 없고, 친절한 분들이시다. 나의 전문적인, 그리고 개인적인 삶 중에서 좋은 것들은 대부분 우리들 우정의 결과물들이었다고 할 것이다. 더글라스 스프렝클과 제이 리보우, 당신들은 함께 일하는 기쁨이었다. 공통요인에 대한 당신들의 학문적 정신과 열정은 책을 쓰는 벅찬 작업을 재미있게 만들었다. 나는 또한 알리안트국제대학교Alliant International University의 나의 동료들과 학생들에게 감사하고 싶다. 우리들의 지속적인 대화들이 나로 하여금 공통요인에 개념화와 적용에 대한 아이디어를 가다듬고 명확하게 하도록 해주었다. 가장 중요한 감사는 내 아내 엘리자베스에게 전한다. 당신의 지칠 줄 모르는 지지가 없었더라면, 이 책에서 나의 참여는 여전히 꿈이었을 것이다. 나는 정말 당신에게 끊임없이 놀라게 된다. 나의 아이들, 앤드류, 한나, 라켈, 그리고 윌리

2) Sean D. Davis

엄, 내가 프로젝트로부터 벗어나 너희들의 가녀린 무릎과 함께 하고 너희들을 공원에 데리고 가 트램펄린 위에서 점프하게 하도록 주장해 준 것에 대해 감사해. 너희들의 아빠가 된다는 것은 내 전문분야에서 배운 어떤 것보다 더 치료적이라는 것을 내게 가르쳐주었단다. 그래, 이 책이 완성되었고 이제 너희들의 아빠가 돌아왔구나!

나J. L. L[3]는 내 경력이 형성되어 갈 시기에 공통요인과 심리치료적 변화의 일반 원리가 갖는 중요성을 이해하도록 고취시켜주신 나의 멘토 켄 하워드Ken Howard와 데이비드 오를린스키David Orlinsky에게 감사하고 싶다. 그렇게 형성된 토대는 내가 커플·가족치료에서 요구되는 여러 일을 동시에 처리해야 하는 맥락에서조차 큰 도움이 되었다. 나는 또한 동료인 빌 핀소프Bill Pinsof에게 감사하고 싶다. 동맹과 치료 진전에 대한 그의 작업은 여러 해에 걸친 우리의 협력에서 지속적인 영감이 되어왔으며, 그의 선구적인 노력은 공통요인이 체계적 맥락에 적용되는 방식을 드러내 보여주었다. 가장 특별하게, 나는 오랫동안에 걸쳐 협력해 오면서 그렇게 사려 깊고, 인내심 있고, 유쾌함을 보여준 것에 대해 내 동료인 더그 스프렝클과 션 데이비스에게 정말 감사하고 싶다.

---

3) Jay J. Lebow

역자 서문

몇 해를 미룬 끝에 이제야 이 책의 번역을 마치게 되었다. 이 책은 커플·가족치료의 공통요인을 다룬 흔치 않은 책이다. 공통요인에 대한 관심은 개인치료에서 먼저 제기된 바 있지만, 커플·가족치료에서는 거론되지 않다가 이 책을 전후한 학계의 움직임에 의해 미국의 커플·가족치료 분야에서 본격화되었다. 최근 우리나라에서도 이러한 공통요인에 대한 관심을 가지는 분들이 점차 늘어가고 있지만, 마땅하게 볼 만한 국내의 참고문헌은 빈약한 실정이었다. 따라서 이 책의 번역으로 한국의 커플·가족치료 분야에서도 이러한 논의가 활발히 이루어지기를 바라는 마음이 크다.

이 책의 저자들은 첫 장에서 "치료적 변화를 일으키는 것은 무엇인가?"라는 질문을 던진다. 커플·가족치료의 목적이 치료적 변화를 이루려는 것이기에 이 질문은 가장 본질적인 문제의식을 다루는 것이다. 아마도 이 분야에 몸담고 있는 전문가들 대부분은 이 질문에 대한 답변으로 그동안 교육과 수련과정에서 강조된 접근방식을 떠올리게 될 것이다. 그것은 바로 모델 중심의 접근방식models-driven approach이다. 이 접근방식을 따르는 사람들은 커플·가족치료에서의 변화를 가져오는 가장 주된 원인이 임상가가 개입하는 처치모델treatment models의 기법이라고 보는 관점을 취한다. 하지만, 1990년대 후반과 2000년대 초반에 제기된 공통요인 중심의 접근방식common factor-driven approach을 지지하는 사람들은 이와는 대조적으로 치료적 변화를 일으키는 것은 치료과정에 포함된 공통의 요소들이 작동한 결과라고 보는 관점을 갖는다.

이러한 공통요인 중심의 접근방식에는 넓게도 보고 좁게도 보는 견해들이 다양하게 존재한다. 먼저, 넓게 보는 견해는 개인치료에서도 작동하고 심리치료 전반에 걸친 일반적인 공통요인들이 있고, 커플·가족치료에 주로 특정하게 작용하는 특수한 공통요인들이 있다고 본다. 이 책에서 밝히는 심리치료 전반에 걸쳐 있는 일반적인 공통요인들은 예컨대, 내담자특성, 치료자특성, 치료적 관계, 기대나 희망과 같은 것들이다. 이에 비해, 커플·가족치료에 주로 특정하게 작용하는 특수한 공통요인들의 예를 들자면, 가족원들이 경험하는 어려움을 관계적 용어로 개념화하기, 역기능적인 관계패턴을 중지시키기, 직접적인 처치체계를 확대하기, 치료동맹을 확대하기 등이다. 다소 난해하게 느껴지는 이 용어들은 이 책에서 이것들을 다룬 각 장에서 구체적이고 상세하게 설명된다.

다음으로, 공통요인을 좁게 보는 견해는 그동안 개발된 커플·가족치료의 각 모델들에서 공통요소들을 추출하는 입장이다. 이 책에서는 주로 거론되는 모델들의 예로, 대상관계치료 모델, 정서중심치료 모델, 그리고 해결중심치료 모델 등 특정한 처치모델들을 언급한다. 이 세 모델들은 상당히 다른 치료적 접근을 취하는 것으로 알려져 있지만, 치료적 변화를 가져오는 인지, 정서, 행동의 측면에서 보면, 이 모델들 안에서는 공통적인 요소들을 많이 발견할 수 있다고 보는 것이 바로 공통요인 접근의 좁은 견해이다.

이 책에서는 공통요인을 바라보는 넓고 좁은 견해를 모두 종합하여,

커플·가족치료에서의 모델들에 관한 모델을 '메타모델meta-model'이라는 이름으로 제시한다. 이것은 특정모델의 처치 기법에 얽매이지 않고, 커플·가족치료에 가장 본질적인 이론적 토대를 제공하고 있는 체계론적 관점에 기반을 두면서도 커플·가족치료에 주로 특정하게 작용하는 공통요인들을 적용하여 하나의 통합적인 모델을 제공하려는 시도이다. 이것은 특정 처치모델을 떠나 커플·가족치료에 대한 일반적 모델을 구상해보려는 참신하고도 의미 있는 시도로서, 이러한 메타모델의 기획은 커플·가족치료에 대한 이론이나 연구뿐만 아니라 임상에도 영감과 도전을 던진다고 할 수 있다. 즉, 커플·가족치료에서의 공통요인에 대한 논의는 이론적 정련화와 더불어 연구방법의 발전에도 연결이 되며, 나아가 사례를 개념화하고 개입의 초점을 맞추는 교육, 훈련이나 실제 현장에서의 문제에 개입하는 임상에도 새로운 시각을 던진다. 어떤 특정한 처치모델만을 전능하게 생각하거나 숭배하는 풍토에서 벗어나 점차 보다 통합적인 접근 쪽으로 고개를 돌리고 있는 국내·외의 커플·가족치료전문가들에게는 상당히 반가운 소식이 아닐 수 없다.

이론, 연구와 실천을 모두 통합하여 커플·가족치료 분야에서 견고한 명성을 지니고 있는 이 책의 세 저자 더글라스 스프렝클 박사Dr. Douglas H. Sprenkle, 션 데이비스 박사Dr. Sean D. Davis, 그리고 제이 리보우 박사Dr. Jay L. Lebow는 이 책의 내용에서 보여주는 대로 극단적인 공통요인의 지지자들이 아니다. 그들은 커플·가족치료분야에서 이미 확고한 위치를 차지하고 있는 처치모델들을 긍정 하면서도 이 처치모델들에 걸쳐서 스며있는 공통요인의 존재를 부각시킨다. 그들은 "공통요인이 이러한 처치모델들을 통해 작동한다"는 관점을 취하면서 그들의 견해를 '온건한moderate' 입장으로 제시한다. 세 저자들은 다만 그동안 커플·가족치료 분야에서 지나치게 자신이 추구하는 모델에 편향되어 있고 선호하는 모델을 마치 종교처럼 '신성시'하는 자세에 대한 성찰을 촉구하는 것이다. 실상 내담자가 찾아오는 문제의 현실에 꼭 들어맞는 '하나의' 최상 모델을 찾아내기는 무척 어려운 일이다. 또한 많은 경험적인 연구가 보여주듯이, 치료적 효과를 가져 오는 주된 원인으로 거론되는 것은 처치모델의 기법들이라기보다는 치료자의 인간됨이나 치료자가 내담자와 맺는 관계인 것이다.

이 책의 전체적인 얼개를 간략히 설명하자면, 첫 5개의 장은 공통요인에 대한 기초적이고 보다 일반적인 장들이라고 할 수 있다. 그리고 제6장에서 제9장까지는 많은 임상사례를 제공하면서 실질적인 측면들을 다룬다. 그리고 제10장에서 제12장까지는 변화에 대한 공통요인 중심 패러다임에 대한 결론, 함의와 권고사항을 전개한다.

예상보다 많은 시간을 투여했지만, 혼자 해내는 번역 작업이라 상당한 한계를 느껴왔던 것 같다. 만족스러운 수준까지의 번역을 기대하자면, 앞으로도 많은 시간이 필요할 듯해서 어느 정도에서 타협할 수밖에 없었음을 아쉽게 생각한다. 비록 부족함이 많은 역서이지만, 이 책이 국내 커플·가족치료 분야에서의 공통요인에 대한 논의가 활성화되는 계기를 마련할 수 있다면 역자로서 그보다 더 큰 행복이 없을 것이다.

2021년 8월

역자 배상

차례

제1장
치료적 변화를 가져오는 것은 무엇인가?
두 패러다임

치료적 변화를 가져오는 것은 무엇인가? 과학은 인과관계가 있는 것처럼 잘못 보게 만드는 많은 예를 보여준다. 1980년대 초까지 일반인들뿐만 아니라 의사들까지도 소화성 궤양peptic ulcers은 걱정이나 스트레스, 그리고 성격(혹은 커피를 지나치게 마시거나 음식을 너무 맵게 먹기) 때문에 생긴다고 믿었다. 그러나 오늘날 우리는 약 90%의 소화성 궤양이 **헬리코박터 파일로리**H. pylori 세균 때문에 생기며, 이 세균은 일반적으로 1~2주 정도 항생제를 먹으면 성공적으로 처리될 수 있음을 알고 있다.

내D. H. S[1])가 자랄 때, 대부분의 사람들은 "좋은 음식은 비타민이 풍부하다"고 생각했다. 시금치에 비타민 A와 C가 풍부하게 들어있다고 많이 먹으라고 했다. 하지만 블루베리는 비타민이 거의 없어 건강에

1) 역자 주: 저자 중 한 사람인 Douglas H. Sprenkle을 가리킨다.

좋은 필수 성분이 들어있지 않으니 먹지 말라고 했다. 그런데 지금은 식물성 화학물질phytochemicals이 건강에 훨씬 더 큰 기여를 한다고 알려지고, 블루베리와 같은 몇몇 음식에는 비타민은 상대적으로 적지만 건강에 아주 좋은 식물성 화학물질이 들어있다고 알려지게 되었다. 이 경우에 있어서 비타민은 건강에 좋기는 하지만, 예전에 생각했던 것만큼은 아니라는 것이 과학을 통해 밝혀졌다.

이 책은 심리치료에서 변화를 일으키는 것은 주로 치료모델과 기법이 지니고 있는 고유한 요소라고 흔히 받아들이는 가정에 도전한다. 비타민과 마찬가지로, 이러한 요소들은 대체로 유익하고, 따라서 높게 평가할 수 있지만, 그럼에도 우리는 그것들이 변화의 중심이 된다는 생각에는 도전한다. 우리는 또한 "치료적 변화를 가져오는 것은 무엇인가?"라는 질문이 심리치료자뿐만 아니라, 이론가나 연구자에게도 엄청나게 중요하다고 생각한다. 왜냐하면 그 대답은 우리가 상담실에서 무엇을 할지, 우리가 하는 일을 어떻게 보거나 설명할지를 결정하며, 또 우리가 무엇을 조사할지에 대한 초점이 되어야 하는 것이 분명하기 때문이다.

이 질문에 대한 우리의 대답은 우리(이 책의 세 저자)가 어떻게 훈련을 받았는지에 따라 다르고, 기존에 확립된 심리치료에서 가장 강력한 힘을 차지하는 사람들 대부분의 비위를 건드린다. 이 책은 왜 치료가 작용하는지에 대한 새롭게 부상하는 패러다임(공통요인 중심의 변화common-factors-driven change)을 설명하면서, 커플·가족치료에서 이 패러다임이 어떻게 작용하는지에 특별히 강조점을 두고자 한다. 요컨대, 이 패러다임은 심리치료가 주로 작용하는 것은 특정한 치료모델이나 독특한 개입의 고유한 기여(소위 모델 중심의 변화model-driven change 패러다임) 때문이 아니라 모든 효과적인 치료들에 걸쳐 있는 일련의 공통요인이나 변화의 메커니즘 때문이라고 제안한다. 우리는 더 나아가 이렇게 새롭게 등장하는 견해가 치료자, 슈퍼바이저, 교육자에게 강력한 영향을 미치고 있으며, 이러한 접근법에 숙달되면 여러분의 결과가 개선될 것이라고 믿는다.

다음 장에서 좀 더 자세히 논의되고 있는 바와 같이, 우리는 그것을 "새롭게 부상하는" 패러다임으로 부르고 있지만, 실상 이 패러다임은 기술적으로 "새로운" 것은 아니다. 그 뿌리는 70년 이상 거슬러 올라가며, 소수의 학자들과 임상가들이 심리치료 안에서 오랫동안 그것을 옹호하는 목소리를 내왔다(Karasa, 1986; Lambert, 1992; Lambert & Ogles, 2004; Luborsky, Singer & Luborsky, 1975). 또한 우리가 그 접근의 구체적인 사항들을 구축하는 데 있어 아이디어를 빌려온 소집단의 관계치료자들(Hubble, Duncan, & Miller, 1999)도 있었다. 그러나 그 패러다임은 대부분의 심리치료자들이 임상을 행하는 중심에 의식적으로 있지 못하거나, 국립보건원National Institutes of Health: NIH이나 심리치료 연구기관과 같이 연구기금을 제공하는 주요한 기관들에게 중요하지 않은, 반문화적인 소수자 지위로 남아 있다는 점에서 여전히 "새롭게 부상하는" 위치에 있는 것이다. 이러한 국립보건원이나 심리치료연구기관 같은 집단들은 대개 특정한 모델 중심의 패러다임에 매여 있다.

이 책의 세 저자는 모두 임상을 행하고 (커플·가족치료에 특별한 강조점을 두는) 치료자들이다. 대학에서도 가르치기도 하고 연구도 하지만, 우리는 매일 개인, 커플과 가족을 내담자로 만나고 임상가의 마음을 갖고 있다. 우리는 현장에서 일하기 때문에, 실무자들을 이 책의 일차적인 청중으로 생각하고 말하려고 한다. 하지만 우리는 또한 왜 변화가 일어나는가에 대한 생각을 평생의 열정으로 공유하고 있으며, ("감感으로 하는" 것과 반대로) 이론이 이끌어내는theory-driven 치료가 보다 일관되고 효과적일 가능성이 높다고 믿는다. 따라서 우리는"좋은 이론만큼 실용적인 것은 없다"는 가정하에 우리의 접근방식이 이론적으로 정당하다는 것을 독자 여러분들에게 보여주려 한다. 마지막으로, 우리는 또한 증거를 중시하는 응용 연구자들이다. 우리는 이 새롭게 부상하는 패러다임을 믿게 되었다. 왜냐하면 그것에 대한 증거가 이전의 패러다임보다 더 설득력이 있기 때문이다. 가능하다면 이 책의 어디에서든, 우리는 여러분이 이러한 아이디어에 대한 우리의 말을 단순히 받아들일 것이라 기대하지 않고 오히려 새로운 패러다임을 뒷받침하는 자료를 제공하려 했다. 요컨대, 이 책은 이론적이고 연구가 알려주는 것에 마음을 여는 실천가들과 학생들을 위해 쓰였다.

치료적 변화의 두 패러다임

대부분의 심리치료자들에게 왜 변화가 일어나는지 물어본다면, 그들은 일차적으로 자신이 선호하는 모델이 바라보는 견지에서 그 변화과정을 설명할 것이다. 예를 들어, 구조적 가족치료자는 가족으로 하여금 자신들의 조직 패턴을 변화시키도록, 즉 경직된 경계나 애매한 경계에서 명확한 경계로 바꾸도록 촉진할 때 변화가 일어난다고 말한다. 이야기 치료자는 내담자로 하여금 무기력하고 예속된 삶의 이야기로부터 역량을 강화시키고 자기효능적인 자기 내러티브self-narrative로 바꾸는 쪽으로 삶을 다시 쓰도록reauthor 격려할 때 변화가 일어난다고 말한다. 모든 성공적인 치료들에 걸쳐있는 공통요인들이 언급될 수 있고 (필요하다고 여겨지면) 높이 평가될 수도 있지만, 그것들은 변화가 일어나는 주요한 이유로 간주되지 않는 것처럼 보인다. 대신, 치료모델이 어느 점에서 독특하게 기여했는지가 강조되곤 한다.

만약 여러분이 10~15년 전에 우리 세 사람 모두에게 그와 똑같은 질문을 했다면, 우리는 아마도 초기 패러다임의 견지에서 답을 했을 것이다. 나D. H. S에게는 달리 생각할 바가 떠오르지 않았을 것이다. 하나의 패러다임은 우리가 사물을 어떻게 볼지를 형성하는 하나의 큰 헤석틀이라는 것을 기억하라. 그리고 실상 패러다임의 전환을 겪기 전까지는 사물을 다르게 보는 것이 거의 불가능하다. 내가 1970년대에 커플·가족치료 분야 안으로 들어섰을 때는 위대한 모델개발자들의 "황금기"였고, 나는 살바도르 미뉴친Salvador Minuchin, 칼 휘태커Carl Whitaker, 버지니아 사티어Virginia Satir, 제이 헤일리Jay Haley, 그리고 제임스 프라모James Framo와 같은 명망가들의 워크숍에 매료되었던 기억이 난다. 이들이 내담자에게 하는 작업은 너무나 놀랄 만한 일이어서 나는 치료적 변화의 원인이 각 모델의 구체적인 기여가 아닌 다른 어떤 것이라고 결코 의심해 본 적이 없었다. 나에게 있어서 유일한 진짜 질문은 어떤 모델이 "참된" 것이며, 어떤 모델 혹은 모델들이 내 작업을 이끌어야 하는가이었다.

물론, 커플·가족치료가 모델들에 매혹되었다는 사실이 독특한 것은 아니다. 이 장의 문을 열었던 질문(치료적 변화를 가져오는 것은 무엇인가?)에 대한 답을 찾기 위해 모델개발자들이 끝없는 탐구를 계속함에 따라 적어도 400가지의 다른 심리치료 모델들이 기록되었다. 실제로 이런 모델의 확산에 대해 솔 가필드Sol Garfield(1987)는 "이런 식으로 가면 다음 세기 언젠가 쯤에는 서구 세계에 사는 성인 한 사람마다 하나씩의 심리치료가 있게 될 것이다"(p. 98)라고 비꼰 적이 있다. 그렇다면, 새로운 패러다임을 채택함으로써 얻을 수 있는 한 가지 잠재적인 이점은 이제 더 이상 새로운 모델을 계속 발명할 필요가 없다는 것이다(Sprenkle & Blow, 2004a)!

예전 패러다임과 새로운 패러다임, 두 가지를 구분하는 주요 요인은 〈표 1-1〉에 설명되어 있다. 이 표 뒤에 나오는 설명에서 우리는 이 두 패러다임들이 극단적으로 반대의 성격을 갖는 것이 아니라 아마도 연속선상에 있으면서 강조하는 정도가 다를 것이라고 밝힌다. 우리는 또한 모델 중심의 변화 패러다임도 어느 정도 장점이 있다고 믿는다. 공통요인에 대한 우리의 "온건한moderate" 접근에 대해 이야기하는 제5장에서 이러한 생각을 자세히 설명할 것이다.

다음 장들에서 두 패러다임에 대해 더 자세히 설명할 것이다. 우리는 두 패러다임이 반대되는 것이 아니라는 명제를 따르면서, 공통요인 중심 변화에서 모델이 **정말** 중요한 역할을 한다는 점을 강조한다. 그러나 우리가 선호하는 패러다임의 주창자들은 모델보다는 공통요인이 작동하는 장치가 더 고유하게 변화를 가져오는 것이라고 본다. 치료자는 그들의 작업에 일관성과 방향을 부여하기 위해 모델을 필요로 하지만, 이 패러다임은 모든 성공적인 심리치료에서 발견되는 변화의 공통 메커니즘을 활성화하기 위한 치료자의 능력에 더 가치를 두게 만든다.

더 예전의 모델은 심리치료를 바라보는 의학적 렌즈를 사용하는데, 이것은 초기 심리치료자들이 의사였다는 점을 고려하면 별로 놀랄 일이 아니다. 따라서 많은 심리치료 연구자들은 치료가 약물 처치와 유

표 1-1 치료적 변화의 두 패러다임

모델 중심의 변화	공통요인 중심의 변화
변화에 대한 1차적 설명	
각 모델 내에서의 독특한 요소와 변화의 메커니즘을 강조한다.	모든 효과적인 심리치료에 걸쳐 있는 공통적인 변화 메커니즘을 강조한다. 모델은 공통요인들이 작동하는 수단이다.
메타포	
의학적: 처치를 의료 절차 및 약물과 유사한 것으로 간주한다.	맥락적: 처치를 "둘러싼" 신뢰, 동맹, 그리고 충성심과 같은 특성들이 치료의 독특한 측면보다 더 중요하다고 믿는다.
변화에서의 치료자 역할	
누가 그것을 제공하느냐보다 시행되는 처치를 강조한다.	처치를 제공하는 사람의 자질과 역량이 처치 그 자체보다 더 중요하다고 주장한다.
변화에서의 내담자역할	
보다 치료자 중심적: 치료가 협력적으로 이루어질 수는 있지만, 치료자가 어떤 특정한 방식으로 처치하는 것을 더 중시하며, 내담자가 치료자가 의도하고 권하는 방식으로 움직여야 더 치료효과가 있다고 본다.	보다 내담자 중심적: 특정한 방식으로 처치를 하는 것은 덜 중요하고, 내담자의 욕구나 세계관에 맞추어 처치하는 것을 더 중요시한다. 그리고 내담자가 자신의 목적을 위해서라면 치료에서 제공되는 것이 무엇이든지간에 독특하면서도 자기에게 맞는 방식으로 움직여야 더 치료효과가 있다고 본다.
문화 속에서의 위상	
대부분의 기금이 지원되는 연구(예: NIH 연구)는 이러한 패러다임을 강조하고, 다수의 목소리를 대표하며, "승인된approved" 처치 목록을 옹호한다.	기금 제공기관들은 이러한 패러다임을 덜 강조하고, 소수 의견을 대표하며, "승인된" 처치 목록에 반대한다.

사하며, 본질적으로 약물 없는 약물연구라고 믿는다. 약물치료는 "특별한 장애의 처치에 안전하고 효과적"으로 알려진 구체적인 여러 치료법을 구축해 놓은 엄격히 통제된 연구로 평가될 필요가 있다(Lebow, 2006b, p. 31). 웜폴드Wampold(2001)는 많은 증거자료를 가지고 의학적

모델에 도전하면서, "충성도allegiance(치료자의 모델에 대한 헌신)"와 "동맹alliance"(치료자-내담자 관계의 질과, 치료자가 "같은 편"이라고 내담자가 믿는 정도) 같은, 처치를 둘러싼 어떤 "맥락적contextual" 특성이 더 큰 영향을 미치는 강력한 경험적 사례를 제시한다. 그는 처치에 특정적이지 않은 수많은 다른 변수들이 "특정한" 처치 요인들보다 심리치료 성과에서 더 많은 차이를 가져오게 한다는 것을 경험적으로 보여준다.

물론, 우리는 의학적 모델이 의학을 위해서는 놀라운 일을 했다고 생각한다. 우리는 또한 의학적 모델이 심리치료에 매우 유익했다고 믿는다. 의학적 모델은 심리치료가 "작동한다"는 것을 보여주기 위해 심리치료 연구에서 무선임상실험randomized clinical trials을 사용하도록 장려하였다. 이러한 실험 덕분으로 우리는 제3자 지불인third-party payers과 같은 외부 청중에게 심리치료(개인, 관계 모두)가 매우 효과적이라고 상당히 자신 있게 말할 수 있게 되었다(Wampold, 2001; Shadish & Baldwin, 2002). 우리는 임상실험 연구를 통해 얻은, 이 어렵게 투쟁한 지식의 중요성을 결코 과소평가하지는 않을 것이다.

하지만, 심리치료가 효과적이라고 말하는 것과 심리치료가 **왜** 효과적인지를 말하는 것은 전혀 다른 것이다. 의학적 모델의 기여를 높이 평가하지만, 우리는 다양한 "처치들treatments"이 "왜"를 설명하고, 경쟁하는 약물들이 약물 조사에서 초점이 되는 것과 같은 방식으로, 처치들의 비교가 연구 관심의 일차적인 초점이 되어야 한다는 의학적 모델의 가정에 반론을 제기한다.

두 패러다임 간에 또 다른 큰 차이점은 치료자의 역할이다. 그래서 더 예전의 패러다임에서는, 만약 심리치료가 의료 행위와 같다면, 처치는 누가 그것을 행하느냐보다 그 처치가 "시행되느냐"가 훨씬 더 중요하다고 보았던 것이다. 리보우Lebow(2006)는 그것을 다음과 같이 표현했다.

> 심리치료 연구자들은 대개 다른 임상적 개입들에만 집중하면서 그것들을 사용하는 심리치료자는 무시한다. 그것은 마치 처치 방법이 그것을 투여하는 사람의 영향을 전혀 받지 않는 약과 같다고 보는 것이다. 연구자들은 너무 자주 치료자의 기술, 인성 및 경험을 부차적인 이슈들로 간주한다. 이것은 다른 처치 집단들에게 다른 개입을 해서 그 결과를 비교해 보는 것을 더 중요하다고 여기는 태도들이다(pp. 131-132).

새롭게 부상하는 패러다임에서 치료자의 역할은 모델이나 치료를 활성화하는 데 필수적이며, 치료자의 전문성이 없다면 모델은 그저 종이 한 장에 쓰인 단어들에 지나지 않는다. 새로운 패러다임 옹호자들은 전통적인 심리치료 연구에서는 치료자의 역할이 강조되지 않고 어떤 것이 더 나은가를 겨루는 처치들을 강조한다고 주장한다. 치료자들이 효과를 내는 것에는 분명 차이가 있기 때문에 이런 것에 초점을 두는 것은 또한 상식에 위배되는 것이다. 윔폴드(2001)가 지적했듯이, 어떤 변호사들은 다른 변호사들보다 더 나은 성과를 얻고, 어떤 예술가들은 더 기억될 만한 조각품을 만들며, 어떤 교사들은 더 훌륭한 학생 성적을 나오게 하는 것과 마찬가지로, 어떤 치료자들은 다른 치료자들보다 더 나은 결과를 낼 것이라고 생각하는 것이 이치에 맞다. 이러한 자명한 이치에도 불구하고, 더 예전의 패러다임은 성과의 기여자로서 치료자 변수에 대해서는 상대적으로 거의 주목하지 않는다. 우리는 제4장에서 치료자효과의 차이에 대한 경험적 사례를 제시한다.

제공되는 독특한 처치에 중점을 두기 때문에, 더 예전의 패러다임은 종종 더 치료자 중심적therapist-centric인 것으로 귀결된다. 물론, 모든 모델 중심 치료자들이 치료를 비교적 수동적인 내담자에 대한 "전문가"로서 그들이 "행하는" 어떤 것으로 본다고 말하는 것은 부정확할 수 있다. 많은 모델 중심 치료자들, 특히 사회구성주의에 기울어진 치료자들은, 매우 협력적인 방식으로 작업한다. 그럼에도 우리는 종종 그러한 구체적인 작업을 "시행dispensing"하거나 "수행 performing"하는 것에 더 초점을 두는 경향이 존재한다고 믿는다. 만일 치료자가 변화는 어떤 처치모델에서 발견되는 매우 구체적인 일련의 작업들에 의해서 일어난다고 믿는다면 말이다. 그리고 이 "진정한 신자true believer"인 치료자는 자기가 그러한 구체적인 작업을 얼마나 충실히 수행하느냐가 변화가 일어날지 여부를 결정할 것이라고 더 많이 믿을 것이다. 변화가 일어날 때, 이 치료자는 또한 이러한 독특한 작업들 때문에 내담자에게 변화가 일어났다고 생각할 가능성이 높다. 바꾸어 말하면, 이 치료자는 내담자들이 치료자가 사용하는 방식으로 치료를 사용한다고 믿을 것이다. 예를 들어, 구조적 가족치료자는 처치를 받는 가족이 더 명확한 경계를 개발하기 위해 치료를 사용했기 때문에 성공했다고 믿을 것이다. 마찬가지로, 이야기 치료자는 내담자들이 그들 자신에 대한 새롭고 더 힘을 부여하는 이야기를 만드는 것을 배웠기 때문에 치료가 성공적이었다고 믿을 것이다.

새롭게 부상하는 패러다임에서는 내담자가 자신의 목적을 위해 제공되는 것이라면 어떤 것이든 적극적으로 활용한다고 보는 경향이 더 많다. 처치를 받고 있는 가족은 이 치료를 사용해 보다 명확한 경계선을 개발하거나 혹은 보다 힘을 실어주는 내러티브를 개발하기도 하지만,

다른 한 편으로 가족구성원들이 이 치료를 사용해 그들의 차이점을 어떻게 다룰지를 배우거나 혹은 작업할 때 어떻게 더 잘 해낼지에 대한 통찰력을 얻었기 때문에(혹은 왜 처치가 성공했는지에 대한 치료자의 믿음에 중심적이지 않았던 다른 무수한 설명 중 그 어떤 것 때문에) 변했다고 믿을 수도 있다. 물론, 치료자의 관점이나 내담자의 관점 모두 "타당"할 수 있지만, 새로운 패러다임은 내담자의 해석에 특권을 부여한다. 치료자는 종종 왜 치료가 성공했다고 생각하는지를 내담자에게 물어보는데, 내담자가 정작 치료자가 소중히 여기는 설명과 거의 관련되지 않는 것을 말한다는 사실에 충격을 받는다(Helmeke & Sprenkle, 2000). 여기서 우리가 말하고자 하는 요점은, 대개 독립적으로 효과가 입증된 매우 다른 치료법으로 달성된 결과들에서는 보통 약간의 차이만 존재한다는 결과가 나오지만, 자신의 목적을 위해 제공되는 것은 무엇이든지 간에 사용하는 내담자들은 강한 효과가 있었다고 말한다는 것이다(Shadish & Baldwin, 2002; Wampold, 2001). 예를 들어, 지금까지 완료된 것 중 가장 크고 거의 틀림없이 최상이라고 할 만한 심리치료 성과 연구에서, 우울증에 대한 인지행동치료는 대인관계치료인 정신역동 처치보다 더 나은 결과를 얻지 못했다(Elkin et al., 1989). 쉐디쉬Shadish와 볼드윈Baldwin(2002)은 20개의 메타분석 결과를 통해 서로 다르게 보이는 다양한 관계치료들 간에 차이가 없거나 오로지 약간의 차이가 있음을 보여주었다. 즉, 내담자들은 그들의 목표를 달성하기 위해, 그들 자신들의 독특한 방식으로, 제공되는 것은 무엇이든지 사용하는 것이다.

예를 들어, 나D. H. S는 심지어 내담자들이 나를 완전히 오해하고 나중에 내가 결코 말한 적이 없거나 하지 않았던 어떤 것에 대해 감사하는 수많은 경험을 했다. 예를 들어, 최근에 이혼한 한 여성은 그녀가 혼자가 되었을 때 그녀의 삶이 극적으로 더 좋은 쪽으로 변화했다고 말하면서, 내가 그녀의 남편을 떠나라고 "말해" 준 것에 대해 감사했다. 나는 그녀가 이혼에 대한 의사결정을 하는 치료 동안 그녀의 양가적 감정이 지니는 모든 면을 볼 수 있도록 돕기 위해 전력을 다했고, 그녀에게 무엇을 해야 할지 결코 "말하지" 않았다. 오히려, 나는 이 내담자와의 커플회기와 개인회기 내내 그 관계에 대한 희망을 부추겼다고 생각했다. 내담자들이 가끔 그러하듯이, 그녀는 치료자가 더 나아지려는 자신의 목적을 위해 제공하는 어떤 것이든 사용했던 것이다.

끝으로, 내담자의 참여가 치료자의 특정한 활동보다 더 중요하기 때문에, 내담자를 끌어들이고 동기를 부여하는 것이 새로운 패러다임의 핵심이다. 하지만, 공정하게 본다면, 일부 예전의 패러다임 모델들도 내담자를 끌어들이고 동기를 부여하는 데 상당한 관심을 기울인다고 할 수 있다. 따라서 다시 반복해서 말하지만, 우리는 이 두 패러다임을 "이것 아니면 저것"으로 묘사하고 싶지 않다.

마지막으로, 예전의 패러다임은 지배적인 문화 속에서 훨씬 더 확고히 자리 잡고 있다. 리보우(2006)는 의학적 모델형medical model-type 연구가 "지난 20년간 국립보건원이 기금을 댄 정신건강 처치에 대한 연구에서 우세를 차지한다"(p. 31)고 지적한다. 그것은 정신건강 "진단diagnoses"이 무선임상실험에서 "효과적"으로 나타난 매뉴얼화된 모델들에 의해 가장 잘 다루어진다고 가정된다는 점에서 『정신장애진단 및 통계매뉴얼Diagnostic and Statistical Manual of Mental Disorders(DSM)』의 권력구조와 훨씬 더 밀접하게 맞아떨어진다. 그러나 공정하게 보자면 NIH가 과정연구process research에도 기금을 주어야 하는데, 처치비교연구comparative treatment research에만 전적으로 강조점을 두는 것은 그런 경우에 해당하지 않는 것이다. 그래서 반복하자면, 두 패러다임 간에 대조를 지나치게 강조해서는 안 된다. 모델 중심 패러다임을 옹호하는 사람들은 효능적인 처치들로 승인된 "목록"을 들이밀고, 정신건강 제공기관에서는 이러한 목록에 올라있는 처치들에 대해서만 환급하는 경향이 점차 증가하고 있다.

새로운 패러다임은 강한 연구 기반(Shadish & Baldwin, 2002; Wampold, 2001)을 가지고 있지만, 대부분의 공통요인 연구는 NIH와 같은 주요 출처에서 연구기금을 받지 못하고 있다. 이러한 유형의 연구는 독특한 처치가 아니라, 오히려 치료적 성과에서 변화를 가져온 공통된 원천에 초점을 맞추고 있기 때문이다. 새로운 패러다임의 주창자들은 증상패턴을 식별하는 믿을 만한 방식으로서 DSM의 가치를 어느 정도 알고 있지만, 그들은 진단만이 처치 계획의 의미 있는 토대가 된다는 생각을 거부한다. 예를 들자면, "주요우울장애major depression disorder"의 원인이 너무 다양해서 제한된 처치 선택안을 규정할 수 없기 때문이다. 더욱이, 그들은 인정받은 처치의 "목록"이라는 개념은 사람들을 잘못 이끌 수 있다고 본다. 그 이유는 무엇보다도, 그들이 처치를 효과적으로 만드는 것이 독특한 요소들이라는 생각을 거부하기 때문이다. 그들은 이러한 움직임이 너무 쉽게 가장 흔하게 연구된 모델(대개 인지행동모델이나 그 변형모델들)을 수용한다고 믿는다. 다른 접근들(종종 특별한 치료자들에게 더 적합한)이 똑같이 효과적일 가능성이 있는데도 말이다. 내담자들의 다양하고 변화하는 욕구를 고려해서, 공통요인의 주창자들은 또한 치료자의 **즉흥성**improvisation에 더 큰 여지를 남기고 싶어 한다. 이 새로운 패러다임의 주창자들은 적어도 어느 정도는 "반문화적"이며, 심지어는 때때로 귀찮게 딴지를 거는 사람, 독불장군, 반골로 이름 붙여지기도 한다.

요약하면, 두 패러다임의 지지자들은 일반적으로 같은 성분을 사용하지만, 그것들을 매우 다르게 본다. 프톨레마이오스Ptolemaic 패러다임과 코페르니쿠스Copernic 패러다임이 둘 다 지구, 태양, 행성을 포함했지만 그들의 상호관계를 다르게 보았던 것처럼, 변화에 대한 예전 패러다임과 새롭게 부상하는 패러다임의 옹호자들도 같은 현상, 즉 모델, 치료자, 내담자, 그리고 변화과정을 사용하지만, 그것들의 상호관계를 다르게 본다. 그것이 여러분의 임상 작업에서 (그레고리 베이츤Gregory Bateson의 유명한 문장을 불러오면) "차이를 만들어내는 차이difference that will make a difference"라는 것이 우리의 주장이다. 예를 들어, 만약 여러분이 채택하는 모델과 무관하게 치료자로서 여러분의 역량이 모델 그 자체보다 더 중요하다면, 여러분은 치료자 전문성에서 공통적인 요소들을 탐색하고, 연구자들이 이러한 변수들에 대해 더 많이 알아내도록 압력을 가할 것이다.

공통요인에 대한 넓은 개념화와 좁은 개념화

"공통요인"의 정의는 어떤 특정한 이론적 접근이나 모델의 영역이 아닌, 변화에 기여하는 변수들에 초점을 맞추고 있지만, 우리는 공통요인이 좁게도 정의되고 넓게도 정의될 수 있다는 것을 인정한다. 좁은 관점(Lambert, 1992)은 그것들을 서로 다른 이름으로 불리는, 이질적인 모델들에서 발견되는 개입의 공통적인 측면(예를 들어, 의미의 변화를 만들어 내는 것을 "통찰", "재정의" 또는 "문제의 외재화"라고 이름붙일 수 있다)으로 개념화한다. 넓은 개념화(Hubble et al., 1999)는 내담자, 치료자, 관계 및 기대 변수 같은 처치 상황의 다른 요소들을 포함하는 것으로 본다. 예를 들어, 이러한 관점에서 보면, "치료자 변수"(성과에 기여하는 치료자의 특성)를 공통요인으로 볼 수 있다. 왜냐하면 치료자의 역량(그가 어떤 모델을 쓰든 상관없이)이 치료 성과에 중요하게 기여한다는 것이 상당히 분명하기 때문이다. 일반적으로 말해서, 이 책 전체에서는 그 넓은 접근이 선호된다. 그러나 넓게 정의하든 또는 좁게 정의하든 공통요인은 특정한 요인들과는 대조될 수 있다. 이 특정한 요인들은 특별한 접근이나 모델에 고유한 성과를 가져오는 변수들이다.

관계치료자들 사이에서의 공통요인에 대한 저항

우리는 개인치료자들에서보다 관계치료자들에서 공통요인 패러다임에 대한 저항이 더 크다고 본다. 이처럼 저항이 높은 것은 커플·가족치료에 공통요인을 적용하는 것이 1990년대 이전까지는 이 분야의 문헌에서 나타나지 않았기 때문이다. 그럼에도 우리는 관계치료의 역사는 차이를 강조하는 경향이 있다고 믿는다. 첫 번째 이유는 그것을 주류 심리치료와 구별하기 위해서였고, 두 번째 이유는 여러 다른 관계치료들과 차별화시키기 위해서였다. 커플·가족치료 모델개발자들은 전형적으로 그들의 모델을 "판매"하고 추종자를 얻는 데 탁월한 능력을 가진 카리스마 넘치는 인물들이었다. 이러한 차별성에 대한 강조가 더 용이했던 이유는 그 분야가 특별히 연구의 영향을 받지 않고 직관적이거나 감정적인 호소력을 바탕으로 더욱 커졌기 때문이다(Nichols & Schwartz, 2001). 덧붙이자면, 이 분야는 역사적으로 어려운 사례에 초점을 맞춰 왔으며, 이러한 경향은 독특한 모델과 방법이 성공적인 성과를 위해 필수적이라는 믿음에 기여해 왔다. 더구나, 이 분야는 항상 혁신을 환영해 왔고, 따라서 그들이 하고 있는 일이 독특하다고 믿는 평균 이상의 욕구를 가진 사람들을 끌어들였을 수 있다. 어떤 이유든, 관계치료자들은 그들의 모델에 매우 감정적으로 투자된 것처럼 보이며, 그들의 애정이 깃든 이론들이 결국 우수성을 보여줄 수 없다는 것은 그들에게 너무도 큰 인지부조화를 안겨주는 것 같다. 마지막으로, 커플·가족치료는 순회 워크숍을 여는 카리스마 넘치는 인물들에 의해 자주 촉진되기 때문에, 공통요인과 같은 극적이지 않은 접근은 다른 것들과 비교해 볼 때 지루해 보일 수 있다. 프랭크Frank(1976)가 표현했듯이, "엄청난 노력을 기울여 숙달시킨 특별한 방법이 그 효과에 있어서 다른 방법들과 구별되지 않는다면 별로 영광스럽지 않을 것이다"(p. 47). 물론, 모든 모델개발자들이 카리스마가 있는 것은 아니며, 일부 모델 개발자들은 신조dogma보다 증거evidence를 더 가치 있게 여긴다. 하지만 커플·가족치료 분야는 학문으로 가장한 종교의 모습을 더 공유하고 있는 것 같다.

이 책의 계획

커플 · 가족치료에서 공통요인의 기초

처음 다섯 장은 기초적이고 좀 더 일반적이다. 제2장은 공통요인의 역사를 추적한다. 당대의 역사는 1936년으로 거슬러 올라가서 펼쳐지기도 하지만, 여러분은 1700년대 후반과 같은 이른 시기에도 치료자들이 의심할 여지없이 공통요인을 통한 특정한 방법으로 효과를 가져왔다는 사실에 흥미를 느끼게 될 것이다. 실제로, 일반적으로 심리치료의 역사, 그리고 특별히 관계치료의 역사는 변화 모델들 사이에서 공통성에 대한 인식과 평가(관계치료에 있어서 비교적 최근이지만)가 커져가는 역사이다.

개인치료 문헌에서는 공통요인에 대해서 훨씬 더 많이 쓰여 있지만, 제3장은 커플 · 가족치료에 독특한 다음과 같은 4가지의 공통요인을 중점적으로 다루고 있다. (1) 어려움을 관계적 용어로 개념화하기, (2) 역기능적 관계패턴을 중지시키기, (3) 직접적인 처치체계를 확대하기, 그리고 (4) 치료동맹을 확대하기. 수적으로 보면 몇 개 없지만, 이러한 공통요인들은 매우 중요하며, 관계치료 그 자체가 구분되는 방식에 뿌리를 두고 있다.

제4장은 변화를 주도하는 주요한 공통요인("넓은"과 "좁은" 둘 다)에 대한 "큰 그림"을 그린다. 뒷받침하는 연구 증거를 전체적으로 훑어 보면서 6가지 범주의 공통요인이 제시된다. 이 장은 이러한 범주들의 대부분을 아주 상세하게 설명하는, 제6장부터 제9장까지를 위한 단계를 설정한다.

제5장은 공통요인에 대한 우리의 "온건한" 관점과, 그것이 보다 과격한radical 관점과 어떻게 다른지에 초점을 맞춘다. 공통요인에 대한 과격한 관점은 모델들이 적절성이 떨어지거나 무능하거나 혹은 둘 다라고 본다. 하지만 우리는 모델들이 가치 있다고 여기면서도 그것들의 주요 역할은 공통요인을 활성화하는 것이라고 보는 "둘 다"의 입장을 취한다는 것을 보다 심도 있게 분명히 밝힌다. 다른 일반적인 오해(예: 공통요인은 대개 치료적 관계에 관한 것이다)도 또한 해소시킨다.

관계치료에서 공통요인의 구체적 적용

제6장부터 제9장은 이 책의 가장 실용적인 부분으로 많은 임상적 예를 제공한다. 제6장에서는 핵심적인 "내담자"와 "치료자"라는 공통요인을 살펴보고, 특히 치료자가 어떻게 내담자를 끌어들이고 그들의 동기 수준에 맞추는지를 살펴본다. 이 장은, 관계치료에 정보를 줄 수 있는 공통요인 렌즈로서 프로차스카Prochaska(1999)의 초이론적 변화단계transtheoretical stages of change와 밀러Miller와 롤닉Rollnick(2002)의 동기화면담motivational interviewing을 응용한다. 이 두 모델은 전통적으로 개인에게 사용되었다.

제7장은 중요한 치료동맹 관계를 다루는데, 즉 그것이 무엇으로 구성되고, 어떻게 형성되고, 깨지고, 어떻게 수리되는지에 대해서, 그리고 커플·가족치료에 있어서 동맹의 독특한 측면에 대해서 자세하게 논의한다. 비록 대부분의 치료자는 그들이 동맹을 구축하는 데 능숙하다고 생각하지만, 특정한 내담자의 독특한 동맹욕구와 관계치료에서의 여러 개의 동맹이 지니는 함정과 복잡성을 고려해 본다면, 동맹을

성공적으로 맺는다는 것이 상당한 기술을 요하는 복잡한 작업임을 알 수 있다.

제8장은 역기능적 관계패턴/주기를 중지시키는 독특한 관계적 공통요인에 초점을 맞춘다. 이 장을 흥미롭게 만드는 것은 외견상 이질적인 세 가지 모델(대상관계object relations, 정서중심emotionally focused, 해결중심solution-focused)의 개입이 동일한 내담자 커플의 역기능적 주기를 중지시킬 때 유사한 방식으로 작용한다는 점이다. 이 특정한 "다른" 개입들에 대해 "초월적인 입장에 서서 보게 되면stands meta" (즉, 마치 이 모델들의 바깥에 있는 것처럼), 그 모델들이 변화에 대한 공통의 원리를 이용하는 것은 분명하다.

제9장은 커플치료를 위한 변화의 공통요인 메타모델meta-model을 제시함으로써 이 절을 맺는다. 이 "모델들에 대한 모델model of models"은 어떤 관계모델이 사용되는지에 상관없이 변화과정에 대한 지침을 제공한다. 그것은 넓은 공통요인과 좁은 공통요인을 통합해서 치료적 변화에 대해 일관성 있는 원리로 설명해 낸다.

결론, 함의 및 권고사항

제10장에서 제12장은 공통요인 중심의 변화 패러다임에 근거한 결론, 함의 및 권고사항에 초점을 맞춘다. 우리는 공통요인 지지자이지만, 또한 "증거가 중요하다고 보는 사람들evidence people"이어서, "공통요인에 반대하는 경우"에 대한 장(제10장)을 포함해야 한다고 생각했다. 여기서 우리는 공통요인에 대한 도전과 그에 대한 우리의 대응을 검토한다. 제11장에서는 관계치료에서의 공통요인 운동이 훈련과 슈퍼

비전에 대해 갖게 되는 함의를 논의한다. 우리의 접근은 교육자들이 그들이 가르치는 내용을 극적으로 재정비할 것을 요구하는 것이 아니다. 우리의 접근은 모델을 어떻게 바라보고, 기술을 어떻게 서로 관계시켜 가르칠 지에 대한 함의를 갖는다. 우리는 또한 다양한 유형의 내담자들에게 적응해야 할 필요성 때문에 여러 개의 혹은 유연한 모델들을 배울 필요가 있다고 강조한다. 마지막으로, 제12장은 이 책에서 탐색되고 설명된 아이디어에 기초하여 임상가, 슈퍼바이저 및 연구자에게 구체적인 권고사항을 제공한다. 아울러 우리는 커플·가족치료의 분야에 대해서도 말하는 것으로 이 기회를 사용한다.

종합해서 말하자면, 뒤에 오는 장들은 제1장에서 제시한, 모델 중심 변화 패러다임과 공통요인 중심 변화 패러다임을 대조하는 뼈대에 살을 붙이는 것들이다. 바라건대, 그 내용들이 독자 여러분으로 하여금 "치료적 변화를 가져오는 것은 무엇인가?"라는 우리의 질문이 갖는 함의로뿐만 아니라 그것에 대해 다르게 생각하도록 이끌기를 바란다.

제2장
공통요인의 간략한 역사

공통요인은 모든 심리치료에서 결정적인 역할을 하지만, 그 역할은 종종 주목받지 못하거나 인정받지 못했다. 그렇기 때문에, 심리치료가 시작되고 나서 50여 년이 흐른 후에야 비로소 처치에 관한 담론이 이러한 요인들을 고려하게 되었다. 이렇게 된 데에는 몇 가지 이유들이 있지만 가장 강력하고 분명한 이유는 하나이다. 이론적 모델 개발은 대개 그 분야에서 선도적인 역할을 하는 저자이자 발표자인 경우가 많고, 모델개발자나 주창자는 자신의 접근에서 어떤 측면이 독특한지를 강조하는 데 관심을 쏟기 때문이다. 이런 면에서 본다면, 심리치료도 우리 사회에서의 다른 서비스나 상품과 다를 바가 없을 것이다. 예를 들어, 자동차 광고는 왜 차를 갖는 것이 좋은지 또는 자동차가 왜 안전장치를 갖는지에 대해 말하지 않는다. 오히려 그들은 도요다가 혼다에 비해 어떻게 특별하고 다른지를 강조한다. 도요다, 혼다, 렉서스와 다른 일본 자동차들이 공통적으로 같은 기술을 갖고 있다고 말하는 것은 「컨슈머 리포트Consumer Report」의 몫으로 남겨진다.

오늘날 행해지는 근거에 기반을 둔evidence-based 상담 세계에서는 대개 모델개발자들이 처치를 개발하는 동시에 그것을 보급시키기도 하며 연구도 한다. 그리고 그 영향을 살펴 연구기금이 타당하게 쓰였는지를 따져보기도 하고, 그 영향을 평가하는 중요한 논평도 쓴다. 그런 환경에서 처치의 차이가 강조되고 브랜드 명이 두드러진다고 해서 크게 놀랄 일은 아니다. 이런 경향은 개인치료 방법을 쓰는 세계에서보다 커플·가족치료 쪽에서 더 강하다. 비록 "이름 붙여진" 개인치료들이 많다할지라도 이것들은 전형적으로 넓은 범위를 갖는 치료 접근 안에 묻힌다. 따라서 예를 들어, 바로우Barlow와 크레이스키Craske가 개발한 처치인 공황통제치료panic control therapy(Craske & Barlow, 2001)는 그 문제나 혹은 다른 것을 다루는 몇 가지 다른 인지행동적 방법들이 있기는 해도 다 같이 공황에 대한 인지행동치료로 불린다. 하지만 대조적으로, 가족치료에서는 청소년의 약물사용장애로 인해 가족을 처치하는, 다르지만 밀접하게 관련된 5개의 모델들이 있는데, 그 모델들은 이름도 각각 다르고 평가도 따로 받으며 치료현장에서 쓰이기 위해 서로 경쟁한다(Chamberlain, 2003; Henggeler, Schoenwald, Rowland, & Cunningham, 2002; Liddle & Rowe, 2002; Sexton & Alexander, 2005; Szapocznik et al., 2002).

초기학파에 기반을 둔 이론들

심리치료 담론 안에서 공통요인에 대한 논의가 아주 늦어진 이유에는 하나의 아이러니가 있다. 심리치료가 시작되기 전 대단한 효과를 보였던 한 처치가 공통요인의 영향으로부터 나온 것으로 이미 드러났는데, 안 좋은 의미로 유명해졌기 때문이다. 18세기 독일의 내과의사였던 프란츠 안톤 메스머Franz Anton Mesmer는 "동물 자기animal magnetism" 이론을 내놓았는데, 건강이 여러 행성들이 끌어당기는 중력에 영향을 받는다는 것이었다. 메스머는 자석과 그의 손을 사람들에게 올리는 것을 특징으로 하는 "매스머리즘Masmerism"의 실천을 통해 광범위한 질병을 치료하면서 다양한 유럽 지역을 멀리까지 여행하였다. 1784년에 (후에 프랑스 혁명으로 교수형을 당했던) 루이 16세는 메스머의 기법을 평가하기 위해 벤자민 프랭클린Benjamin Franklin을 포함한 과학자위원회를 소집하였다. 그 위원회에서는 어떤 사람들이 더 좋아졌다고 느끼기는 해도 이러한 변화가 꼭 메스머가 사용한 특별한 기법 때문은 아니라는 결론을 내렸다. 그들이 보기에 메스머가 묘사했던 변화는 그가 사용한 기법이나 그가 신봉한 이론과는 무관한 것이었다. 그가 사용했던 특별한 기법이라기보다 그가 환자들에게 불러일으킨 희망과 긍정적 기대라는 공통요인이 일어났던 변화를 더 잘 설명할 수 있다고 보았던 것이다.

프로이드Freud(1987)가 최초로 널리 보급된 심리치료로서 정신분석psychoanalysis을 개발했을 때, 그의 초점은 특별한 성격, 정신병리, 심리치료에 대한 이론을 분명히 하고, 이러한 이론에 어울리고 변화를 이끄는 데 효과적인 구체적인 실천방법을 다듬는 것이었다. 고전적인 정신분석은 우선은 특수한 장애였던 히스테리아hysteria에 대한 특정한 처치로 자리매김을 하고, 다른 문제들로 그 기법을 확대시키는 것이었다. 융Jung(1916, 1935), 아들러 Adler(1924/1957)와 다른 이론가들이 무엇이 최상의 분석방법인가에 대해 논의를 발전시키고 토론했듯이, 그들의 초점도 또한 정신병리이론과 다양한 처치 전략에 대한 것이었다. 융은 집단무의식collective unconscious의 중요성, 아들러는 열등감feelings of inferiority에 초점을 두는 것을 강조했고, 정신분석학파 내의 각 후속이론들은 다른 강조점에 중점을 두었다. 오늘날 이러한 접근들을 연구하는 독자는 이 접근들이 우리가 이 책에서 설명하는 공통요인을 어떻게 유발하는지 쉽게 알 수 있지만, 이 저자들은 그들의 저술이나 발표에서 이러한 요인들에 대해 거의 어떠한 주의도 기울이지 않았다.

제2차 세계대전 이후, 이와 같이 모든 처치들에 존재하는 공통성에 초점을 맞추지 못함으로써 치료들이 점점 다양해지는 것이 강조될 뿐이었다. 도전자들은 정신분석적 패러다임에 대항하여 나타나기 시작했는데, 그들은 행동주의behaviorism(행동치료behavior therapy와 같은 처치들에서)와 인본주의humanism(게쉬탈트치료gestalt therapy와 경험적 치료experiential therapy와 같은 처치들에서)라는 아주 뚜렷하게 구분되는 전통을 끌어들였다. 어떻게 심리치료를 할 것인가에 대한 새로운 책과 발표들은 인간 기능의 핵심 요소가 무엇이며, 그것이 무의식적인 과정, 행동, 인식, 정서적 생활, 혹은 생물학이든 간에, 그러한 요인들을 어떻게 변화시킬 것인가를 명확히 하고 논의하는 것에 초점을 맞추었다. 서로 다른 접근을 주장하는 사람들은 인간 경험의 다른 수준들을 강조했고, 심지어 이들 각각의 학파 내에서조차 서로 다른 특정한 접근들이 기법에서의 차이에 초점을 맞추게 되었다(예를 들어, 인지치료들cognitive therapies 내에서도 합리정서적 치료rational-emotive therapy[Ellis, 1962]와 인지치료cognitive therapy [Beck & Weishaar, 1989] 간 차이처럼). 이와 같이 치료들 간에 서로 겨루는 전통 안에서, 치료들이 공유하고 있는 것 쪽으로 돌려지는 관심은 거의 없었다.

제1세대 가족치료

개인에 대한 치료에서 공통요인에 대한 제한된 관심이 있었다는 것을 감안할 때, 1세대 커플·가족치료들이 이러한 요인에 대해 관심이 훨씬 더 적었다는 것은 주목할 만하다. 실제로, 이러한 초기 치료들 중 일부는 이 책에서 설명한 긍정적 기대 및 치료동맹과 같은 공통요인을 증가시키는 전략들을 의도적으로 구사하지 **않고**, 오히려 이러한 요인을 **감소시키기** 위해 구체적으로 묘사된 전술을 극단적으로 옹호하는 입장을 전개했다.

그 당시의 시대를 풍미했던 전략적 치료strategic therapy의 팔로알토형 모델Palo Alto variant(Watzlawick, Weakland, & Fisch, 1974)은 치료동맹이 너무 강력해지지 않도록 주의를 기울일 것을 요구했다. 이 접근은 부분적으로 내담자와 치료자 간의 연결을 제한시키기 위해 일방경 뒤에서 오는 치료 지침을 사용했으며, 변화의 수행자로서 치료자에게 의존하는 것을 피하기 위해 변화가 일어날 때 치료에 대한 갑작스런 종료를 요구했다. 또 다른 초기 치료인 헤일리의 문제해결치료 problem-solving therapy(Haley, 1987)는 유사하게 치료자의 메시지에 대한 심리적 저항을 촉진하는 역설적 지시에 초점을 맞춤으로써, 내담자 안에서 긍정적 기대를 만들어 내는 공통요인이라고 지금 우리가 알고 있는 것을 감소시키도록 강조했다. 이러한 초기의 체계론적 치료들은 내담자의 회복력이나 변화의 고유한 과정에 대한 믿음이 거의 없었다. 그 대신에 가족이 변화할 필요가 없거나 혹은 변화할 수 없다고 제안하는 것과 같은 전략을 통해, 체계 안에서의 항상성homeostasis과, 강력한 전략적 치료자가 합류하고 체계를 변화시키는 방법들을 강조했다.

그 메시지가 현재 우리가 공통요인이라고 여기는 것을 과도하게 해치지 않았을 때에도, 이 접근의 제1세대(개인치료에서도 그랬듯이)는 각 학파 내에서의 변화에 대한 특별한 이론과 전략의 고유한 가치에 초점을 맞추었다. 서로 다른 이론의 주창자들은 가족구조family structure, 느껴지는 경험felt experience, 자아분화differentiation of self, 변화전략strategies of change, 혹은 대상관계 object relations를 강조하는 각각의 이점을 주장했다. 따라서 미뉴친(1974)은 구조structure와 실연 enactment의 사용을, 보웬Bowen(1972)은 원가족 내 상호교류에 대한 코칭coaching을, 헤일리(1997)는 역설적 지시paradoxical directives를 특권화했다. 이 분야의 책들과 발표들은 그들에게서 흘러나온 이러한 이론이나 실천방법에 초점을 맞추었다.

이러한 가족치료 모델들에서의 변화 이론 및 전략의 차이점에 대한 이 같은 지배담론은 시간이 흐르면서, 우리가 지금 볼 수 있는 여러 공통점들을 모호하게 만들었음을 아는 것이 중요하다. 무엇보다도 가족치료에 있어서 이러한 모든 이론과 접근은 하나의 공유된 비전을 중심으로 한다. 그 비전은 사회적 지원을 불러오고 가족을 변화에 대한 통로로 활용하는 것이다. 개입전략들은 달랐을지 모르지만, 이러한 접근들은 다른 변화를 향한 하나의 경로로서 가족 내 변화를 불러오는 공통의 경로를 공유했다.

게다가, 초기의 가족치료들 중 대부분은 어떤 형태나 형식으로든 동맹관계를 구축하는 것의 중요성에 대해 동의하였다. 예를 들어, 미뉴친과 피쉬먼Fishman(1981)은 치료자가 처치되는 가족과 치료동맹을 맺기 위한 기법에 책 한 권의 많은 부분을 할애하였다. 애커맨Ackerman(1970), 보웬(1960), 휘태커(Whitaker & Malone, 1953), 보조르메니-내쥐Boszormeni-Nagy(Boszormeni-Nagy & Spark, 1973)는 각각 가족과 "합류"하는 방법, 즉 치료동맹을 만드는 방법에 상당한 주의를 할당했다. 이러한 방법들이 각 학파 고유의 언어로 각 학파에서 핵심적인 치료이론의 일부로 제시됨으로 해서 모든 치료들에 걸쳐 적용될 수 있는 기본적인 공통요인의 존재가 모호해졌다.

결국, 치료학파의 창시자들이었던 치료 대가들은 전 세계에서 행한 대규모 워크숍에서 가족치료에 대한 다양한 접근을 나름대로의 고유한 공개 시범을 통해 보여줌으로써 이를 관찰한 사람들이 이 치료자들의 작업에 걸쳐있는 공통요인을 보게 될 기회를 제공했다. 이러한 개척자들의 실제 작업이 관찰됨으로 해서, 이론과 전략에 대한 설명을 처음 만나게 되었을 때 생각되었던 것보다 훨씬 더 많은 공통성이 명백해졌다. 특정하게 초점을 맞춘 이론과 전략을 개발했던 카리스마적 세대의 각 선구자들은 그들이 실제로 행한 치료 회기에서는 글에 썼던 것보다 훨씬 더 광범위한 행동을 보여주었는데, 이 모든 것이 개인발달뿐만 아니라 가족 내에서의 밀접히 연결된 인간 상호작용을 홍보해주었다. 이 개척자들의 방법을 연구했던 그 시기의 연구에 따르면, 그들이 실제로 회기에서 보여준 행동들은 상당히 겹친다는 것이다(Pinsof, 1978).

공통요인 이해의 시작: 초기의 움직임

이론과 전략의 차이에 초점을 맞추는 것이 심리치료의 지배적 패러다임이었지만, 이미 1930년대부터 공통요인에 대해 말하기 시작한 초기 목소리들이 있었다. 그러한 요인에 대해 언급한 것 중 가장 먼저 눈에 띄는 것은 공통요인에 대한 가장 최초의 논문을 발표했던 솔 로젠츠윅Saul Rosenzweig(1936)이다. 그는 논문에서 심리치료의 효과가 특정한 방법보다 공통요인에서 더 많이 나온다는 점을 시사하였다. 구체적으로, 로젠츠윅은 어떻게 각각의 치료가 내담자와 치료자 사이의 관계에 집중되고 있는지, 그리고 어떻게 그것들이 설명의 이론에 기초하여 구축되고 있는지를 지적하였다. 로젠츠윅은 또한 이 장 후반에서 묘사할 "도도새 평결dodo bird verdict"[2)]에 대해 처음으로 언급하였는데, 이것은 치료들은 대충 비슷한 성과를 낸다는 것이다.

---

2) 역자 주: 루이스 캐럴(Lewis Carroll)은 그의 작품 『이상한 나라의 앨리스(Alice in Wonderland)』에서 도도새를 인용해 당시의 사회상을 풍자하였다. 그의 작품에서는 도도가 일행에게 코커스 경주를 제안하는데, 코커스는 영국과 미국에서 각 정당 대표들이 만나 정책을 논의하는 자리를 말한다. 아무리 회의를 해도 자신들의 정치적 이익만을 내세워 합의 도출에 실패하는 소모적인 모습을 풍자한 것이다. 결국 도도는 고민 끝에 모두가 우승자임을 외치지만 관심 밖으로 사라진다. 1936년 29세의 젊은 심리학자였던 솔 로젠츠윅은 누구나 자기 이론이 독특하고 우수하다고 주장하지만, 본질을 외면한 채 개별의 이익을 위한 주장이나 결론은 결국 모두의 질적 상승을 가져다주지 못한다는 의미에서 그러한 상황에 대해 "도도새의 평결"이라고 이름 붙였다고 보인다.

제롬 프랭크

로젠츠윅(1936)의 작업과 몇몇 다른 개척자들의 작품에도 불구하고, 공통요인 관점이 심리치료자들의 관심을 제대로 끌게 된 것은 오로지 제롬 프랭크Jerome Frank(1961)의 획기적인 작업에 의해서 이루어졌다. 그의 베스트셀러였던 『**설득과 치유**Persuasion and Healing』에서 프랭크(이 책의 후속판은 딸과 공동으로 저술하였다)는 심리치료뿐만 아니라 의학, 그리고 심지어는 주술사 같은 전통적인 치유자들의 영향을 설명하려고 노력하면서, 치유하려는 모든 노력에 들어있는 공통의 실마리를 찾고자 했다. 그(Frank, 1973; Frank & Frank, 1991)는 그러한 관계의 네 가지 주요 측면을 확인하였다. 그것들은 (1) 도움을 주는 사람과 감정적으로 잘 통해서 비밀을 털어 놓을 수 있는 관계, (2) 치유가 일어나는 맥락, (3) 내담자의 문제와 해결 방법에 대한 그럴듯한 설명을 제공하는 근거, (4) 내담자와 치료자가 적극적으로 참여하게 하고 양측이 모두 이것이 건강을 회복하는 수단이라고 믿게 되는 절차이다. 프랭크가 변화를 위한 진정한 토대라고 제안했던 것은 바로 이러한 공통요인들(격의 없이 가까운 접촉, 도움이 되는 것으로 합의된 장소, 공유되는 근거, 그리고 치유에 대해 합의된 틀)이었다. 프랭크는 치료자의 절차가 중요하다고 제안하였는데, 이것은 저자인 우리들이 제시하는 주장과 맞아떨어진다. 치료자의 절차가 중요한 이유는 그것(치료자의 절차)이 본래 효과적이거나 저절로 효과적이 되어서가 아니라, 치유할 길이 가능하다고 보여주는 공유된 신념을 주기 때문이다. 프랭크는 더 나아가 심리치료가 효과가 있는 것은 그것이 주로 사기가 떨어진 사람들의 사기를 다시 북돋우는 데 도움이 되기 때문이며, 희망을 만들어 내는 것이 모든 심리치료들, 그리고 실제로는 대부분의 어떤 다른 치유방법들 중에서도 궁극적으로는 가장 중요한 요소라고 주장했다.

프랭크의 연구는 그 당시 심리치료 분야에 상당한 영향을 미쳤다. 그것은 분명히 특정한 치료들로의 이동을 늦추지는 못했지만(여전히 계속되고 확대되고 있지만), 많은 치료자들의 실천에 영향을 미쳤으며, 오늘날 심리치료에서의 통합운동의 기틀을 마련했다.

칼 로저스

칼 로저스Carl Rogers(Raskin & Rogers, 1989; Rogers, Kirschenbaum, & Henderson, 1989)는 공유된 요소에 대한 이 대화에 또 다른 관점을 가져왔다. 로저스는 주요 치료학파인 인간중심치료person-centered therapy의 개발자로, 그가 효과적이라고 믿었던 특정한 처치 방법들을 명시했다. 오늘날의 근거기반치료evidence-based therapies의 언어로 말하자면, 그는 공감적 경청empathic listening의 기술에 기초해서 매뉴얼 중심의 경험적으로 지지되는 처치empirically supported treatment[3]를 만들었다.

---

3) 아이러니컬하게도, 로저스의 연구에 기반한 치료는 오늘날의 경험적으로 지지되는 처치(ESTs) 목록에는 들어가지 않는다. 왜냐하면 내담자들이 병리에 대한 의료모델 기반의 사정을 받도록 하지 않았기 때문인데, 로저스는 그의 접근과 맞지 않는다고 이를 거부했다. 모든 다른 방식으로, 로저스는 어떤 처치가 ESTs로서 자격이 있는지를 결정하는 핵심적 기준인 임상실험연구에서 효과적으로 보일 수 있는 매뉴얼 중심의 처치를 만들었다. 로저스의 연구가 특정한 의료모델 기반의 진단범주에 초점을 맞추지 않았기 때문에 인간중심처치가 ESTs 목록에 들어갈 수 없다는 것은 어떤 치료가 ESTs로서 자격이 있는가를 결정하는 데 사용되는 방법의 문제점을 보여준다.

그러나 로저스의 방법들은 치유 관계의 공통요인을 강조했고, 따라서 모든 치료자들에게 초월적인 처치 원리에 대한 지침을 제공하기도 한다. 치료자의 인성적 자질에 힘입어 치유 관계를 구성하는 것은 무엇인가에 대한 로저스의 생각은 이제 심리치료 분야 전체에 걸쳐 있는 개념의 토대가 되고 있다.

로저스는 성공적인 치료를 이끌어낸 치료자에게는 공감, 긍정적 관심, 일치성이라는 세 가지 본질적인 차원이 있다고 제안했다. 공감 empathy에는 내담자의 준거틀과 세계를 경험하는 방식에 대한 이해가 포함된다. 로저스의 공감 개념은 인지적 이해와 정서적 이해 둘 다에 초점을 맞추고 있다. 그는 그 개념을 내담자의 관점에서 내담자의 생각, 느낌, 분투를 이해하려는 치료자의 민감한 능력과 의지로 정의 내렸다. 즉 내담자의 준거틀을 채택하기 위해 내담자의 눈을 통해 완전히 볼 수 있는 능력(Rogers, 1957, 1961)이라고 정의했다. 그는 (그 개념을 통해) 이제 거의 보편적으로 심리치료의 근간으로 받아들여지는 아이디어인 내담자의 관점을 받아들이고 그의 경험에 대한 이해와 수용을 표현할 수 있는 치료자 능력의 핵심적인 중요성을 강조했다.

치료자의 인간됨에 대한 로저스의 두 번째 핵심 측면은 긍정적 관심 positive regard이었다(Farber & Lane, 2002).

> "치료자가 내담자 경험의 각 측면을 내담자의 일부로서 따뜻하게 수용하고 있음을 경험하게 된다면, 그는 무조건적인 긍정적 관심을 경험하고 있는 것이다. 그것은 수용을 하는 데 있어 조건을 두지 않는다는 것이다 … 그것은 그 사람을 소중히 하는 것이다… 그것은 그 내담자를 개별적인 하나의 존재로 배려하는 것이다."(Rogers, 1957, p. 101)

따뜻함은 분명히 이러한 관심의 일부분이고, 다른 점에서 로저스는 "집착하지 않는 따뜻함non-possessive warmth"을 언급했다. 초보 훈련생이든 노련한 치료자든 간에, 존경과 수용을 전달하는 그러한 능력은 분명히 성공적인 심리치료의 결정적으로 중요한 측면을 나타낸다.

로저스가 말하는 효과적인 치료자의 세 번째 핵심 측면(Rogers, 1957)은 소위 "일치성congruence"이다. 일치성이란 치료자가 자유롭고 깊게 자기 자신이 될 수 있는 능력을 말한다. 로저스는 치료자가 자신의 삶의 모든 면에서 일치될 필요는 없다고 제안했지만, 치료적 관계에서는 그렇게 하는 것이 결정적으로 중요하다고 지적했다. 로저스는 치료자가 진정성이 있어야 하며, 자신의 느낌에 대해 내담자를 속여서는 안 된다고 믿었다. 비록 많은 모델들이 치료자에게 이러한 자질을 강조하지 않지만, 치료자들이 일치된 상태를 유지하지 않고서는 거의 성공할 수 없을 것이다.

로저스가 말한 핵심적인 치료자특성들은 그의 (초기에는 내담자중심치료client-centered therapy라 불렸던) 인간중심치료의 인기에 힘입어 1950년대와 1960년대 동안 심리치료 분야에서 두각을 나타내게 되었다. 이러한 요인에 대한 관심이 처음에는 로저스가 죽은 다음에, 그 다음에는 인간중심치료에서의 훈련과 실천이 감소하자 시들게 되었다. 그럼에도 불구하고, 그 특정 모델이 널리 인기를 누리지는 못했지만, 로저스가 강조한 요소들의 기본적인 중요성은 많은 심리치료의 핵심적 부분이 되었다(Norcross, 2002b). 더욱이 이야기, 협력적, 경험적 모델은 그 중심에 로저스의 개념들을 포함하고 등장하였다.

일반적 모델

오를린스키Orlinsky와 하워드Howard(1987)는 소위 심리치료에 대한 "일반적generic" 관점을 명확히 하는 가운데 공통요인에 대한 견해를 덧붙였다. 일반적 모델은 처치에 대한 각각의 특정한 접근이 모델의 맥락 안에서 채워질 여지를 남기면서도 모든 심리치료들의 핵심 측면에 초점을 맞추었다. 오를린스키와 하워드는 심리치료를 고려할 수 있는 네 가지 일반적 틀을 명시했다.

이것들 중 첫 번째는 소위 "공동지향적 활동co-oriented activity"이라고 불렸는데, 사회관계에서의 상호작용 행동 측면으로 구성되어 있다. 이 틀은 치료자의 행동, 내담자의 행동, 그리고 그들 사이의 상호작용 행동을 포함한다. 로저스 치료의 촉진 조건(공감적 경청과 같은)은 이 범주에 속하는 치료자 행동의 예들이다. 오를린스키와 하워드는 또한 문제들에 대해 의사소통하고 자신을 표현하는 것과 같은 성공적인 치료에서 중요한 일반적인 내담자의 행동들도 이 범주에 있다고 제안했다.

그들이 "동시적 경험concurrent experience"이라고 부른 두 번째 틀에는 내담자, 치료자, 그리고 내담자와 치료자 공동의, 사회적 사건에 대한 현상학적 지각이 포함되어 있다. 여기서 오를린스키와 하워드는 내담자의 자기에 대한 지각, 치료자에 대한 지각, 치료적 관계에 대한 지각과, 치료자의 내담자에 대한 지각, 자기에 대한 지각(예: 유능하다거나 그렇지 않다거나), 그리고 치료적 관계에 대한 지각 등을 포함시켰다. 오를린스키와 하워드는 처치에서 이러한 각각의 요소들이 특정한 방법을 초월해서 처치에 엄청난 영향을 미친다고 보았다.

그들이 "극적 해석dramatic interpretation"이라고 불렀던 세 번째 일반적 틀에는 관계에 참여하는 사람들이 만들어 내고 소통하는 의미와 가치의 상징적 형성이 포함되어 있다. 이것은 의미의 영역이다. 내담자와 치료자에게 치료의 의미는 무엇인가? 그들 각자는 처치의 목적을 무엇으로 보고 자신의 참여에 대해 어떻게 생각하는가?

오를린스키와 하워드가 제안한 마지막 틀인 "정기적 왕래regular association"에 대한 사항은 참여자들을 치료적 관계에 결속시키는 관계성에 대한 규범적인 처방 패턴들을 포함하며, 모임의 빈도와, 절차와 비밀보장에 관한 치료계약의 존재와 같은 측면을 포함한다. 얼마나 오래 만나고, 얼마나 자주 만나고, 어디서 만나고, 수수료가 얼마인지와 같은 이러한 정기적 왕래의 간단한 측면들은 처치에 대한 책자들에서 거의 주목을 받지 못한다(참으로, 비용, 그리고 비용 수수와 같은 것들은 경험적으로 지지되는 처치 내에서의 치료매뉴얼에 거의 나타나 있지 않다). 그러나 그것들은 치료에 막대한 영향을 미칠 수 있고, 일반적인 요소들 안에서 결정적으로 중요한 핵심 부분을 나타낼 수 있다. 예를 들어, 오를린스키와 하워드는 거의 모든 심리치료가 45분에서 1시간 단위로 제공되고 있으며, 회기는 일주일에 한 번인 경우가 가장 흔하다고 보고 있는데, 이는 심리치료에 기본이 되는 일반적인 요소를 이루는 몇 가지 사항들이 있어야 한다는 것을 암시한다.

오를린스키와 하워드(1987)의 주요 공헌은 치료가 기능하는 여러 수준에 주의를 환기시킨 것에 있다. 심리치료는 내담자와 치료자 사이에 공유된 경험으로, 그 자체로 관계로서의 의미를 지니고 있으며, 그 처치의 목표에 대해 내담자를 개별적으로 변화시키는 통로이다. 오를린스키와 하워드는 또한 치료계약과 같은 일반적인 치료 측면에 주의를 환기시켰다. 처치 계약은 내담자와 치료자가 행하는 시간과 성격에 따라 다르지만, 모든 처치에는 때때로 중요한 방법으로 처치를 형성하는 계약(명문화된 혹은 명문화되지 않은)이 수반된다.

루보르스키와 도도새 평결

심리치료에서 가장 자주 인용된 논문들 중 하나에서 레스토르 루보르스키Lestor Luborsky와 그의 동료들(Luborsky et al., 1975)은 다양한 처치들이 그것을 받는 내담자에게 미치는 영향을 분석했다. 나타난 것은 그들이 "도도새 평결"이라고 부른 것이었다(로젠츠윅에서 빌려온 말로서 "모든 사람이 이겼고 모든 사람이 상을 받아야 한다"는 『이상한 나라의 앨리스』의 한 구절에서 영감을 얻은 말이다). 그들은 모든 처치들은 평균적으로 동일한 수준의 효과를 가져서 4명의 내담자들 중 약 3명에게 실질적으로 긍정적인 영향을 미친다고 결론지었다. 이 분석에 대한 관점에 토대를 두고, 루보르스키와 동료들은 처치의 본질은 모델에서 강조된 특정한 방법에 있는 것이 아니라 모든 좋은 처치의 바탕이 되는 공통요인에 있다고 결론지었다.

루보르스키의 논문은 출판 이후 연구자들 사이에서 많은 논쟁의 대상이 되었다. 연구를 통해 입증된 특정한 처치를 옹호하는 사람들은 이 연구의 "도도새 평결"에 의문을 제기하였다(Chambless, 2002). 그러나 이러한 데이터와 이후 심리치료 연구로 축적된 데이터의 분석(및 재분석)은 (현재 수천 개의 연구로) 증가하였고 이러한 결론을 계속 지지하고 있다(Luborsky et al., 2002).

캐러수, 거맨과 골드프리드의 변화인자의 분류

몇몇 다른 통찰력 있는 이론가들은 처치모델의 근저에 있는 변화의 차원을 탐구하고자 했다. 캐러수Karasu(1986)는 특별한 심리치료의 특정한 개입이 정서적 경험, 인지적 숙달, 행동적 조절 등 세 가지 핵심적인 과정 중 하나에 참여하게 함으로써 내담자에게 영향을 미치는 것으로 간주했다. 그는 다양한 접근이 변화에 대한 서로 다른 이념들과 전략들에서 시작되지만, 각 접근은 궁극적으로 이 세 가지 핵심 영역 중 하나에 내담자를 관련시킨다고 주장하였다. 예를 들어, 정신분석학에서 자유연상free association의 기술은 정서적 경험을, 해석interpretation은 인지적 숙달을, 안심시키기reassurance는 행동적 조절을 촉진한다. 캐러수에게 있어, 각 치료는 내담자들이 유사한 목표와 과정을 받아들이도록 장려하기 위한 구체적인 절차를 따르는 것이다.

이와 유사한 맥락에서 거맨Gurman(1978)은 특정한 치료 접근을 초월하는, 일련의 중재적 처치목표와 궁극적 처치목표를 설명했다. 중재적 목표는 처치 내에서 단기적인 과정목표인 반면, 궁극적 목표는 치료에서 추구하는 목적을 나타낸다. 거맨은 그 과정에서 매우 포괄적이고 설득력 있는 표를 만들어 내면서, 각 처치 접근이 어떤 궁극적 목표와 중재적 목표를 갖는지를 나타내는 분류도식을 제시하였다. 그는 특히 이러한 목표를 설명하는 데 공통의 언어가 사용된다면, 다양한 접근들의 목표에서 겹치는 부분이 상당히 많다는 것을 발견했다.

골드프리드Goldfried와 파데이버Padaver(1982)는 심리치료에 대한 세 가지 수준의 개입, 즉 이론, 전략, 그리고 개입을 구분하면서 또 다르게 매우 영향력 있는 기여를 하였다. 그들은 치료자들이 그들의 이론이 다르기 때문에 서로 매우 다른 것처럼 행동하는 경우가 많지만, 변화 전략과 개입의 수준에서는 그들 사이에 여전히 겹치는 부분이 상당하다고 주장했다. 예를 들어, 그들은 인지치료자, 경험적 치료자, 정신분석가가 변화의 과정을 어떻게 생각하는지에 있어서 상당히 다를 수 있지만, 각 치료자들은 내담자가 자기 대화에 참여하고 치료적 변화를 촉진하는 과정에서 자신의 경험을 심화시키는 데 똑같이 도움을 줄 수 있다고 주장한다.

가족 분야 내에서, 핀소프Pinsof(1995)는 개입 접근들을 묘사하는 매트릭스를 만들었다. 이 매트릭스에서는 한 축을 따라서는 문제와 개입에서의 초점이 되는 체계 수준(가족, 부부, 개인 또는 더 큰 체계)이 구체화되어 있고, 또 다른 한 축을 따라서는 문제 또는 개입의 소재locus를 설명하는 메타범주(예: 행동적, 인지적, 정서중심, 정신역동적)가 구체화되어 있다. 브로인린Breunlin, 슈워츠Schwartz와 맥 쿠네-캐러Mac Kune-Karrer(1997)는 가족치료 방법의 기저에 있는 수많은 메타분석틀을 제안했는데, 이것들은 내적 과정에 초점을 맞춘 것에서부터 발달에 초점을 맞춘 것, 그리고 문화에 초점을 맞춘 것까지 다양하다.

통합적 움직임의 출현과 함께(이 장의 후반부에서 논의됨), 이제는 개입을 그들의 핵심 요소로 분류하는 그러한 체계들이 많이 존재한다. 이러한 체계들의 대부분은, 약간 다른 관점과 다른 언어로 설명되고 약간 다른 방식으로 나뉘어 묘사되고 있지만, 동일한 핵심 요인들에 대해 말하고 있다.

심리치료의 영향에 대한 메타분석의 결과들

스미스Smith와 글래스Glass(1979)는 심리치료 성과에 대해 최초로 중요한 메타분석meta-analysis을 실시해서 심리치료의 영향을 조사했다. 메타분석에 익숙하지 않은 독자들을 위해 설명해보자면, 메타분석은 대개 "효과크기effect size"라고 불리는 공통의 측정기준을 만들어 많은 연구결과들을 결합한 정량적 절차이다. 그러므로 공통된 측정기준을 갖는 것이 필요한데, 그 이유는 연구들은 대개 다른 성과 측정치를 사용하므로 결과를 비교한다는 것은 마치 사과와 오렌지를 비교하는 것과 같기 때문이다. 집단평균 간의 표준화된 차이는 가장 흔히 쓰이는 효과크기다. 많은 연구에서 치료가 1.0의 효과크기에 접근하거나 도달하는 경우, 이는 평균적으로 처치집단의 평균이 통제집단의 평균보다 1 표준편차 더 높다는 것을 의미한다(Sprenkle, 2002). 스미스와 글래스(1979)는 심리치료가 실질적인 영향을 미치는 것을 발견했다. 심리치료를 받는 집단과 받지 않는 통제집단이 비교된 연구에서, 연구결과가 합산되었을 때 심리치료를 받는 집단과 통제집단의 차이는 통계적으로 "큰" 효과라고 할 수 있는 효과크기(0.84)를 가짐으로써, 그 두 집단 간의 차이는 통계적으로 유의미하였다. 다른 용어로 번역하자면, 이는 약 4명의 처치집단 내담자들 중 3명이 통제집단 내담자들보다 더 많이 바뀐다는 것을 의미한다(이 숫자들의 평균화가 어떤 의미를 갖는지를 맥락

속에서 살펴보자면, 흡연과 암 사이의 관계는 작은 효과크기를 나타낸다). 연구자들은 또한 매개요인들과 조절요인들이 통제되면, 그들의 메타분석에서 처치들 전반에 걸쳐 효과의 차이를 발견하지 못했다. 유사한 결론은 심리치료의 영향에 대한 후속적인 메타분석에서도 나타났다(Lambert & Ogles, 2004).

아주 유사한 결론이 쉐디쉬와 동료들(Shadish & Baldwin, 2002, 2003; Shadish et al., 1993; Shadish, Ragsdale, Glaser, & Montgomery, 1995; Sprenkle, 2002)이 수행한 커플·가족치료에 대한 메타분석에서도 나타났다. 특히 쉐디쉬와 동료들의 연구는, 비록 관계적 접근이 그 효과성에서는 논의의 여지없이 증거를 가지고 있지만, 서로에 비교될 때 이 접근들이 차별적으로 효과가 있는지는 증거가 없다는 결론을 강하게 지지했다. 쉐디쉬와 동료들(1995)은 다음과 같이 결론 내렸다. “어떤 이론적 지향들이 다른 것들보다 더 유리하게 보이는 약간의 피상적인 증거들에도 불구하고, 어떤 지향도 다른 것에 비해 눈에 띄게 더 우수한 것은 아니다. 이러한 결과는 심리치료 문헌들에 일반적으로 비슷하게 나타난다”(p. 348). 연구자들은 접근의 차이로 여겨지는 어느 정도의 차이는 내담자특성과 같은 다른 변수들로 인해 그 결과가 혼동된 것 같다고 밝혔다. 그 차이들이 회귀분석에서 잠재적인 방법론적 혼동치로 들어가면, 이론적 지향들에는 어떠한 효과도 나타나지 않았다. 유사하게, 쉐디쉬와 볼드윈(2002)은 “특히 매개변수들과 조절변수들이 통제되면, 부부·가족개입에 대한 다양한 접근들 간 효율성에 차이가 있다는 증거가 거의 없다”(p. 365)고 결론지었다. 비록 처치들 간 약간의 차이가 개별 연구들에서 정말로 나타나기는 하지만, 이러한 차이는 대다수의 연구에서 혼동치가 통제될 때 메타분석에서 사라진다.

램버트의 분석

마이클 램버트Michael Lambert는 얼마나 많은 다양한 요소들이 심리치료의 성과에 영향을 미치는지 알아보는 렌즈를 가지고 시작해서, 처치에 영향을 미치는 요소들을 분류하는 가장 널리 퍼진 방법이 무엇인지를 밝혔다. 램버트는 치료 성과에 영향을 미치는 요인을 내담자요인client factors, 관계요인relationship factors, 위약요인placebo factors 및 처치요인treatment factors으로 구분했다. 처치요인을 구성하는 기법들이 대개 처치의 핵심적인 요소들로 보이지만, 경험적 연구들에 대한 램버트의 검토(Lambert, 1992; Lambert & Ogles, 2004)는 그런 처치요인들은 심리치료 연구에 있어서의 차이 중 작은 퍼센트, 즉 내담자요인, 관계요인, 그리고 위약요인에 의해 작아지는 퍼센트만 설명한다는 것을 발견했다. 1992년 연구에서 램버트는 처치에서 발생하는 변화의 40%는 내담자의 생활에서 치료외적인 요인들(예: 직업의 변화, 또는 발생하는 생활사건들)에, 30%는 내담자와 치료자 사이의 동맹과 관련되는 관계 요인에, 그리고 15%는 위약요인이나 긍정적 기대치에 기인하며, 오로지 15%만이 처치 개입 그 자체에 기인한다고 주장했다. 비록 이 요인들 각각이 설명하는 정확한 퍼센트가 얼마인지에 대해서 많은 논쟁이 있었지만, 램버트의 수치는 여전히 매우 영향력이 있다. 중요한 주의사항은 그의 수치는 문헌 검토에 근거한 추정치였으며, 정식으로 수학적 계산을 해서 도출되지 않았다는 것이다. 따라서 공통적으로 받아들여진 수치들은 숫자상으로는 부정확할 수 있지만, 처치요인에 의한 영향이 작다는 것을 보여주기 때문에 공통요인에서 나오는 효과의 우위성을 지적하고 있는 것이다.

그의 분석에서, 램버트(1992)는 또한 처치들이 전체적인 영향에서 크게 차이가 없다고 주장했으며(사실상 도도새 평결을 반복함), 치료동맹이 성과에 미치는 영향에 대한 강력한 증거를 강조했다. 1992년 연구에서 램버트는 또한 그가 지지요인support factors, 학습요인learning factors 및 활동요인action factors이라고 용어를 쓴 또 다른 공통요인의 구분을 제시했다. 그는, 지지가 학습을 위한 단계를 마련하고, 또 학습이 활동을 위한 단계를 설정한다는 식으로, 이 요인들이 연속적으로 일어나는 증거가 있다고 말했다.

대(大) 심리치료 논쟁

브루스 웜폴드Bruce Wampold(2001)는 널리 유포된 책인 『**대大심리치료 논쟁**The Great Psychotherapy Debate』에서 성과에 미치는 처치요인과 공통요인의 영향에 대한 또 다른 메타분석을 수행하고 난 뒤, 처치요인이 성과에 거의 아무런 기여도 하지 않는다는 것을 밝힘으로써, 램버트보다 훨씬 더 급진적인 결론에 도달했다. 웜폴드의 분석이 램버트보다 더 많이 문제시되었지만, 그의 이 베스트셀러는 즉각적으로, 처치의 제한된 영향력과 심리치료 연구자들의 비교적 난해한 세계에서 나온 공통요인의 결정적 역할에 대한 그의 주장을, 임상가들의 훨씬 더 넓은 담론 안으로 전달했다. 웜폴드는 때때로 효과적이라고 주장되는 처치들이 널리 행해지는 "제대로 된bona fide" 치료들에 비교되는 것이 아니라 어떤 종류의 심리치료와도 거의 유사하지 않은 사이비처치pseudotreatment에 비교된다고 하는 결정적으로 중요한 사항을 지적하였다. 예를 들어, 몇몇 연구는 경험적 지지를 위해 검토 중인 치료를 어느 인본적 치료 버전a version of humanistic therapy과 대조시켰는데, 그 버전은 치료자들이 단지 내담자들에게 단조로운 지지를 보내고 그 내담자들이 진술하는 것을 되풀이하는 정도의 치료였다. 정서중심치료와 같은 실제적인 인본적 치료들이 연구될 때, 성공률은 이러한 인본적 치료의 사이비치료 버전의 성공률과는 상당히 다르다. 그러나 웜폴드 책의 요점은 처치가 제대로 된 대안들과 비교될 때, 그의 메타분석은 데이터가 공통요인 패러다임을 뒷받침한다는 것이다. 예를 들어, 치료동맹, 치료자요인, 그리고 충성도 변수allegiance variables와 관련된 효과크기는 모두 특정한 처치와 관련된 효과크기를 능가했다.

변화의 심장과 영혼

허블Hubble과 그의 동료들(1999)은 램버트가 지정한 각 요인을 검토하고 다른 처치 상황에서 공통요인과 처치요인의 영향을 평가하는 장들을 포함하는 중요한 책을 편집함으로써 이러한 노력의 뒤를 이었다. 이 책의 장들은, 루보르스키의 말에 따르면, 처치의 본질적인 영향을 제공하는 데 있어서 공통요인들이 "모든 상prizes"을 다 가져간다고 주장했다. 웜폴드와 마찬가지로, 허블과 동료들은 소위 공통요인에 대한 급진적인 견해, 즉 공통요인들이 전적으로 심리치료적 처치의 본질이라는 것을 가정했다. 개입의 문제는 거의 중요하지 않고, 중요한 것은 강력한 동맹, 그리고 내담자요인의 엄청난 중요성을 고려하는 것과 같은 그러한 처치 측면을 만들어 내는 것이다(Duncan, Miller & Sparks, 2004). 그들은 또한 그것이 최대로 효과적이라는 것을 확신하기 위해 처치하는 동안 동맹요인과 성과를 추적하는 데 큰 강조점을 두었다.

우리가 이미 지적했듯이, 처치요인 대 공통요인의 상대적 기여에 대한 메타분석에서 나온, 웜폴드, 그리고 허블과 동료들이 말한 수치에 대해서는 상당한 논란이 있다. 그 수치들은 특정한 처치들과 처치요인들의 비교적 사소한 영향력을 시사하는 것이었다. 비평가들(Chambless, 2002; Wampold, Ollendick, & King, 2006)은 처치요인들이, 공통요인 주창자들이 인정하는 것보다 메타분석 결과에 대해 훨씬 더 많이 설명한다고 주장했다. 이러한 비평가들은 또한, 이러한 메타분석에서 평가되는 처치들은 너무 다양해서 치료의 효과를 잃어버리기 때문에, 처치요인이 과소평가되는 경향이 있다고 주장하였다(여기서 우리는 가장 관대한 평가도 치료효과의 가장 실질적인 부분에 대해서 처치요인을 신뢰하지 못한다는 것을 주목하지만). 방어자의 관점에서 처치요인의 영향을 더 잘 검증하려면 불안장애를 다루는 인지행동 처치들과 다른 접근들을 비교하는 것과 같은 좀 더 제한된 연구들을 살펴보는 것이 좋을 것이다.

나중에 논의할 때(주로 제5장과 제11장에서), 올바르게 균형 잡힌 접근을 통해 어떤 처치가 다른 처치보다 더 잘 작용하는 문제들뿐만 아니라 처치요인이 중요하지 않고, "모든 것이 상을 받아야 하는" 문제들도 인정할 수 있다. 다른 처치들과 비교될 때 어떤 처치가 어떤 문제에 대해 정말로 독특한 효과를 갖는 것으로 보이는 경우들이 있다. 치료연구에서 나오는 그러한 예는 성적 장애sexual disorders에 대한 성치료sex therapy(McCarty, 2002), 조현병schizophrenia에 대한 가족심리교육 처치 family psychoeducational treatments(Anderson, Hogarty, & Reiss, 1980), 그리고 공황장애panic disorder(Barlow, Pincus, Heinrichs, & Choate, 2003), 강박신경장애obsessive-compulsive disorder(Franklin & Foa, 2007), 단순공포증simple phobias(Barlow, Allen, & Basden, 2007)에 대한 인지행동처치 cognitive-behavioral treatments 등이 있다.

그러나 그러한 결과들의 제한된 범위는 광범위한 문제와 상황에 반해서 함께 고려되어야 한다. 광범위한 문제와 상황에 대해서는 사람들이 유사한 결과가 없고 많은 처치가 똑같이 효과적인 것처럼 보이는 치료를 받고 있다. 내담자들이 치료를 받게 되는 보다 전형적인 문제인 관계 문제, 생활 문제, 자존감 및 우울증 문제 등에 대해서 처치요인들이 큰 차이를 보인다는 것은 아직 아무도 입증하지 못했다. 이 처치들이 효과가 있다는 것을 보여줌으로써 증거기반 ESTs가 만들어질 수 있다 하더라도, 이러한 처치들이 아직 연구 대상이 되지 않은 다른 처치보다 더 효과가 있다고 믿을 이유는 없다. 참고문헌에서 놓치고 있는 것이 분명하다. 이러한 문제를 목표로 하는 제대로 된 처치들을 비교한 연구에서 아직 어느 누구도 일관된 처치효과를 보여주지 않았다. 그리고 그러한 제대로 된 처치들(무처치no treatment와 관련하여 검토될 때)이 효과가 없다는 것을 발견한 연구 수는 매우 적고, 대개는 다루기 어려운 몇 가지 문제들의 처치에 집중되어 있다.

미국심리학회 심리치료분과 보고서

최근 미국심리학회American Psychological Association의 심리치료분과 Division of Psychotherapy는 또 다른 책을 만드는 위원들을 위촉했는데, 그들의 일은 어떤 공통요인이 확실하다고 생각되는 성과에 충분한 경험적 근거를 가지는지 조사하는 것이었다(Norcross, 2002b). 이 집단은 치료동맹, 집단치료에서의 응집력, 공감, 목표의 합의, 협력이 치료관계에서 잘 확립된 일반적 요소라는 것을 발견했다. 이 목록을 좀 더 구체적으로 살펴본 결과, 특별전문위원회task force는 내담자와 치료자 간 동맹 관계가 처치 성과에 미치는 영향에 대해 압도적으로 많은 증거가 있음을 발견했다. 집단치료의 맥락에서, 그들은 집단에서의 응집력(구성원들이 서로에 대해서 어떻게 느끼는가)이 개인치료에서 치료동맹이 갖는 영향력과 유사한 영향력을 끼친다는 것을 발견했다. 즉 집단치료에서 서로 연결되어 있다고 느끼는 내담자들은 일반적으로 더 나은 성과를 얻는다. 이 특별전문위원회는 또한 치료자의 공감이 더 높으면 더 나은 치료적 관계와 결과를 초래한다는 것을 발견했는데, 이는 내담자들과 치료자들이 같은 처치 목표를 공유하는 것과 같다. 특별전문위원회는 또 개별 내담자에 대한 치료를 맞춤화하는 두 가지 방식이 바람직한 영향을 미치는 것으로 보인다고 밝혔다. 그 두 가지 방식은 내담자와의 더 나은 동맹을 가능하게 만들기 위해 처치를 조정하는 것, 그리고 내담자의 기능적 손상 수준과 대처방식에 맞게 처치를 조정하는 것이다. 다른 말로 하면, 특정한 개입 전략을 세울 때 내담자가 누구인지를 신중하게 고려하는 것이 중요하다.

특별전문위원회는 또한 연구로부터 나왔지만 아직 이것들이 "잘 확립된" 관계요인들로 생각될 만큼 연구 결과는 충분치 않은 많은 유망한 요소들을 확인했다. 여기에는 긍정적인 관심과 일치(앞에서 칼 로저스를 논의할 때 묘사했던), 진전progress에 대한 내담자와 치료자 간 피드백, 내담자가 부정적인 시각으로 치료자를 만나러 왔을 때 동맹관계를 회복하는 것, 치료자가 자신의 삶에 대해 노출하는 것, 처치에서 발생하는 역전이를 적극적으로 관리하는 것, 그리고 내담자와 치료자 사이의 관계에 대한 관계적 해석의 제공이 들어간다. 유망하다고 확인된 다른 요인들로는 개별 내담자와 변화에 대한 준비도에 치료관계를 맞추는 것(Prochaska, DiClemente, & Norcross, 1992), 내담자 기대와 선호, 내담자 애착양식, 내담자 영성 및 문화적 다양성 등이 있었다. 요약하자면, 특별전문위원회는 처치에서 공통요인의 힘과 잠재적으로 광범위한 그러한 요인들에 대한 강력한 사례를 제시하였다.

심리치료와 가족치료에서의 통합운동

최근 몇 년 동안 일반적으로는 심리치료 내에서, 그리고 특수하게는 가족치료 내에서 처치의 통합을 지향하는 광범위한 움직임이 나타났다(Lebow, 2002). 최근의 글이나 임상적 실천을 면밀히 관찰해 보면, 통합과 절충을 향한 추세가 얼마나 심리치료를 변화시켰는지 알게 될 것이다. 통합과 절충에 관한 상당한 문헌들이 등장했을 뿐만 아니라, 수많은 모델들도 개발되고 널리 보급되었다. 하지만, 이상하게도, 패러다임 변화의 상징인 통합과 절충으로의 움직임은 대부분 인식되지 않은 채로 우리들 작업의 상당히 많은 부분을 차지하게 되었다.

이 새롭게 떠오르는 패러다임의 많은 징후들이 있다. 방법들에 있어서 예전에는 뚜렷하게 구분되었던 심리치료 학파들의 경계가 무엇인지에 대해 질문이 제기된다. "행동적behavioral" 치료자의 방법들은 전략적 치료의 변형을 포함한다(Haas, Alexander & Mas, 1988). "인지적cognitive"치료자들은 예전보다 훨씬 더 많이 정서에 관심을 지니고 있으며, 경험적experiential 치료자들은 구조와 씨름하고 있다(Linehan et al., 1999). "대상관계object relations" 작업은 종종 행동적 기법을 가르치는 것과 문제 해결에서 실용적인 도움을 주는 것을 포함한다(Stricker & Gold, 2005). 논문과 발표는 다양한 이론적 지향들에 걸쳐있는 개념들의 통합을 반복해서 언급하고 있다.

전문직이 발달하는 독특한 경로에도 불구하고, 처치 학파에 기반을 둔 훈련 프로그램 내에서 전문직의 정체성이 계속 형성되고 유지되고 있지만, 실제의 실천방식은 계속해서 넓어지고 있다. 심리치료에 있어서 통합적이고 절충적인 모델들이 수십 년 동안 존재해 오는 동안, 그것들에 대한 수용의 정도는 이례적이다. 조사에 따르면, 대다수의 실무자들은 자신들이 이론적 지향에서 통합적이거나 절충적이라고 본다(Norcross & Newman, 1992). 새로운 치료, 전략, 기법이 계속 개발되고 있지만, 이러한 치료들의 영향력은 개념과 개입이 보다 전통적인 방법과 통합될 때 가장 크다. 접근이 개발되고 나서 얼마 가지 않아 곧 다른 방법과의 통합이 이루어지는 것이다.

오늘날의 임상에서는, "개인"치료와 "커플"치료 또는 "가족"치료 간 가장 광범위한 분리조차도 늘상 타협을 이루고 있다. 점차로, 개인치료에서 나온 개입과 가르침(예: 인지행동적, 정신역동적, 그리고 자기심리학 치료)이 체계론적 관점과 연결되어 활용되고 있으며, 개인, 부부, 가족회기가 처치에서 자유롭게 혼합된다. 이는 그 치료자가 체계론적 시각을 충분히 갖추지 못했다고 주장하면서 개인치료로부터 나온 개념들을 이용하는 사람들을 비판했던 초기 가족치료(Keith, Connell, & Whitaker, 1991; Minuchin, 1974)와, 그리고 가족들이 포함되는 것을 기껏해야 초점을 희석시키거나 (그런 기제를 통해 치료자-내담자 전이를 침식하는 것으로) 해롭다고 보았던 초기의 개인중심치료와 현저한 대조를 이룬다.

이론적 지향을 초월하는 일반적인 개입들뿐만 아니라 접근방식을 초월하는 공통언어도 나타나기 시작했다. 몇몇의 신중하게 구성된, 상당한 숫자의 추종자들을 확보한 통합적이고 절충적인 치료들도 개발되어(Breunlin et al., 1997; Duncan, Sparks, & Miller, 2006; Liddle, Rodriguez, Dakof, Kanzki, & Marvel, 2005; Pinsof, 2005; Sexton & Alexander, 2003), 통합적이고 절충적인 치료를 대중화하는 데 도움을 주었다.

통합을 엮는 중요한 실타래는 공통요인을 조명하고 강조하는 접근들로 구성된다(Lebow, 2008). 우리가 이 책에서 한 것처럼 이 방법들은 주로 심리치료에서 공통요인을 최상으로 실행하는 것에 초점을 맞추고 있다. 통합적/절충적 패러다임integrative/informed eclectic paradigm의 출현은 아마도 불가피한 것이었을 테지만, 그렇게 빨리 오리라고는 정말 예상하지 못했던 것이었다. 대부분의 치료자들은 실제 치료에서 차이를 과장하는 것 대신에 통합에 초점을 맞추는 것으로 옮겨갔다.

스프렝클과 블로우의 온건한 공통요인 접근

위에서 기술한 증거의 역사를 살펴보고 커플·가족치료자의 실천에서 공통요인의 역할에 초점을 맞추면서, 스프렝클Sprenkle과 블로우Blow(2004a)는 그들이 온건한 공통요인 입장moderate common factor position이라고 부른 것을 밝혔다. 이 입장은 웜폴드(2001)나 허블과 동료들(1999)이 제시한 공통요인에 대한 보다 극단적인 해석과는 다른 것이다. 스프렝클과 블로우(2004a)의 관점에서 보면, 공통요인이 중요하지만, 하나의 접근이 "다른 것과 똑같이 좋은 것"은 아니다.[4] 대신, 그들은 치료자들이 무엇을 행하는가가 중요하기는 해도 효과적인 심리치료들 간에는 처치의 성과가 상대적으로 작은 차이밖에 없다고 주장한다. 이러한 관점은 메타분석뿐만 아니라 임상실험연구의 결과에 대해서도 여지를 남긴다. 스프렝클과 블로우는 공통요인 대 처치요인의 대조가 양자택일의 입장이 될 필요가 없다고 주장한다. 그들은 공통요인의 특정한 혜택을 넘어 처치요인의 특정한 혜택도 추가할 가능성도 허용하지만, 공통요인이 처치와 훈련에서 공적이 있다는 것을 확신하고 싶어 한다.

스프렝클과 블로우(2004a)는 공통요인을 내담자요인, 치료자효과, 치료적 관계, 기대효과, 그리고 캐러수(1986)가 기술한 특정적이지 않은 처치변수들인 행동조절, 정서적 경험, 인지적 숙달로 나눈다. 이 책

4) 역자 주: 공통요인이 중요하기는 해도 각 치료접근이 전혀 차이가 없지는 않다는 뜻으로 해석할 수 있다. 즉 치료접근에 따라 어느 정도의 차이는 있지만 그 차이가 효과상 그렇게 크지 않다는 의미일 수 있다. 따라서 공통요인의 중요성도 받아들이고 각 치료접근(모델)의 차이도 어느 정도로 받아들인다는 의미에서 스프렝클과 블로우의 견해를 "온건한" 입장이라고 제시하는 것으로 보인다.

에서 우리는 충성도효과allegiance effects와 채택된 모델의 조직화organization나 일관성coherence이 포함되는 여섯 번째 범주를 추가한다(제4장 참조). 공통요인에 대한 담론을 관계치료의 실천영역으로 끌어들이면서, 스프렝클과 블로우는 또한 관계치료에 고유한 세 가지 공통요인들을 추가하였는데, 즉 문제의 관계적 개념화relational conceptualization of problems, 확대된 직접적 처치체계expanded direct treatment system, 그리고 확대된 치료동맹expanded therapeutic alliance이었다. 이러한 요인들은 제3장에서 자세히 설명되는데, 제3장에서는 네 번째 공통요인, 즉 역기능적 관계패턴 중지시키기disrupting dysfunctional relational patterns도 또한 논의될 것이다.

스프렝클과 블로우의 작업은 이 책의 기초가 된다. 『**결혼과 가족치료 저널**Journal of Marital and Family Therapy』(Sprenkle & Blow, 2004a, 2004b)에서의 그들의 논문 출판은 그 저널에서 섹스턴Sexton, 라이들리Ridley와 클라이너Kleiner(2004)와 커플·가족치료에서 공통요인의 중요성을 공방하는 다른 논문 투고를 이끌었다.

이 장은 공통요인의 풍부한 역사를 추적했다. 이 용어가 명시적으로 언급된 것은 1936년(로젠츠윅)으로 거슬러 올라가지만, 심리치료의 전체 역사는 특수성과 공통성의 힘 간의 극적 갈등으로 묘사될 수 있다. 우리는 증거를 제시하는 데 보다 신경 쓰고자 한다. 우리는 비록 우리가 공통요인 캠프의 몇몇 동료들보다 이 문제에 대해 더 온건한 입장을 취하기는 하지만, 변화에 대한 공통요인 중심의 모델을 지지하는 증거가 더 많다고 믿는다. 우리의 "온건한" 관점에 대한 자세한 설명은 제5장에서 제공될 것이다.

제3장
커플·가족치료에 고유한 공통요인

이 장의 초점은 커플·가족치료에 고유하거나 특유한 공통요인에 있다. 수적으로는 적지만, 그것들은 매우 중요하며, 다음과 같다. (1) 어려움을 관계적 용어로 개념화하기, (2) 역기능적 관계패턴을 중지시키기, (3) 직접적인 처치체계를 확대하기, (4) 치료동맹을 확대하기 등.

뚜렷하게 구분되는 공통요인이 거의 없다는 것은 그리 놀랄 일이 아닌데, 그 이유는 적어도 숫자상으로 볼 때는 관계치료와 개인치료가 서로 다르기보다 훨씬 더 유사하기 때문이다. 예를 들어, 두 유형의 치료는 치료자와 내담자 간 관계의 질에 크게 의존한다. 두 치료 모두 내담자가 자신의 상황을 다르게 보고, 역기능적 행동을 바꾸고, 감정을 표현하는 방식을 수정하고, 보다 강력한 정서적 연결을 구축하도록 권장하는 변화 메커니즘을 이용한다.

따라서 개인 심리치료 문헌에서 공통요인에 대해 쓰인 거의 모든 것이 커플, 가족, 그리고 더 큰 체계들과 함께 작업하는 사람들에게 적용된다. 거꾸로, 이후에 전개되는 장들에서 관계치료의 공통요인에 대해 우리가 말하는 많은 부분이 개별 내담자와의 작업에 똑같이 적용 가능하다(치료자가 문제를 관계적으로 개념화한다면, 아래를 참조하라).

개인 심리치료의 변화과정에서 공통요소들을 발견하기 위해 고안된 연구가 지난 15년 동안 꽃을 피웠기 때문에 이러한 중복은 다행스러운 일이다(Davis & Piercy, 2007a). 사실 공통요인에 대한 개인 심리치료 연구에서 얻은 경험적으로 잘 근거된 모든 지식(예를 들어, 채택된 모델과는 무관한 치료자역량의 중요성)은 의심할 여지없이 모든 관계치료 접근에 적용된다. 커플·가족치료에 있어서의 특정 공통요인에 대한 연구는 유아기 수준에 머물러 있어, 데이비스Davis와 피어시Piercy(2007a)는 우리가 개인보다 큰 체계에 대한 심리치료에 고유한 공통요인에 대한 직접적인 경험적 증거가 훨씬 더 적다고 결론을 내리게 되었다. 그러나 우리가 곧 알게 될 것처럼, 네 가지 고유한 공통요인 중 처음 두 가지에 대한 강한 간접적 증거와 세 번째 요인에 대한 상당히 강한 직접적 증거가 있다.

그러므로 커플·가족치료가 개인 심리치료와 구분되는 몇 가지 중요한 방법이 있듯이, 결정적으로 중요한, 관계치료에만 고유한 공통요인들이 있다.

어려움을 관계적 용어로 개념화하기

모든 더 큰 체계의 치료들에서 뚜렷한 하나의 공통요인은 사람들이 겪는 어려움human difficulties을 관계적 용어로 개념화하는 것이다. 이 요소는 정신장애가 "한 사람 안에서within a person" 일어나는 상태라는 DSM의 견해와 뚜렷한 대조를 이룬다.

자말(35세)이 우울할 경우, 관계치료자들은 생물심리사회적biopsychosocial (Engle, 1977) 접근을 중시하기 때문에 감소된 세로토닌serotonin(생물학)이나 인지왜곡(심리학)과 같은 "사람 안에서의 within-person" 요소를 부정하지 않을 것이다. 그러나 그의 관계치료자인 카일라는 불평을 만들어내는 상호 영향의 복잡한 망에 특별한 주의를 기울이면서, 자말의 병을 그의 사회관계망의 맥락 안에서 볼 가능성이 훨씬 더 크다. 이러한 견해는 카일라로 하여금 체계의 어떤 부분과 상호작용할 때 전체 체계(또는 체계들)를 염두에 두게 한다(Wampler, 1997). 그래서 예를 들어, 카일라는 자말이 고용주와의 관계에서 갖는 문제에 주목하면서 동시에 그의 원가족이 직업적 성공을 높게 평가하기 때문에 발생되는 직업에 대한 패턴이나 기대에도 관심을 기울이게 된다. 그녀 자신이 아프리카계 미국인인 카일라는 분명히 (또한 아프리카계 미국인인) 내담자의 인종과 그가 백인 동료들이 우세한 속에서 일하는 것이 어떠한지를 고려할 것이다. 자말의 인지왜곡(예를 들어, 그의 완벽주의)은 또한 그의 사회적 상호작용과 문화적 환경에 영향을 받고 영향을 주는 것으로 개념화될 것이다. 게다가, 카일라는 치료실에 누가 있는지와 관계없이 체계의 모든 요소들을 긍정적인 방식으로 관련지으려 시도할 것이다(Wampler, 1997). 그래서 예를 들어, 자말의 아내 세만타가 처치를 거부했을지라도(사실 그녀는 그렇지는 않았다), 카일라는 자말의 직장 상사나 동료들에 대해서 했던 것처럼 세만타도 처치체계 안에 "있는present" 것으로 생각했을 것인데, 그 이유는 그들이 모두 자말의 우울증에 대한 관계치료 개념화의 부분이 되기 때문이었다(Sprenkle, Blow, & Dickey, 1999). 핀소프(1995)는 처치에 중요하면서도 물리적으로 참석하지 않는 "간접적인" 처치체계를 구성하는 등장인물들이 있음을 환기시킨다.

이러한 고유한 공통요인을 기술하는 또 다른 방법은 관계치료가 문제가 내재된 더 큰 체계를 구성하는 다양한 하위체계들 간 상호작용 주기에 특별히 주의를 기울이는 것이다.

데이비스와 피어시의 연구(2007a, 2007b)는 이러한 공통요인에 대한 경험적 지지를 제공한다. 그들은 세 가지 서로 다른 관계치료 모델(정서중심치료, 인지행동적 커플치료, 그리고 내적 가족체계치료internal family systems therapy)의 개발자들, 그 모델을 배우는 학생들, 그리고 내담자들이 커플치료에서 처치의 성공을 비슷하게 보는 경향이 있다는 것을 발견했다. 치료는 부분적으로 효과가 있었는데, 그 이유는 치료자가 내담자로 하여금 역기능적 상호작용 주기의 관점에서 문제를 보게 했기 때문이다.

데이비스와 피어시(2007a, 2007b)는 각 모델의 주창자들이 이러한 패턴이 내담자의 원가족에서 학습되고, 각 모델은 현재의 상호작용 주기를 영속시키는 인지적, 정서적, 그리고 행동적 요소를 개념화한다는 점을 구체적으로 강조했다. 이러한 모델들 중 일부(예: 인지행동적 커플치료와 정서중심치료)는 대개 원가족을 강조하는 것으로 간주되지 않기 때문에 이러한 공통점들은 다소 놀라운 것이었다. 더욱이, 몇몇 모델은 일반적으로 하나의 영역(예: 감정에 집중하는 정서중심치료)을 특화시키는 것으로 보인다. 그러나 데이터는 각 모델이 하나의 영역만 특화시킬 수 있음에도 불구하고 역기능적 주기의 인지적, 정서적, 그리고 행동적 차원에 주의를 기울인다는 것을 보여주었다.

앞서 우리는 이 공통요인에 대한 강력한 간접 증거가 있다는 점에 주목했다. 정량적 연구자들은 무선임상실험에서 "관계 개념화relationship conceptualization" 대 "무無관계 개념화no relationship conceptualization"를 직접 검증해 본 적이 거의 없다(이것은 이후에 상세히 설명될 것처럼 처치단위로서 관계relationship 대對 처치단위로서 개인individual을 비교하는 것과 똑같은 것이 아니다). 그럼에도 불구하고, 강하게 경험적으로 검증된 모든 관계치료 접근들은 그것들이 다루고 있는 문제들problems에 대한 관계 개념화를 채택하고 있다는 것이 널리 알려져 있는 사실이다. 어려움difficulties을 이렇게 바라보고 개입하는 것이 그렇게 강한 지지를 받는 결과들과 연관되어 있기 때문에(Pinsof & Wynne, 1995; Shadish & Baldwin, 2002; Sprenkle, 2002), 우리는 관계 개념화에 대한 간접적인 증거가 강력하다고 믿는다. 예를 들어, 커플 · 가족치료 연구 문헌에서의 20개의 메타분석을 근거로, 쉐디쉬와 볼드윈(2002)은 커플치료의 평균 효과크기가 0.84이고 가족치료의 평균이 0.58임을 나타낸다. 이는 커플치료의 효과크기가 관상동맥 우회 수술의 효과크기와 동일한 수준이 되는 것인데(Shadish & Baldwin, 2002, p. 348), 이 둘 다 강한 효과크기라고 할 수 있다. 가족치료의 효과크기는 아마도 커플치료보다 낮은 중간 정도의 효과크기로 간주되는데, 이는 전자(가족치료)가 더 어려운 다중문제 사례에 적용되는 경향이 있기 때문이다. 다른 것과 비교를 해보자면, AIDS의 AZT처치의 효과크기는 "중간 정도인" 0.47이다(Shadish & Baldwin, 2002, p. 348).

역기능적 관계패턴을 중지시키기

데이비스와 피어시(2007a)는 또한 치료자들은 그들의 내담자들로 하여금 역기능적 관계 주기를 깨뜨리거나 중지시키도록 돕는다고 결론지었다. 우리는 역사적으로 관계치료자들이 그들의 작업을 거의 항상 커플, 가족, 그리고 더 큰 체계를 "고착stuck"시키는 역기능적 혹은 병리적 상호작용 주기를 깨뜨리는 것으로 보아왔다고 믿는다. 예를 들어, 구조적 가족치료자(Minuchin, 1974)는 개입을 가족조직의 역기능적 패턴을 무너뜨리는 것으로 보고, 전략적 치료자(Haley, 1987)는 개입을 행동의 연쇄를 해체하는 것으로 본다. 보웬 치료자(Bowen, 1978)는 개입을 삼각관계나 다른 세대 간 전수 패턴을 차단하는 것으로 보며, 팔로알토 체계 치료자(Fisch, Weakland, & Segal, 1983)는 개입을 역기능적으로 시도된 해결책을 차단하는 것으로 본다. 또한 정서중심 치료자(Johnson, 1996)는 개입을 지속적인 병리적 정서패턴을 방해하는 것으로 본다. 따라서 이 모든 것들은 역기능적 관계패턴을 중지시키기는 관계 개념화의 치료적 공통요인을 각기 다른 모습으로 보는 것이라고 해도 무방하다. 개인치료를 실시하는 사람들은 그들도 패턴을 무너뜨린다고 말할지도 모르지만, 우리는 여기서 커플·가족치료에서의 문제들을 관계적으로 개념화하는 데 있어서의 본질인 특정한 관계패턴에 대해 이야기하고 있는 것이다.

데이비스와 피어시(2007a, 2007b)는 또한 관계적 개념화에서와 마찬가지로, 그들이 연구했던 모든 치료자들이 모델 선호에 관계없이 인지적, 행동적, 그리고 정서적 개입을 사용하여 주기를 깨뜨린다는 것을 발견했다. 비록 정서중심 치료자는 정서적 개입을 특화하는 경향이 있었고, 인지행동적 커플치료자는 인지적, 행동적 절차를 강조하기는 했지만 말이다. 그들에게 있어, 연구한 치료들에서의 공통개입요인은 역기능적 패턴을 방해하는 이 3개의 차원들이 어우러진 메커니즘이었다.

상호작용 주기에 대한 데이비스와 피어시(2007a, 2007b)의 좀 더 구체화된 연구결과가 모든 관계치료에 해당될지는 두고 봐야 할 것이다. 그들의 연구결과는 첫째, 모든 관계치료들이 항상 내담자의 원가족에 뿌리를 두고 있다는 것, 그리고 둘째, 그것들이 항상 정서적, 인지적, 행동적 개념 및 개입 차원을 포함하고 있다는 것이다. 그러나 우리는 이 좀 더 구체적인 결과들 중 적어도 두 번째가 모든 커플 · 가족치료에서 공통요인이라고 추측한다.

관계개념화와 마찬가지로, 역기능적 관계패턴을 중지시키는 것에 대한 간접적인 증거는 강력하다. 관계치료에 대해 경험적으로 검증된 가장 괜찮은 접근들은 모두 다 그런 패턴을 중지시키는 것에 초점을 맞춘 개입들이다(Sprenkle, 2002).

직접적인 처치체계를 확대하기

대부분의 관계치료자들은 IP보다 더 많은 사람들(또는 경우에 따라서는 기꺼이 참여하는 사람들)이 치료에 참여하도록 권한다. 핀소프(1995)는 처치에 물리적으로 참여하는 사람들("직접적인 내담자체계")과 앞서 언급한 "간접적인 체계"를 통해 관련된 사람들을 구분한다. 성별, 인종, 문화와 같은 중요한 큰 체계 이슈들은 보통 간접적인 처치체계와 직접적인 처치체계 모두에 영향을 미친다는 것을 유념해야 한다. 관계 치료는 사례개념화를 할 때 항상 간접 체계에 주의를 기울이지만, 대부분의 치료자들은 커플·가족치료의 핵심에 있는 힘이 상담실에"직접적으로" 참여하는 살아 움직이는 체계 안에 있다고 믿는다. 그래서 우울증을 가진 사람은 자말이었지만, 카일라는 자말의 배우자인 세만타도 최소한 일부 회기들에 포함시켜 자말의 우울증이 배우자 하위체계에 어느 정도까지 포함되어 있는지 혹은 어쩌면 1차적인 관계적 이슈를 덮고 있는 것인지 사정해 볼 것이다. 카일라는 또한 이 부부의 두 자녀인 13살 엘리야와 15살 벨린다를 포함시켜 어른들의 이슈가 아이들에게 어떤 영향을 미치는지, 육아나 아동행동 이슈가 그 문제에 영향을 미치는지, 그리고 보다 광범위한 체계들의 역동을 개선하면 가족의 고통이 줄어들지를 평가할 것이다.

핀소프(1995)는 직접적인 처치체계를 확대시키는 것에 찬성하는, "대인관계적 명제interpersonal premise" 혹은 편향을 채택하는 5가지 주요 이유가 있다고 제안한다.

1. "가능한 한 많은 핵심적인 내담자들을 만나게 된다면 치료자는 일반적으로 내담자체계에 대해 더 많이 알게 될 것이다"(Pinsof, 1995, p. 98). 치료자는 내담자체계의 대인관계적 차원에 대한 명확한 인상을 얻는다(Sprenkle et al., 1999).
2. "동맹이 대면접촉에 기초한다면 치료자는 보통 내담자체계와 더 강력한 치료동맹을 맺게 될 것이다"(Pinsof, 1995, p. 98).
3. "핵심적인 내담자 앞에서 가능한 한 많은 일을 하는 것은 보다 넓

고 안정적이며 보다 공감적인 집단관찰 자아를 만들어낼 가능성을 극대화한다"(Pinsof, 1995, p. 98). 핀소프가 이렇게 말한 의미는 더 많은 사람들이 무슨 일이 일어나고 있고 왜 그것이 일어나는지 이해한다는 것이다. 만약 한 사람이 관점을 잃으면, 다른 참여자가 그것을 되찾는 것을 도울 수 있을 것이다(Sprenkle et al., 1999).

4. "중요한 돌파구가 가져오는 변화의 영향력은 대개 핵심적인 내담자들 앞에서 일어날 때 더 크다"(Pinsof, 1995, p. 99).
5. "핵심적인 내담자들이 진행 중인 처치에 직접적으로 관여할 경우 치료자는 문제유지 구조를 더 정확히 이해하게 될 것이다"(Pinsof, 1995, p. 99). 핀소프는 "문제유지 구조problem maintenance structure"란 가족구성원들로 하여금 그들의 이슈를 해결하지 못하게 하는 모든 "제약들constraints"(조직적, 생물학적, 정서적, 인지적, 원가족적, 대상관계 또는 "자기self"이슈들)이라고 정의한다(Sprenkle et al., 1999).

핀소프는 치료를 받고 있는 가족의 유형, 처치의 단계, 논의되는 이슈의 유형에 따라서, 이러한 명제들이 타당하다고 보고 있고, 처치의 어떤 시점에서 다른 하위체계들(그리고 개인들)의 참여를 강조하는 융통성 있는 접근을 요구하지만, 그럼에도 불구하고 그는 최소한 어떤 때에 "핵심적인 사람들key players"을 포함시키는 것을 강조한다. 우리도 동의하는데, 우리는 "대인관계적 명제"가 커플 · 가족치료에 고유한 핵심적인 공통요인이라고 보기 때문이다.

아마도 대부분의 관계치료 상담자들은, 이론적 지향과 관계없이, 직접적인 내담자체계에 더 많은 사람을 포함시키는 "공통요인"이 긍정적인 결과를 달성하는 경우를 쉽게 열거할 수 있을 것이다(Sprenkle et al., 1999). 이러한 특정한 대인관계적 명제에 대한 직접적인 연구 증거는 거의 없지만, 여러 문제들에 대해 합동참여 접근conjoint approach이 동일한 이슈에 대한 개인치료보다 일반적으로 더 성공적이라는 강력한 증거가 있다. 예를 들어, 일반적인 부부역기능(Johnson, 2002), 청소년 행동장애치료(Henggeler & Sheidow, 2002), 청소년 약물남용치료(Rowe & Liddle, 2002), 알콜중독이나 성인약물남용에 행동적 커플치료를 부부나 개인 단위로 처치하기(O'Farrell & Fals-Steartewart, 2002), 심각한 정신질환에 대한 가족관리(McFarlane, Dixon, & Lucksted, 2002) 등이다.

이러한 세 가지 공통요인들(관계 개념화, 패턴 중지시키기, 확대된 직접적 처치체계)을 함께 살펴보면, 모든 모델이 이러한 공통요인을 충분히 활용하는 것에 있어 관계치료자 대열 내에 약간의 긴장이 있다. 예를 들어, 1997년 미국부부·가족치료학회(AAMFT)의 연례회의에서 오거스터스 네이피어Augustus Napier(1997)는 이야기치료narrative therapy나 협력적 언어체계collaborative language systems와 같은 사회구성주의 모델들 중 일부는 개인이 자신의 상황을 어떻게 보느냐에 너무 많은 중점을 두었기 때문에 진정한 관계치료인지 의문을 제기했다. 그의 도발적인 논문인 "이야기가족치료에서 가족은 어디에 있는가?"에서 살바도르 미뉴친(1998)도 또한 이러한 모델들은 가족구성원들 간 상호작용을 충분히 강조하지 않는다고 주장했다.

가족구성원들이 그들의 상호작용에서 서로 영향을 미치는 방식을 관찰하는 대신에, 자기와 다른 사람들이 보는 관점을 고양시키거나 제약하는 패턴을 만들어내면서, 이러한 이야기 치료자들은 개별 구성원의 담론을 특권화하는 경향이 있다. 다른 가족구성원을 청중으로 만든다. 가족구성원들이 의미를 함께 구성하고, 개인과 가족이야기를 구성하는 과정에서 그들을 관찰할 수 있게 하는 체계적인 아이디어는 사라진다. 가족, 즉 사람들이 세계에서 자신들에 대한 그들의 견해를 발달시키는 자연스러운 대인관계의 맥락은 실천에서 사라진다(p. 399).

이야기 치료자 유진 콤스Eugene Combs와 질 프리드먼Jill Freedman (1998)은 미뉴친에 대한 반응에서, 전형적인 가족 상호작용에 **참여하지 않음으로써**, 치료자는 실제로 다음과 같은 역기능적 주기를 방해한다고 강조한다.

가족치료를 하는 초기 경험에서, 우리가 가족구성원들에게 직접 말하고 상호작용을 하도록 격려했을 때, 사람들은 말하는 사람에게 충분히 주의를 기울이기보다는 서로 탓을 돌리는 비난에 어떻게 대응할지를 계획하면서, 종종 방어적인 입장에서 듣곤 했다. 그들의 상호작용에서, 그들은 치료에 오게 된 그 문제들을 재연했다. 우리는 이러한 재연이 문제를 강화하고 굳히는 경향이 있다고 믿게 되었다. 우리는 사람들이 서로의 새로운 이야기를 듣도록 초대하는 것이 그들이 방어하는 대신, 들을 수 있게 한다는 것을 알게 되었다. 사태를 다르게 듣고 이러한 차이들에 목소리를 내는 것은 변화에 기여한다(p. 407).

그들의 차이에도 불구하고, 이 논쟁에서 양측은 다시 한 번, 치료자의 역할은 역기능적 주기를 깨뜨리는 것이라는 믿음에 일치한 듯하다. 이러한 논쟁은 가족문제가 어떻게 시작되고, 유지되며, 가장 잘 다루어지는지에 관한 논쟁에 뿌리를 두고 있기 때문에 아마도 계속될 것이다.

관계 개념화에 직접적인 공동참여가 어느 정도 보태져야 하는지에 대한 연구도 거의 없다. 대부분의 비교는 관계 개념화와 개인 개념화 간에서보다 공동과 개인 처치양식 간에서 이루어진다. 우리는 호세 차포츠닉Jose Szapocznic과 동료들(Szapocznik, Kurtines, Foote, Perz-Vidal, & Hervis, 1983, 1986)이 "개인"(그러나 관계적 개념화를 사용한) 가족치료와 공동참여접근(즉, 유사한 가정이지만 다른 처치단위를 사용한)을 대조한 두 연구만을 알고 있다. 이 연구자들은 대개는 약물중독 청소년 문제에 대해서 구조적 가족치료structural family therapy의 공동참여 버전을 1인 모델과 비교했다. 두 접근은 모두 연구된 히스패닉 가정에서 청소년의 약물 사용을 크게 감소시키고 가족의 기능을 향상시켰지만, 1인 버전은 더 나은 장기적 결과를 낳았다. 그러나 이러한 연구는 작은 표본 크기를 채용하고, 민족적으로 동질적이며, 단일 이론적 지향을 사용했기 때문에 그 결과들로부터 일반화하는 것은 시기상조이다(Sprenkle et al., 1999).

한편, 앞에서 언급한 개별 대 합동 처치 접근을 대조하는 대규모 연구에서 합동참여 접근들이 여러 영역에서 유리한 것으로 볼 때, 우리는 이 공통요인에 대해 상당히 직접적인 증거가 있다고 말할 수 있다. 그러나 이러한 "개별적인individual" 처치들 중 얼마나 많은 수가 체계적인 개념화를 이용했는지는 명확하지 않다. 예를 들어, 대부분의 관계치료자들은 배우자가 오지 않아도 부부를 다루는 데 성공적이었을 것이다. 따라서, 이 이슈는 상당히 복잡하며, 모든 관련 변수들을 알아내려고 애쓰거나 연구되지는 않았을 것이다(Sprenkle et al., 1999).

치료동맹을 확대하기

내담자와 치료자 간 동맹은 제7장의 구체적인 초점이 될 것이다. 여기서는 동맹은 가장 강력한 공통요인 중 하나이며, 강력한 경험적 지지가 있는 공통요인이라고만 말해 두자. 또한, 이 동맹은 치료자와 내담자 간 정서적 "유대"나 연결을 포함할 뿐만 아니라, 내담자와 치료자가, 치료에 채택된 방법이나 활동("과제")과 더불어 치료의 "목표"와 관련하여 얼마나 같은 편에 있는지까지 포괄하기 때문에 다소 복잡한 주제이기도 하다. 동맹은 나중에 더 자세히 다루어지기 때문에 여기서는 내담자(특히)와 치료자가 이해받고 정서적으로 연결되어 있다고 느끼는 정도인 "유대" 요소에만 초점을 맞출 것이다.

모든 치료들에서 동맹이 중요하지만, 한 사람 이상이 직접적인 내담자체계에 관여될 때, 커플 · 가족치료에 고유한 공통요인인 확대된 치료동맹(또는 동맹의 집합)이 존재한다. 자말, 세만타, 엘리야, 벨린다가 처치에 참여할 때, 네 사람 각자 치료자와 동맹을 맺게 될 것이다. 예를 들어, 자말은 치료자와 강한 개인적 "유대"를 가질 수 있지만, 엘리야는 그렇지 않을 수도 있다. 하지만, 각 하위체계(부모, 부부, 형제)도 개인적인 동맹과 구별될 수 있는 별도의 하위체계 동맹을 갖게 된다(Pinsof, 1995). 예를 들어, 자말은 카일라와 개인적인 동맹에 대해 긍정적으로 생각할지 모르지만, 그녀가 부부로서 자신과 세만타와 동맹을 잘 맺고 있는 것에 대해서는 믿지 않을 수도 있다. 혹은 엘리야는 카일라에게 개인적으로 이해받았다고 느끼지 않을 수도 있지만, 그녀가 십대들이 더 많은 책임을 갖게 됨에 따라 그들의 부모에 대해 더 많은 특권을 가질 수 있다고 보고, 형제로서 자신과 벨린다의 권리를 지지하고 있다고 느낄 수도 있다. 즉, 엘리야는 카일라가 형제 하위체계의 필요성에 대해 이해한 것에 대해 기분이 좋을지도 모른다. 더욱이, 가족 전체는 개인동맹과 하위체계 동맹 이상의 동맹을 치료자와 맺을 수도 있다(Pinsof, 1995). 예를 들어, 한 단위의 가족구성원들은 카일라가 그들의 광범위한 가족역동을 꽤 잘 이해하고 있으며, 회기들이 그들의 의사소통을 더 잘 촉진하고, 모든 사람들이 가족의 이슈들에 대해 어느 정도 책임을 지고 있다고 믿고 있을 것이다. 이것은 카일라가 개인들 혹은 하위체계로서 그들 중 일부와 동맹을 맺고 있다고 가족구성원들이 우려함에도 불구하고 사실일 수 있다.

여기서 시너지가 작용하는 것 같다. 만약 자말, 세만타, 엘리야, 벨린다 모두가 그들의 치료자인 카일라를 따뜻하고, 공감적이며, 이해를 잘하는 것으로 경험했다면, 그들은 개인으로서 뿐만 아니라 하위체계나 가족의 일부로서 그들의 역할에서 이러한 유대감을 느낄 것인데, 이와 같은 종류의 긍정적인 시너지는 동맹의 목표 차원과 과제 차원에 대해서도 또한 가능하다.

물론 확대된 치료동맹은 양날의 칼이다. 만약 "분할"동맹, 즉 부모들은 치료자와 잘 맺어지지만 십대들은 잘 결속하지 못하는 동맹이 있다면, 그 경우에는 직접적인 체계를 확대하는 것의 이점은 부채로 바뀔 수 있다. 모든 동맹이 똑같이 중요한 것은 아니기 때문에, 손실의 정도는 가족들이 처치를 원하는 문제에 대한 십대들의 중심성과 치료를 방해하는 십대들의 힘에 달려 있을 것이다.

관계치료에서 동맹의 중요성에 대한 연구상의 증거는 충분하지만(제 7장 참조), 위에서 설명한 여러 개의 동맹에 관한 자료는 아직 많지 않다. 이러한 이유로, 우리는 커플 · 가족치료의 네 가지 독특한 공통요인들 중 이 마지막 것에 대해 더 잠정적이다. 분열된 동맹이 해롭고, 다양한 가족구성원들과 균형 잡힌 동맹을 맺는 것이 동맹 그 자체의 힘보다 더 중요할 수 있다는 증거가 있다(Hollander-Goldfein, 1989; Pinsof, 1995; Sprenkle & Blow, 2004a). 어쨌든 이 분야의 연구는 아직 영아기단계다.

이 네 번째 부분을 결론짓기 전에, 우리는 관계치료자들이 체계적 개념화 덕분에 어떤 경우에는 간접적인 처치체계와 독특한 "동맹"을 가질 수도 있다고 본다. 예를 들어, 커플 · 가족치료자가 학교공포가 있는 아이와 그의 부모를 치료하면서 학교를 간접적인 처치체계의 일부로 학교를 개념화하는 경우(학교 대표들은 실제로 회기에 참석하지 않는다), 이 치료자는 내담자를 통하든지 혹은 전화나 통신으로 간접적으로 학교와 동맹을 맺을 수 있다. 간접적으로나마 치료자에게 중요하게 생각되었다고 느끼면 학교 관계자들은 동기를 부여받게 될 수도 있다. 아마도 아이의 문제를 심리내적으로 개념화한 비체계적 접근을 하는 치료자는 그와 같은 동맹과 그 잠재적으로 유익한 효과를 갖지 못할 것이다.

이 장에서는 커플 · 가족치료에만 고유한 네 가지 공통요인에 대해 설명하였다. 독자들은 그것들이 관계치료와 개인치료를 구별하는 것의 일부분임을 알게 될 것이다. 적어도 처음 세 공통요인은 커플 · 가족치료의 효용성에 핵심이라고 말할 수 있는 충분한 연구 증거(처음 두 요인들에 대해서는 간접적이지만 강력하고, 세 번째 요인에 대해서는 직접적이다)가 있다. 치료동맹도 또한 관계치료의 성공에 있어 강력한 요소라는 것 또한 논쟁의 여지가 없다. 향후의 연구가 우리가 설명한 여러 동맹의 영향에 대한 증거를 결정할 것이다.

제4장
공통요인의 큰 그림 조망

지구를 5,000피트 떨어져서 볼 때와 60,000피트 떨어져서 볼 때는 아주 많이 다르게 보인다. 이 장에서는 그 주요 범주에 대해 설명하면서 공통요인에 대한 큰 그림을 제시할 것이다. 우리는 다음에 나오는 장들, 특히 제6장부터 제9장까지는 풍부한 임상적 예화를 통해 여기에 제시된 임상적 함의에 대해 살펴볼 것이다.

제1장에서 우리가 공통요인의 넓은 개념화와 좁은 개념화를 구별했다는 것을 기억할 것이다. 전자는 처치 성과에 기여하는 모든 처치 상황setting의 차원을 포함한다. 예를 들어, 내담자변인client variables과 치료자변인therapist variables을 포함한다. 반면 좁은 관점은 치료모델의 주창자들이 사용하는 개입 간 공통성에 초점을 맞춘다. 좁은 정의는 큰 그림의 한 부분에 불과하다. 그렇다면 공통요인에 대한 넓은 정의의 다양한 차원이 여기서 우리의 초점이 될 것이다.

제1장에서 우리는 또한 여러분이 변화과정에 관해 "보는" 것은 여러

분의 특정한 패러다임 또는 여러분이 심리치료를 바라보는 렌즈들에 달려있다는 것을 논의했다. 우리 세 명의 저자들은 전문적 경력의 대부분을 거치는 동안 대부분 모델 중심의 변화 패러다임을 통해 심리치료를 보았고, 우리에게는 모델의 독특한/또는 특정한 차원이 변화를 이끄는 주요 엔진이 아닐 수도 있다는 생각이 들지 않았다. 여기서 우리가 공통요인의 주요 범주를 기술하고 있듯이, "탈脫 패러다임 이동 post-paradigm shift"은 지금 비교적 분명한 것으로 보이기 때문에 이제는 이러한 공통요인에 더 많은 관심을 기울이지 않을 수 없다.

흥미롭게도, 공통요인의 창시자인 솔 로젠츠윅Saul Rosenzweig은 70년 전에 "치료 상황에서 **인식되지 않는 요인**unrecognized factors이 우리가 관심을 가지는 요인보다 훨씬 더 중요할 수 있다"(1936, p. 412)고 말했다. 그는 사람들이 공통요인은 인식하지 못한 채로 모델들의 세부사항에 지나치게 초점을 맞추고 있다고 주장했다. 변화를 바라보는 이와 똑같은 방식은 최근까지도 커플·가족치료의 역사 대부분을 차지해왔다.

물론 "우리 시야에 있는" 공통요인이 최종적인 그림은 아니기 때문에 아래의 공통요인들에 대한 초상을 살펴보기 시작하면서, 우리는 미래의 연구가 아직 명백하지 않은 다른 "인식되지 않은 요인"을 발견하게 될 가능성이 높다는 것을 기꺼이 인정한다.

현재의 지식에 기초하면, 공통요인에는 6가지 주요 범주가 있다.

공통요인으로서의 내담자특성

내담자특성이 심리치료의 성과에 강력하게 기여한다는 것은 특히 자명한 탈脫 패러다임 이동이다. 우리가 어떻게 예전에는 그것들에 그렇게 관심을 기울이지 않았을까? 이렇게 간과를 하게 된 이유는 아마도 톨먼Tallman과 보하트Bohart(1999)가 심리치료의 "전문중심주의 professional centrism"라고 말한 것, 혹은 고도로 훈련된 전문가들이 **우리** 모델, **우리** 기법, 그리고 **우리** 기술이 성취하는 것이라는 측면에서 생각하는 자기준거적self-referential 경향 때문일 것이다. 변화과정에서 내담자의 역할이 모델 중심 패러다임과 공통요인 중심 패러다임을 구별하는 주요 차원 중 하나라는 제1장의 내용을 상기해보라. 비록 두 패러다임이 극과 극의 대립이 아니고 일부 모델 중심 주창자들은 협력적으로 일하므로 편차가 존재하지만, 전반적으로 그들은 치료자를 내담자에 "대해서on" 처치를 수행하고/하거나 "전문가"라는 유리한 지점에서 그들을 이끄는 것으로 보이기 쉽다.

아마도 공통요인 운동의 주요한 기여 중 하나는 모델이나 치료자가 아닌 내담자가 변화에서 주요한 "영웅"일 수 있다는 사실을 강조하는 것일 것이다(Duncan & Miller, 2000). 뷰틀러Beutler, 봉가르Bongar와 셔킨Shurkin(1998)의 표현대로 "처치의 성공에 기여하는 요인을 살펴보면, 중요한 것은 임상가나 치료 절차가 아니라 환자나 내담자의 동기, 인식, 기대, 그리고 준비이다"(p. 8). 바람직한 내담자특성이나 자질에 대한 그들의 리스트에 우리는 확실히 "열심히 작업하는 것"의 속성을 추가할 것이다.

톨먼과 보하트(1999)는 이 점을 충분히 납득시키기 위한 유용한 은유를 제공한다. 환자들은 심폐지구력 같은 목표를 달성하기 위해 헬스클럽에 간다. 헬스클럽은 환자들이 이러한 목표를 달성하도록 돕는 트레드밀, 고정 자전거, 타원형 트레이너, 계단식 스테퍼 기계와 같은 다양한 방법을 제공한다. 자, 무엇이 가장 중요한가? 중요한 것은 기계의 선택인가, 아니면 환자가 침대에서 나와 헬스클럽으로 내려가 열심히 그리고 성실하게 운동하려는 의지인가? 분명히 후자가 더 필수적이다. 기계가 심폐지구력이라는 목표를 달성하는 데 도움이 되는 것은 분명하지만, 내담자의 참여, 동기, 그리고 끈기는 기계의 선택(또는 유추한다면 치료모델)을 능가한다.

톨먼과 보하트(1999)는 다수의 심리치료 모델들이 거의 동등하게 작용하는 이유는 내담자가 치료자가 제공하는 모든 것을 받아들이고 자신의 목적에 맞게 사용할 수 있는 독특한 능력을 가지고 있기 때문이라고 믿는다. 헬미케Helmeke와 스프렝클(2000)이 수행한 커플치료의 결정적인 계기에 대한 연구는 이러한 결론을 뒷받침한다. 이 연구자들은 매 회기가 끝난 후 내담자와 치료자에게 그들이 "결정적인pivotal" 것으로 간주하는 어떤 일이 일어났는지, 그리고 만약 그렇다면, 그것이 무엇인지를 물었다. 헬미케와 스프렝클(2000)은 내담자가 종종 그들 자신의 목적을 위해 회기에서 사건을 재구성한다는 것을 알게 되었고, **전형적으로** 내담자가 결정적이라고 생각했던 것은 같은 회기에서 치료자가 결정적이라고 생각했던 것과 다름을 알게 되었다. 우리 세 저자 모두 회기에 대한 그들의 평가나 치료과정에 대한 피드백(아마도 우리가 "아주 잘 했다"는 칭찬을 바라면서)을 요청했는데, 그 결과는 주눅이 들게 되는 초라한 경험을 한 적이 있다. 내담자들은 우리가 사소한 주제라고 생각하는 것을 붙잡거나, 심지어는 우리를 오해하고 우리가 절대 말하지 않을 것을 결정적으로 중요하다고 지적하거나, 새로운 직업을 얻는 것과 같은 치료 외의 사건이 그들에게 큰 차이를 만들어냈다고 말했다.

마이클 램버트(1992)는 심리치료에서 성과 차이를 설명하는 데 있어 내담자의 중요한 역할에 주목한 최초의 학자들 중 한 명이었다. 그러나 그는 "공통요인"의 보다 좁은 정의를 사용했으며, 이러한 (내담자역할의) 기여가 채택된 치료모델과는 무관하다는 것을 상당히 구체적으로 설명했음에도 불구하고 (내담자역할을 공통요인이라고) 거론하지 않았다. 더 나아가, 그는 치료외적 요인이라고 불렀던 것(예: 사회적 지지, 지역사회 참여, 스트레스 사건, 혹은 우발적 사건 등)과 함께 내담자요인이라고 불렀던 것(동기, 변화에 대한 헌신, 내적 강도, 종교적 믿음을 포함)이 성과 차이의 가장 큰 부분(이 백분율은 수학적으로 이끌어낸 거의 아니기 때문에, 그가 평가하거나 어림짐작한 바에 따르면 40%)을 설명한다고 믿었다. 허블 등Hubble et al.(1999)은 램버트의 모델을 수정하고 똑같은 변수를 공통요인이라고 불렀다. 이 저자들은 치료적 관계와 결합되었을 때 성과 차이의 상당한 부분은, 아마도 70% 정도까지, 치료자의 통제 하에 있지 않다는 것을 강조하기 위해 애를 썼다. 정확한 백분율이 무엇이든지 간에, 몇몇 다른 학자들(Beutler et al., 1998; Sprenkle & Blow, 2004a; Tallman & Bohart, 1999)은 "연구문헌에 따르면 내담자가 실제로 심리치료의 성과에 가장 큰 기여를 하는 단 하나의 존재"(pp. 25-26)라는 밀러Miller, 던칸Duncan과 허블(1997)의 결론을 공유하고 있다.

이러한 중요성을 감안할 때, 내담자와 관련된 관계치료 연구의 대부분이 연령, 성별, 인종, 성적 지향 등 개인의 정적static 특성에 초점을 맞추고 있다는 것은 유감스러운 일이다. 처치의 동기나 참여, 과제 완수에 대한 인내와 협력 등과 같은 성과에 훨씬 더 강하게 관련될 내담자특성에 대한 연구는 사실상 없다(Sprenkle & Blow, 2004a). 홀츠워쓰-먼로Holtzworth-Munroe, 제이콥슨Jacobson, 데클린Deklyen과 휘스먼Whisman (1989)이 행한 한 연구는 이러한 변수들이 중요한 기여자라는 증거를 제공한다. 변화에 대한 내담자의 동기에 관한 프로차스카 Prochaska(1999)의 연구는 개인에 대한 치료에 관한 문헌에서는 잘 알려져 있지만, 관계 문헌에서는 경험적으로 검증된 적이 없었다. 그러나 우리는 제6장에서 이 모델을 (이론적으로) 커플·가족치료에 적용한다.

마지막으로, 심리치료 연구에서는 "변화를 예측하고 치료 결정을 안내하는 데 훨씬 더 중요한 내담자의 특이한 측면을 무시하면서" 내담자 진단에 초점을 맞추는 불행한 경향이 있었다(그리고 내담자들은 자주 DSM 범주 내에서 동종으로 간주되는 경우가 많다)(Clarkin & Levy, 2004, p. 195). 임상실험연구에서는 너무 자주 내담자의 개별적인 차이가 발견의 기회라기보다는 "오류"의 원천으로 간주된다. 그러나 커플·가족치료 모델개발자들이 그들 모델이 가장 적절하거나 효과적일 수 있는 내담자의 유형에 관한 증거를 제공한 몇 가지 예가 있다. 존슨Johnson과 탤리트먼Talitman(1997)은 정서중심치료가 감정적 연결의 형성을 강조하는 치료의 "과제"가 관련성이 높고 목적에 맞다고 생각하는 부부들에게 가장 잘 작용했다고 진술했다. 그리고 제이콥슨과 크리스텐슨Christensen(1996)은 전통적인 행동부부치료behavioral marital therapy가 파트너 헌신이 높고, "전통성"이 낮으며, 상호 합의된 결혼목표를 가진 부부들에게 가장 성공적이라고 보고했다. 우리는 미래에 공통요인으로서 의미가 큰 내담자변인에 대한 연구가 훨씬 더 많이 이루어지기를 바란다. 우리는 내담자변인이 아마도 공통요인 범주 중 가장 강력한 것일 수 있다는 공통요인 학자들의 합의를 받아들이지만, 경험적 사례는 아직까지 덜 개발되고 있다.

공통요인으로서의 치료자특성

제1장에서 우리가 변화과정에서 치료자의 역할이 두 패러다임을 구별하게 한 주요요인 중 하나라고 말한 것을 기억하라. 직관적으로 호소하기도 하지만(상식은 어떤 치료자가 일관되게 다른 치료자보다 더 나은 결과를 얻는다고 제시한다), 중요한 공통요인으로서 치료자특성에 대한 경험적 증거는 훨씬 강하다. 그러나 불행히도 우리는 모델과 무관한 치료자역량이 치료성과에 주요한 기여를 한다고 분명히 말할 수 있지만, **왜** 그런지에 대해서는 별로 아는 것이 없다. 역량의 어떤 특정한 측면이 차이를 만드는가?

먼저, 전체적인 결론에 대한 증거를 살펴보자. 거의 확실하게 지금까지 완료된 최고의 가장 포괄적이고 공정한 심리치료 연구는 국립정신건강연구원NIMH이 실시했던 협력적 우울증 연구일 것이다(Elkin et al., 1989). 전형적으로 특정 모델의 창시자나 그 동료 또는 그 모델을 배우고자 하는 사람들에 의해 수행되었던 대부분의 심리치료 연구와는 달리, 이 연구는 특별한 꿍꿍이속이 없었다. 이 대규모의 다중 사이트 실험에 들어온 치료자는 항우울제 약물 처치조건antidepressant drug treatment condition과 주의력 위약 임상관리조건attention placebo clinical management condition뿐만 아니라 우울증에 대해 매뉴얼화된 처치(인지행동치료cognitive-behavioral therapy 혹은 대인관계치료interpersonal therapy)를 고도로 준수하도록 훈련되어 있었다. 각 집단의 치료자는 똑같이 경험이 풍부했고 그들이 사용한 모델에 대한 충성도 있었다. 치료자요인을 통제하는 강한 노력에도 불구하고, 처치모델 간 성과 차이는 미미했으나, 치료자효과에서는 주요한 차이가 있다는 것을 그 결과가 보여주었다(Blow, Sprenkle, & Davis, 2007).

2차 분석에서 블랫Blatt, 쉐니슬로Shanislow, 주로프Zuroff와 필코니스Pilkonis(1996)는 각 조건에서 내담자들의 종합성과 점수를 바탕으로 치료자를 덜 효과적인 집단, 중간 정도로 효과적인 집단, 그리고 보다 더 효과적인 집단으로 나누었다. 연구자들은 "[NIMH] 연구에서 심지어는 경험 많고 잘 훈련된 치료자들에서도 치료자 간 치료적 효율성에서 의미가 큰 차이가 존재한다"(p. 1281)는 것을 발견했다. 아마도 가장 놀라운 것은 블랫 외 연구진Blatt et al.(1996)의 보고일 것이다. 그들의 연구에서 이러한 차이점은 또한 치료모델, 배경, 심지어 임상가의 경험수준과도 무관한 것으로 판명되었고, 내담자를 항우울제 약물 임상관리와 위약(사례의 절반) 임상관리조건에서만 보았고, 인지행동치료나 대인관계치료 조건에서는 보지 않았던 여성 정신과 의사가 가장 유리한 결과를 얻었다. 그들은 다음과 같이 언급하였다.

> 이 치료자의 높은 수준의 치료효과가 매주 비교적 짧은 시간(약 25분) 동안 치료적 지지와 격려만을 제공하는 최소한의 치료적 조건으로 설계된 절차의 일부로서 환자를 보는 동안 이루어졌다는 것은 주목할 만한 일이다(p. 1281).

이러한 결론이 블로우 등Blow et al.(2007)으로 하여금 "NIMH 우울증 연구의 역사는 경험적으로 타당화된 치료들보다 '경험적으로 타당화된 치료자'에 대해 더 많은 것을 말한다!"(p. 302)라고 결론을 내리게 했다.

다른 중요한 증거들은 『대大 심리치료 논쟁The Great Psychotherapy Debate』(Wampold, 2001)이라는 책에서 나오는데, 이 책은 제대로 된bona fide 처치들을 비교한 심리치료 연구들의 메타분석에 기반을 둔 것이었다. (이 책에서) 웜폴드는 심리치료에서 치료자요인이 심리치료 성과 차이에 어떻게 기여하는지에 대해 한 장 전체를 할애했다. 웜폴드는 치료자 간의 차이가 그들이 시행하는 처치(기껏해야 0.20이지만, 아마도 0에 가까운)보다 더 많이(0.60의 효과크기) 기여한다는 설득력 있는 통계적 증거를 제시한다. 더욱이, 치료자변이가 무시될 때, 이것은 제1형 오류를 상당히 부풀리고, 처치를 실제보다 더 다르게 보이게 한다. 웜폴드(2001)와 블랫 외 연구진(1996)의 연구는 4대 심리치료 프로젝트의 데이터를 검사한 루보르스키 외 연구진(1986)의 초기 연구결과를 확인했으며, 또한 치료자효과가 처치효과를 초과한다는 결론을 내렸다. 모든 연구가 유의한 치료자변이를 보여주지는 않았지만, 명백하게 방금 검토한 연구의 주요 결론을 뒷받침하는 증거들이 거의 우세했다. 더욱이, 연구에 들어왔던 치료자들에 비해 치료자 전체 모집단에서의 치료자변이가 더 클 가능성이 높기 때문에, 이러한 결론은 "실제 세계"에서 더욱 유효할 가능성이 높다.

그러나 이전에 주목했듯이, 변이에 대한 증거가 강력하더라도, 우리는 놀랍게도 어떤 치료자는 강력한 관계(내담자와의 치료동맹)를 달성하고 다른 치료자는 그렇지 못하다는 사실은 차치하고 왜 변이가 존재하는지에 대해 잘 모른다. 우리는 아래에서 별도의 범주로서 치료동맹을 다룰 것이고 또 제7장에서는 그것을 아주 상세하게 다룰 것이다.

방금 검토한 연구에서 높은 치료자의 역량은 단순히 좋은 결과를 얻는 것으로 처리되었다. 처치에 대한 연구와 비교해서 이 이슈에 대한 연구가 상대적으로 거의 없었기 때문에 우리는 아마도 역량이나 전문성에 대해 구체적으로 아는 것이 거의 없을 것이다. 제1장에서 모델 중심 변화는 처치를 전달하는 사람이 **누구인지는** 상대적으로 중요하지 않은 것으로 간주되기 때문에 치료자요인에 거의 중점을 두지 않는다는 것을 기억하라. 모델들은 "약물 없는 약물 연구"처럼 연구된다. 뷰틀러Beutler, 말릭Malik과 알리모하메드Alimohamed(2004)는 지난 20년 동안 모델 비교에 초점을 맞춘 무선임상실험의 강조가 실제로 치료자변인에 대해 관심을 덜 기울이게 했다고 주장한다. 이 저자들은 다음과 같이 말하고 있다.

> 효능연구에서는 처치의 힘을 극대화하는 데 초점을 맞추고 있다. 따라서 특정한 임상가와는 상관없이, 특정한 진단 집단 내에서 모든 환자들에게 동일한 방법으로 적용할 수 있는 치료 매뉴얼을 구성함으로써 치료자요인의 영향을 제어하기 위한 노력이 기울여져 왔다. 이 연구는 처치모델과 절차와 무관한 치료자요인에 기인될 수 있는 치료적 역할에는 거의 주의를 기울이지 않는다(p. 227).

따라서 치료자효과는 차이의 원천이 아니라 오류의 원천으로 취급되므로, 변화가 처치모델에 귀속될 수 있다. 그러나 앞에서 언급한 바와 같이, 치료자변이는 고도로 통제된 조사(Blow et al., 2007)에서도 존재한다는 설득력 있는 증거가 있다. 그런 것에 대해 뷰틀러와 동료들

(2004)은 "불행하게도 처치를 표준화한다고 해서 성과에 미치는 개별 치료자의 영향이 없어지는 것은 아니다"(p. 245)라고 지적했다.

(나중에 다루게 될) 치료동맹에 대한 치료자의 공헌과는 별도로, 여기에서는 특히 관계치료에 중점을 두고서 치료자변인의 구체적 내용에 대해 우리가 알고 있는 것을 간략히 요약한다. 시작하자면, 우리는 연구된 변인의 대부분이 성과에 크게 기여하지 않는다는 점에 주목한다(메타분석의 관점에서 이러한 변인들의 대부분은 작은 효과크기를 가지고 있다). 우리가 모르는 것이 많다. 첫째로, 내담자변인과 마찬가지로, 치료자의 나이, 성별, 인종과 같은 "정적static" 치료자변인은 그다지 강력한 결정요인이 아니다. 이 소식은 창조적이고 유능한 치료자는 성별, 나이, 혹은 피부색 등과 같은 임의적 특성에 의한 한계를 극복할 수 있음을 확인해준다(Blow et al., 2007). 둘째, 경험수준에 대한 연구는 놀라울 정도로 혼합되어 있다. 단지 치료자로서 시간을 보낸다고 자동적으로 전문성이 증가되는 것이 아니다. 스톨크Stolk와 페를레츠Perlesz(1990)는 전략적 부부·가족치료 프로그램을 2년째 배우는 사람들이 실제로 1년째 배우는 사람들보다 더 나쁜 결과를 냈다는 데이터를 제공했는데, 아마도 2년째 배우는 사람들이 치료동맹의 희생을 감수하면서 더 많은 기법에 집중했기 때문일 것이다. 많은 다른 변인(예: 수행된 사례의 어려움 및 훈련의 질)도 성공에 대한 경험의 영향력을 조절할 수 있다(Beutler et al., 1998).

치료적 긍정성과 우호성은 좋은 성과와 일관되게 연관되어 있는 반면, 비판/적대성은 부적인 연관성이 있다(Beutler et al., 2004). 치료자들은 내담자의 역기능적 패턴을 중지시킬 수 있을 만큼 충분히 활동을 해야 하며, 또한 가족구성원이 인지, 정서 및 행동 이슈에 직면하게 할 수 있는 충분한 구조를 제공해야 한다(Bischoff & Sprenkle, 1993; Lebow, 2006b). 특히 처치 초기에 치료자 방어는 커플치료에서 빈약한 성과를 초래한다는 증거가 있다(Waldron, Turner, Barton, Alexander, & Cline, 1997).

치료자가 내담자 선호, 기대, 특성에 적응해야 한다는 일관된 증거가 있다. 뷰틀러, 콘솔리Consoli와 레인Lane(2005)은 내담자의 저항이 높을 때 치료자는 지시(치료자 통제)를 줄여야 하고, 반대로 내담자 저항이 낮을 때는 지시를 높여야 한다는 강력한 증거를 제시했다. 게다가, 적당한 자극은 변화를 촉진하는 것처럼 보이기 때문에 치료자는 내담자의 감정적인 흥분을 적당히 유지하도록(너무 높아도 안 되고 너무 낮아도 안 됨) 처치방식을 조정해야 한다(Blow et al., 2007). 뷰틀러, 하우드Harwood, 알리모하메드Alimohamed와 말릭Malik(2002)은 또한 치료자가 보다 자기반성적이고 내성적이며 내향적인 내담자에게 통찰력 있는 절차를 더 잘 제공한다는 인상적인 증거를 제공한다. 반대로, 치료자는 보다 충동적이고 공격적인 내담자에게는 기법 구축과 증상 중심의 방법을 제공해야 한다. 내담자의 문화적 가치와 신념에 민감한 작업을 하는 치료자가 더 나은 결과를 얻는다는 증거도 늘고 있다. 이러한 결론은 호세 차포츠닉과 동료들(Muir, Schwartz, & Szapocznic, 2004)이 수행한 마이애미의 빈곤층 아프리카계 미국인과 히스패닉에 대한 연구를 검토한 결과 뒷받침되었다.

커플·가족치료와 개인치료에서의 치료자요인에 관한 연구결과들을 보다 상세히 요약한 것은 블로우와 동료들의 연구(2007)에서 찾을 수 있다. 여러 모델들 내에서조차 치료자 간 역량이 상당히 차이가 난다는 점을 감안한다면, 왜, 구체적으로, 어떤 치료자가 더 나은 결과를 얻는지 더 많은 것을 알 수 있다. 모델의 주창자들은 또한 치료자가 모델을 살아나게 만들기 때문에 이 정보를 알고 싶을 것이다. 치료자가 없다면 모델은 단지 종이에 적힌 단어일 뿐이다. 공통요인이 모델을 통해 작용하듯이 모델도 치료자를 통해 작용한다(Blow et al., 2007). 블로우와 동료들(2007)은 "모델보다 경험적으로 지지되는 치료자에 대해 이야기하는 것이 더 나을 수 있다"고 말했다.

공통요인으로서의 치료적 관계 차원

이 주제는 제7장에서 초점을 맞출 것이기 때문에 여기서는 간략하게 설명하겠다. 이 시점에서는 다차원적인 "치료동맹"으로서 현재 주로 연구되고 있는 치료적 관계가 커플·가족치료 연구에서 가장 많이 연구된 공통요인이라고만 말해 두자. 이 변수가 모든 효과적 모델에서 성공적으로 성과에 크게 기여한다는 설득력 있는 증거가 수많은 연구에서 나타나고 있다. 실제로 정서중심치료(Johnson &c Denton, 2002), 기능적 가족치료functional family therapy(Sexton & Alexander, 2003), 다체계치료multisystemic therapy(Sheidow, Hengeler, & Schenwald, 2003) 등 가장 강력한 경험적 지지가 있는 관계치료 모델들은 강력한 치료동맹 구축에 중점을 두고 있다. 그러나 제3장의 내용을 상기해 보면, 비록 그것이 필요하고 의심할 여지없이 바람직하지만, 공통요인에 대한 온건한 관점은 강한 관계를 형성하는 것이 성공적 치료변화를 결론짓기에 충분하다고 단정 짓지 않는다.

공통요인으로서의 기대 차원

그의 널리 인용된 장에서, 램버트(1992)는 기대와 "위약요인placebo factor"이 심리치료에서 성과 차이의 약 15%를 차지한다고 주장했다. 다시 말하지만, 이것은 그의 입장에서 단지 "어림짐작"에 불과하다는 것을 기억하라. 이러한 변수들은 희망을 갖고 처치가 신뢰할 수 있다고 믿는, 처치를 받고 있는 내담자의 지식에서 나온 향상의 부분을 말하는 것이다. 이러한 변수들은 또한 프랭크(1961)의 공통요인에 대한 초기 기술에서도 필수적인 부분이었다.

우리는 공통요인의 이런 측면을 부르는 용어에 대해서, "위약"보다는 "기대"나 "희망"이라고 지칭하는 것을 선호한다. 윔폴드(2001)는 의학 연구에서 생리화학 처치와 비생리화학적 요소를 제어하는 위약 처치(그 대부분의 영향이 심리적인) 사이를 의미 있게 구분하게 하는 사례를 제공한다. 의학에서는 예를 들어 혼수상태에 있는 사람에게 순수하게 생리화학적 처치를 전달하는 것이 실현 가능하다. 그러나 심리치료에서는 특정한 처치와 비특정화된 대안에 모두 실시할 수 있는 것이 주로 심리적인 것이다. "특정한" 처치에서 비특정화된 측면을 빼내는 것은 사실상 불가능하다. 예를 들어, 램버트와 오글스Oagles(2004)는 가장 엄격하게 경험적으로 검증된 처치와 비특정화된 통제집단에 제공되지 않았던 처치를 포함한 모든 처치(희망과 신뢰를 창출한다는 의미에서)가 변화를 일으키는 데 효과를 발휘한다고 지적한다. 따라서 램버트와 오글스는 "위약"이라는 용어가 잘못된 명칭이라고 주장하고, 우리 저자들도 동의한다.

희망 차원에 대해 하워드Howard, 모라스Moras, 브릴Brill, 마르티노비치Martinovich와 루츠Lutz(1996)는 치료의 시작단계는 주로 사기 저하에서 다시 사기가 오르는 것으로 움직이는 것과 관련이 있다고 주장했다. 다양한 연구자가 각기 다른 용어를 사용하지만, 정서중심치료(Johnson &c Denton, 2002)와 기능적 가족치료(Sexton & Alexander, 2003)와 같이 경험적으로 지지되는 관계치료의 초기 단계에서는 다시 사기가 오르게 되는 것 같다(Sprenkle & Blow, 2004a). 그러나 관계치료에서는 희망과 변화의 관계에 대해서는 구체적으로 연구된 것이 별로 없어 보인다. 몇몇 연구(Crane, Griffin, & Hill, 1986; Kuehl, Newfield, & Joanning, 1990; Johnson & Talitman, 1997)가 관계치료의 성공과 치료자가 내담자의 기대에 부합하는 신뢰할 만한 처치를 제공하는 능력 사이의 유의한 관계를 보여주었다는 점에서 신뢰 차원에 관한 약간의 증거가 있다. 이 차원은 치료동맹의 "과제" 또는 "목표" 차원과 중복될 수 있다(제7장 참조).

공통요인으로서의 비특정 변화 메커니즘

이 범주는 공통요인을 좁게 바라보는 관점과 똑같은 것이다. 우리는 그 좁은 관점이 넓은 관점의 하위부분이라고 간주한다. 변화에 대한 이러한 공통의 특정화되지 않은 메커니즘은 모델들이 다른 이론적 가정을 가지고 있고, 다른 기법을 채용하고, 다른 이름을 갖고, 다른 어를 사용하더라도, 다양한 처치모델에서 존재한다(때로는 인식되지 않는 경우도 있다). 이러한 차이에도 불구하고, 메커니즘은 유사한 결과를 달성한다. 이러한 메커니즘은 "이론"보다 낮은 추상화 수준과 기법보다 높은 추상화 수준에서 존재한다(Goldfried, 1980). 그래서 예를 들어, 해결중심치료와 정서중심치료는 커플치료에 서로 다른 이론적 렌즈를 제공하고, 각각 다른 기법(기적질문miracle question과 완화softening와 같이)을 사용한다. 그러나 더 높은 추상 수준에서 이 두 가지 기법은 종종 남편과 아내가 적대적이거나 소원한 사람으로부터 배려하는 사람으로 서로에 대한 견해를 바꾸도록 만든다. "관점 변화시키기" 또는 "인지 바꾸기"는 공통의 변화 메커니즘이다.

공통요인 문헌은 특정화되지 않은 변화 메커니즘의 목록을 다수 제공한다(Grencavage & Norcross, 1990; Lambert & Ogles, 2004). 이러한 목록들 중 일부는 상당히 복잡하기 때문에, 우리는 캐러수(1986)가 제안한 영향력 있고 경제적인parsimonious 개념화에 끌렸는데, 그는 이러한 비모델적인non-model-specific 변화 메커니즘이 행동조절(우리가 또한 "행동 변화시키기"라고 부르고, 이 책의 제8장에서는 "행동 바꾸기"라고 부르기도 함), 인지적 숙달(우리는 "관점 변화시키기" 또는 제8장에서 "인지 바꾸기"라고 부르기도 함) 그리고 정서적 경험하기(우리는 "정서적 경험하기/조절"이라고 하거나 제8장에서는 "정서 다르게 경험하기"라고 부르기도 함)라는 명칭 아래 합쳐질 수 있다고 말했다. 제8장에서 우리는 이 세 가지 변화 메커니즘이 어떻게 외견상 세 개의 서로 다른 관계적 부부치료, 즉 대상관계치료, 정서중심치료, 그리고 해결중심치료에서 작동하는지 보여줄 것이다.

우리는 또한 이 책에서 역기능적 주기로 문제를 체계적 개념화하기, 이러한 주기를 중지시키기, 직접적인 처치체계 확대하기, 그리고 확대된 치료동맹 활용하기와 같이 커플·가족치료에 고유한 공통의 메커니즘을 언급했다.

공통요인으로서의 다른 매개변인과 조절변인

변화과정을 매개하거나 조절하는 여러 변인이 있을 가능성이 높다. 따라서 이 마지막 범주는 이전 다섯 가지 범주에서 누락된 변인을 "모두 몰아넣는 것catch-all"이다. "매개변인mediators"은 처치가 왜 효과를 갖는지 하는 이유와 또 어떻게 효과를 내는지를 설명하는 변수다. 그래서 우리는 "치료자역량"이 심리치료가 왜 효과를 내는지 이유를 설명하는 데 도움이 되는 중재변인이라고 주장할 수 있다(이미 이 공통요인을 다른 범주에 넣었음에도 불구하고 말이다). "조절변인moderators"은 처치가 효과가 있거나 효과가 없는 상황을 설명한다. 따라서 예를 들어, 관계에 현재 폭력성이 있는 경우, 커플치료에 파트너를 포함시키는 것이 효과가 없을 것이라고 믿는다면, 이 경우 "현재 커플폭력의 존재 여부"는 합동참여 처치를 선택하는 효과를 조절한다(이 예를 사용한다고 해서 경험적으로 지지된 커플폭력에 대한 합동참여 처치[Stith, Rosen, & McCollum, 2002]의 존재를 약화시키는 것은 아니다).

어떤 변인은 상황에 따라 매개변인과 조절변인 둘 다가 될 수 있다. 공통요인에 대한 넓은 관점 안에 있는 이 최종 범주에서, 우리는 변화과정을 설명하는 데 도움이 되는 두 가지 변인을 더 논의할 것인데, 그 두 변인 모두 변화를 매개하기도 하고 조절하기도 한다. 의심할 여지없이, 미래의 연구와 이론이 다른 변수들을 찾아낼 것이다.

치료자 혹은 연구자의 충성도

첫째는 치료자나 연구자의 "충성도"이다. 치료자나 연구자가 모델 혹은 모델개발자(모델개발자에게서 배우는 경우) 혹은 모델 검증 연구를 하는 사람(모델개발자가 아닌 경우)에게 어느 정도 충성을 가지고 있는가? 대부분의 커플·가족치료 연구는 모델개발자들이나 또는 그들로부터 배우는 사람들의 연구로 이루어졌기 때문에 이는 중요한 질문이다(충성도는 치료자뿐만 아니라 연구의 이슈이기 때문에, 우리는 그것을 위에서 "치료자"변인이라는 제목 하에서 다루지 않고 여기서 논의한다, pp. 89-95 참조).

충성도는 매개변인도 될 수 있고 조절변인도 될 수 있다. 예를 들어, 처치 A가 연구자의 편견 때문에만 더 좋아 보인다면, 연구 충성도는 모델의 유리한 결과를 매개한다고 말해질 수 있다. 만약 처치 B가 효과적인 처치로 남아있지만, 그것이 충성도가 덜한 치료자들에게 채택되어 그 효능의 일부를 잃는다면, 우리는 충성도가 처치 B의 효과를 조절시켰다고 말할 수 있을 것이다.

치료자가 시행하는 모델에 충성도를 갖는 것이 이득이 있기도 하지만(아래를 보라), **연구** 관점에서 볼 때 충성도는 왜 변화가 일어나는지에 대한 이슈를 가려버린다. 연구에서 모델들이 비교될 때, 한 모델(전형적으로 "실험"모델)에는 충성도가 있고 다른 (대개 "통제")모델은 그렇지 않을 때 분명히 "속임수가 생긴다". 명백히 실험집단의 치료자는 그들의 모델을 "정말로 믿고" 통제집단의 치료자는 그렇지 않다면, 전자는 그 이유만으로 더 잘 수행할 것이다. 연구자 충성도효과는 아마도 더 예민할 것이지만, 모델개발자나 그를 배우는 사람들이 실험 처치를 수행할 때 어떤 것이 일어나는 것처럼 보인다. 블로우와 동료들(2007)이 지적하듯이, 그들의 보다 큰 열광과 투자는 "무심결에 실험조건에서 그 접근에 대한 후광효과로 이끈다"(p. 301). 그들은 종종 기금을 받아서 모델을 검증하는 연구를 진행하고, 정말로 편견 없는 연구가 어려운 다른 개인적 투자, 즉 그들의 모델을 시장에서 팔고 싶은 것과 같은 투자를 한다. 판단적으로 보이지 않으려고 했지만, 우리가 공통요인에 대한 연구를 수행하고 있다면, 우리의 연구가 인식하지 못하는 방식으로 우리의 충성도가 영향을 미칠 것이다.

전혀 의도하지 않았다 하더라도, 이러한 충성도효과는 상당히 강력해 보인다. 다양한 연구에서 충성도효과가 세 가지 방법으로 부호화되었던 이전의 엄격한 연구(Luborsky et al., 1999)를 참조하면서 루보르스키와 동료들(2002)은 다음과 같이 말했다. "29개의 처치비교연구 표본에 있어서 연구자 충성도의 3가지 측정치 평균과 비교되는 처치 성과의 상관관계는 .85라는 큰 피어슨 상관계수가 나타났다"(p. 5). 이 매우 큰 상관관계는 우리를 멈춰 세우고, 지난 몇 년 동안 심리치료 연구가 우리에게 말해주었던 것이 정말로 무엇이었는지 궁금하게 만든다! 루보르스키와 동료들(2002)은 다음과 같이 그것을 강하게 표현한다. "3개의 충성도 측정치의 평균과 비교되는 처치 성과의 높은 상관관계는 **통상적인 심리치료 비교가 별로 타당성이 없음을 의미한다**"(p. 5). 루보르스키와 동료만이 그런 것이 아니다. 웜폴드(2001)는 그의 책에서 한 장 전체를 충성도효과에 할애하고, 충성도효과가 처치모델의 선택보다 심리치료에서의 성과 차이를 훨씬 더 많이 설명한다고 설득력 있는 경험적 증거(Luborsky et al., 2002와 일관됨)를 통해 제시한다. 즉, 연구자는 처치모델을 비교하는 것이라고 생각했지만, 그들은 자신도 모르게 충성도효과를 연구하고 있었던 것이다.

누군가가 이러한 냉정한 결론에 동의하든 아니든 우리는 향후 연구는 연구팀 내에 다양한 충성도를 가진 연구자를 포함해야 하며, 선호되는 처치 비교를 신뢰할 수 있기 위해 더 큰 노력을 기울여야 한다는 루보르스키와 동료들(2002)에 동의한다(Sprenkle & Blow, 2004b). 우리는 이것이 커플 · 가족치료 연구에 특히 중요하다고 믿는다. 왜냐하면 모델의 창시자들이나 그들에게서 배웠던 사람들이 수행하지 않은 연구가 거의 없기 때문이다. 우리 저자들 중 한 명D. H. S의 대학원생들은 가장 널리 채용되고 있는 3개의 관계치료 모델인 정서중심치료, 기능적 가족치료, 다체계적 치료와 관련된 45개의 경험적 논문을 조사했다. 발표된 논문 중 10% 미만이 독립적인 연구자들이 작성한 것으로 보인다(Sprenkle & Blow, 2004a). 게다가, 우리는 "중립적이지만 지지적인 맥락, 즉 모든 처치를 똑같이 가치 있게 여기는 맥락에서 열정적인 전문가가 연구를 수행해서, 처치의 정면 비교를 통해 효과 있음을 보여준"(Sprenkle & Blow, 2004a, pp. 117-118) 단 하나의 관계치료 연구도 알지 못한다.

충성도에 관한 이 부분을 끝맺기 전에, 우리는 **임상적인** 관점에서 충성도는 당신이 믿지 않는 것을 "판매sell"할 수 없기 때문에 대부분 좋은 것이라고 강조하고 싶다. 충성도는 치료를 고양시키는 공통요인이 될 수 있다. 치료자로 하여금 유연성과 내담자 요구에 대한 민감성을 방해하는 "맹목적인" 충성이 아니라면, 충성은 희망을 낳고, 자신감을 불어넣고, 신뢰할 만하게 보이도록 하는 데 긍정적인 영향을 미칠 수 있다. 아마도 통제집단이나 "통상적인 처치"가 때때로 효과가 없는 이유 중 하나는 치료자가 그 처치에 충성도가 없기 때문일 것이다. 치료자 충성도란 왜 누가 효과적인지를 설명하는 데 도움이 될 때 매개변인으로 생각할 수 있다. 그것은 또한 치료자가 그것에 대해 강한 충성을 가지고 있다는 조건 하에서 어떤 모델이 훨씬 더 잘 작동한다는 점에서는 조절변인으로서 기능할 수도 있다.

치료모델의 조직화와 일관성

변화를 매개하거나 조절하는 두 번째 변수는 아마도 모델의 내용과는 **무관한** 치료모델의 "조직화organization와 일관성coherence"일 것이다. 경험적으로 타당화된 모델이 효력이 있는가에 대한 한 가지 설명은 그것이 아주 잘 조직화되고 일관적인가 하는 것이다. 이러한 치료를 시행하는 사람들은 그들이 다루고 있는 역기능에 대한 명확한 로드맵을 가지고 있는데, 이 로드맵이 내담자가 어디로 가기를 원하는지, 그리고 어떻게 그곳에 갈 것인지 가르쳐준다. 바로 이러한 조직화와 일관성이 치료자의 자신감과 치료자에 대한 신뢰도, 그리고 내담자를 위한 모델과 같이 우리가 논의했던 다른 변수에 영향을 미친다.

예를 들어, 실험 처치와 "통상적 처치treatment-as-usual" 상태를 비교했을 때 아마도 전자가 더 성공적인 이유는 치료의 독특함 때문이 아니라 오히려 잘 조직화되고 일관성이 있기 때문일 것이다. 비교해 볼 때, 통상적 처치는, 그럼에도 불구하고 "감感으로 움직이는" 잘 의도된 사람들이 행하는 경우가 있다. 그래서 조직화와 일관성은 왜 변화가 일어나는지 설명하는 매개변인이 될 수 있다. 그것들은 또한 조절변인이 될 수 있는데, 주어진 처치가 잘 조직화되고 일관성이 있다는 조건 하에서만 그렇다.

이 장에서는 모든 효과적인 모델 내에서 변화에 기여하는 처치설정 setting의 6가지 측면, 즉 일반적인 내담자, 치료자, 관계(동맹), 기대, 변화 메커니즘, 기타 매개변인 및 조절변인(충성도와 모델의 조직화/일관성을 포함해서)에 대한 개요를 제공했다. 우리들은 상호작용을 하면서 생각하는 사람들이기 때문에, 이러한 구분이 다소 인위적이라는 것을 인정하고 싶다. 예를 들어, 치료자의 메커니즘에 대한 신념, 내담자의 치료자에 대한 신뢰도 사정, 혹은 개입을 하고 있는 사람에 대한 내담자의 태도로부터 "인지 바꾸기"와 같은 공통적인 변화 메커니즘을 분리하기 어렵다. 내담자 동기화와 같은 변인이 주로 치료에 오게 만드는 내담자특성이거나, 동기화를 시키는 것이 유능한 치료자가 되는 측면으로 보이는 것도 또한 사실이다(Sprenkle & Blow, 2004a). 치료자가 내담자의 강도에 잘 맞는 접근을 사용할 때와 같이 여기서 설명하는 변인들이 상호작용하는 경우가 종종 있다. 물론 치료동맹은 그 본성상 내담자와 치료자의 동반자 관계다. 그래서 우리는 이 6가지 범주가 직관적으로 판단되기를 바라지만, 그것들은 분명히 구별되는 것이 아니라 상호작용이 매우 강하다. 이 장의 앞부분에서 우리는 치료적 처치 원리(예: 통찰지향 접근 대 증상기반 접근)를 내담자 유형과 맞추려 했던 래리 뷰틀러Larry Beutler(Beutler et al., 2005)의 연구를 검토했다. 또한, 개별 내담자에게 그들의 특정 문제에 맞춤식으로 만들어진 특정치료법을 적용하는 "처치 상호작용에 의한 적성aptitude by treatment interaction"의 이니셜을 따서 ATI라 불리는 학파도 있다. 가장 야심찬 검증은 알코올 처치에서 이루어졌다(Project MATCH Research Group, 1997). 그러나

ATI 설계는 잘 사용되지 못했고, 그 결과는 "상대적으로 실망스러웠고, 프로젝트 매치도 초보적인 수준"(Clarkin & Levy, 2004, p. 214)이었다. 따라서 공통요인 주창자들이 관심을 지니고 있는 변수에서 상호작용이 처치를 향상시키는 방식을 찾아내는 일은 미래의 연구자에게 달려 있다고 할 수 있다.

제5장
공통요인에 대한 온건한 관점

모순어법처럼 들리지만, 우리는 공통요인에 관해서는 "전투적인 온건파militant moderates"이다. 사실, 우리는 선의의 공통요인 옹호자들이 이 문제에 대해 극단적인 입장을 취하게 되면 이 운동에 오명을 씌울 위험성이 있다고 생각한다. 그래서 이 장을 시작하면서, 우리는 공통요인에 대한 우리의 관점을 반영하지 못하는 몇 가지 진술을 거론하고 싶다. 우리는 "어떤 한 처치가 다른 것만큼 좋다"거나 "내담자와 좋은 관계를 맺고 있는 한 치료에서 무엇을 하든 정말 문제가 되지 않는다"는 생각을 분명히 거부한다. 우리는 또한 "처치모델은 중요하지 않다" 또는 "성과연구는 시간 낭비다" 또는 "변화에 대한 공통요인 중심 접근과 모델 중심 접근 중 하나를 선택해야 한다"는 관념을 거부한다. 우리 중 한 명D. H. S.[5]은 학생들에게 관계치료 분야가 지적 역사를 통틀어

5) 역자 주: 저자 중 한 사람인 Douglas H. Sprenkle을 가리킨다.

두 가지 큰 실수를 저질렀다고 말하곤 한다. 첫째, 우리는 "목욕물에 아기까지 쓸어버리는" 경향이 있다. 예를 들어, 새로운 모델을 개발할 때, 우리는 실제로 자주 "새로운" 접근의 기초를 형성하는 고전적 접근을 무시하거나 폄하하는 경향이 있다. 둘째, 우리는 사태를 극단으로 치닫게 하는 경향이 있다. 공통요인에 찬성하는 급진적인 입장을 취하는 것이 하나의 좋은 예다.

구체적으로, 우리는 온건한 입장과 극단적 입장 사이에 다섯 가지 구분을 제안한다. 그렇게 함으로써 우리는 이 두 가지 전체적인 입장들(온건 대 극단)이 종종 별개의 범주가 아닌 연속체로 가장 잘 보인다는 것을 분명히 하고 싶다. 게다가, 우리가 존경하는 몇몇 저자들이 어떤 차원에서는 극단으로 해석될 수 있는 발언을 했지만, 우리가 알고 있는 그 어떤 저자도 전적으로 극단적인 입장을 대변하지는 않는다. 덧붙여, 우리는 공통요인에 대한 우리의 생각이 발전하고 변화했다는 것을 솔직하게 인정한다. 초기의 몇몇 글에서 우리는 지금 우리가 극단적이라고 생각하는 입장을 취하기도 했다. 우리는 흔히 공통요인에 대해 잘 알지 못하는 사람들, 혹은 여기에서 밝힌 것 같은 온건한 입장이 있다는 것을 모르는 사람들 중 한쪽이 목소리를 내는 극단적 입장을 듣게 된다. 그렇기 때문에, "과격한 온건파"라는 우리의 관점에서 볼 때, 그들은 우리가 거부하고자 하는 공통요인의 "허수아비straw man" 버전을 공격하고 있는 것이다. 다음에 제시되는 다섯 가지 구분에서, 앞쪽은 극단적 견해이고, 뒤쪽은 우리의 온건한 견해이다.

한 처치가 다른 처치만큼 좋다고 믿기 대(對) *상대적* 효능에 대해 질문을 제기하기

어떤 처치는 효능이 매우 좋고, 어떤 처치는 그렇지 않다. 우리는 어떤 접근도 다른 접근만큼 좋다는 문자 그대로의 믿음을 지지하지 않는다. 극단적으로 말하자면, 이 견해는 정서중심치료(Johnson, 1996)와 같이 인상적이고 경험적으로 검증된 모델을 타로카드, 손금 보기, 점괘와 같은 수준에 놓기 때문에 어리석은 자세다(Sprenkle & Blow, 2004a). 어떤 처치는 엉터리이다. 이 때문에, 우리는 "모든 사람이 이겼고 모든 사람이 상을 받게 될 것"이라는 『이상한 나라의 앨리스』의 한 구절에서 인용한 "도도새 평결"이라는 용어가 종종 공통요인 입장을 묘사하는 캐치프레이즈로 사용되는 것(Luborsky et al., 1975, 2002)은 불행한 일이라고 생각한다. 그것은 치료에서 무엇을 하든 상관없다는 극단적인 입장을 내포하고 있다(앞서 쓴 글[Sprenkle et al., 1999]에서 적어도 우리 중 한 명D. H. S.[6]은 공통요인을 지지하는 작업에서 그 캐치프레이즈를 사용했기 때문에 극단적인 견해를 옹호한 것처럼 보일 수 있었다).

이와는 대조적으로, 우리의 온건한 공통요인 접근은 **효능이 있는** efficacious 심리치료 중 특히 핵심적으로 혼란을 일으키는 변인이 통제될 경우에는 처치 성과에 있어 비교적 작은 차이가 있다고 주장한다(이것에 대해서 나중에 더 많이 논의될 것이다). "효능이 있다"는 것은 무선임상실험을 실시한 하나 이상의 연구에서 통제집단에 대한 우월성을 입증한 치료를 의미한다(더 자세한 내용은 이 섹션 끝 참조). 다음에 오는

6) 역자 주: 저자 중 한 사람인 Douglas H. Sprenkle을 가리킨다.

네 번째 요점에서 언급하는 바와 같이, 온건한 공통요인 입장은 자격을 갖춘 임상실험연구를 지지한다. 온건한 공통요인 입장은 절대적 효능에 대한 진술이 아니다. 우리는 많은 모델이 효능이 있다는 것을 의심하지 않으며, 그 효능을 검증하지 않은 모델은 그렇게 해야 한다고 믿는다. 온건한 입장은 **상대적** 효능에 대한 진술이다. 우리가 이 책의 많은 부분에서 좀 더 자세히 설명하듯이, 다른 **효능이 있는** 처치들과 비교할 때 특정한 치료가 **효능에서 상대적으로** 우위를 갖는다는 경험적 증거는 매우 제한적이다. 제2장에서 언급했듯이, 쉐디쉬와 볼드윈(2002)은 커플·가족치료에 대해 수행된 메타분석을 모두 검토한 후, "특히 매개변인이나 조절변인이 통제되는 경우, 부부·가족 개입에 대한 다양한 접근 간 효능에서 차이가 있다는 증거는 거의 없다"(p. 363)고 썼다. 새로운 증거가 나오지 않는 한, 그리고 나올 때까지 치료효과를 설명하는 특정모델 중심 접근에 대한 강력한 사례를 제시하기는 어렵다.

독자는 공식적으로 연구된 적이 없는 모델을 사용하는 것이 의아할 수 있다. 실험집단과 통제집단에 무선으로 할당되는 임상실험이 없을 때, 우리는 이 모델이 효능이 있는지에 대한 언급을 유보해야 한다. 비록 내담자조사연구client survey와 같은 효능을 검사하는 다른 방법이 있지만, 비실험적인 연구방법은 유효성에 대한 위협이 너무 많기 때문에 그것은 효과의 2차 지표로만 간주되어야 한다. 앞에서 언급한 바와 같이, 우리는 모델개발자(그러나 독립적인 조사자가 더 좋다)는 엄격한 임상실험을 통해 이제껏 연구된 바가 없는 모델의 효능을 검증해야 한다고 주장한다. 그러나 우리는 개인적으로, 임상실험의 이력을 바탕으로 이러한 모델이 견고한 사회심리학적 원리에 기초하고 있고, 명망 있는 많은 임상가들이 사용하는 잘 조직화되고 일관성 있는 처치라면 (확실하지는 않지만) 효능이 입증될 가능성이 높다고 생각한다. 제10장에서 더 자세히 설명했듯이, 견실한 방법으로 공식적으로 연구되었을 때 효능이 없으면서 널리 사용되는 치료법은 거의 없다(Wampold, 2001). 따라서 효능이 있는지 보여주지 않은 모델은 효능이 없다거나 무가치한 것으로 추정해야 한다는 결론은 명백히 잘못된 것이다. 반대로, 연구자가 간결한 임상실험을 잘 할 수 있는 인지행동모델을 조사하는 성향이 우세하다고 해서, 이 모델이 다른 것보다 반드시 우월하다고 가정해서는 안 된다(Westen, Novotny, & Thompson-Brenner, 2004). 결국, 우리가 이 책에서 여러 번 언급했듯이, 지금까지 수행된 결과 중 가장 비용이 많이 들고 가장 편견이 없는 연구인 우울증에 대한 NIH 협력연구Collaborative Study에서는 단기 정신역동모델이 인지행동치료만큼 똑같이 잘 수행되었다(Blatt et al., 1996).

무엇이 "효능이 있는" 치료를 구성하는지에 대해, 우리는 두 가지 추가 관찰을 제공한다. 우선, 용어에 대해 주목해보자. 핀소프와 윈느Wynne(1995)는 부부·가족치료에서 성과연구를 검토하면서 "효능efficacy"과 "효과effectiveness" 연구 간에 중요한 구분을 강조했다. 그들은 관계치료연구의 대부분이 전형적인 임상실천의 실재와는 거리가 먼 통제된 상황에서 수행되었기 때문에 "효능"을 측정했다고 지적했다. 효능 연구에서는 "내적" 타당도에 더 중점을 두고 있다(즉, 실험 처치가 어떤 결과를 가져오는지를 증명하는 것). 보다 현실적인 맥락에서 행해지는 연구를 "효과"연구라고 하는데, 그러한 연구들은 외적 타당도(연구결과가 다른 환경으로 일반화됨을 보여줌)에 더 중점을 둔다. 보다 최근에는 쉐디쉬와 볼드윈(2002)이 대부분의 관계적 개입이 실제 임상실천의 조건에서 잘 작동하는지 여부를 확실하게 말할 수 있는 증거가 아직 불충분하다는 것을 확인했다. 임상적으로 대표성 있는 연구가 충분하지 않다. 그러나 핀소프와 윈느(1995)에 따르면, "효능"과 "효과"라는 두 용어는 문헌에서 가끔 구별되기도 하지만, 상호교환적으로 널리 사용되기도 한다. 예를 들어, 『**부부 · 가족치료에서의 효과연구**Effectiveness Research in Marriage and Family Therapy』(Sprenkle, 2002)라는 책은 사실상 효능 연구에 관한 것이다. 문헌에서는 처치가 보다 정확하게는 "효능적"이라고 표기해야 할 때 흔히 "효과적"이라고 불린다. 저자들은 때때로 후자가 더 번거롭고 더 기술적으로 보이기 때문에 기피하는 경향이 있다. 이 책에서, 우리가 "효과적"이라는 보다 잘 쓰이는 용어를 쓰게 될 경우, 독자들은 "효능적"이라고 말하는 것이 기술적으로 더 정확하다고 이해하는 것이 좋다.

우리가 두 번째로 자세하게 다루는 것은 임상실험 틀 내에서 효능이 어떻게 확립되는지에 관한 과학적 논쟁이다. 우리는 미국심리학회 제12분과에서 정한 널리 인용된 표준들(Chambless & Hollon, 1998)이 너무 제한적이라는 점에서 임상실험연구와 엄격한 방법의 지지자인 쉐디쉬와 볼드윈(2002)의 의견에 동의한다. 경험적으로 뒷받침되는 처치empirically supported treatment가 되려면 방법이 2회의 조사에서 통제집단보다 우수한 결과를 달성해야 할 뿐만 아니라, 그 방법이 특정 모집단을 대상으로 하여 처치 매뉴얼에 명시되어야 한다. 쉐디쉬와 볼드윈(2002)은 이 정의가 메타분석을 통해 잘 지원되지만 처치 매뉴얼이 없거나 EST 정의가 요구하는 정도까지 표적 모집단을 지정하지 않은 많은 치료를 무시한다고 주장한다. 그들은 현재 정의된 바와 같이, EST는 실제로 경험적으로 지원되는 처치의 한 종류에 불과하며, "효과적이고, 매뉴얼화되어 있으며, 모집단에 특정한" 처치로 더 정확하게 꼬리표를 붙일 수 있다고 믿는다(Shadish & Baldwin, 2002, p. 350). 그들은 다양한 다른 처치가 오늘날의 EST 기준을 충족하지 못하는데도 정부와 학계 기관들로부터 인정을 받았다고 주장한다. 쉐디쉬와 볼드윈은 소위 "메타분석적으로 지지되는meta-analytically supported" 처치들treatments, 즉 MASTS를 제안한다. MAST로 지정되려면 그 접근이 메타분석의 대상(최소 2개의 연구)이 되고 메타분석에서의 연구는 그 처치가 통제집단과 비교되는 무선실험이어야 한다. 쉐디쉬와 볼드윈은 단지 5개의 커플·가족치료만이 EST가 되기 위한 요건을 충족시키고, 24개가 체계론적 부부치료와 체계론적 가족치료와 같은 광범위한 범주를 포함하는 MAST의 기준을 충족한다고 보고했다. 우리는 쉐디쉬와 볼드윈의 경험적으로 지지되는 처치가 무엇인지에 대한 더 넓은 정의를 지지한다. 이 부분을 요약하자면, 공통요인에 대한 온건한 견해는 단지 "어떤 접근"이라도 좋다고 보지 않는다. 그 접근은 **효능적**이어야 한다. 그러나 우리가 도전하는 것은 효능적으로 보이는 방법들 중에서도 어떤 것이 **상대적으로** 효능적인가에 대해 많은 증거가 있느냐는 것이다.

효과적 모델들의 폄하 대(對) 그것들에 대한 지지

심리치료 모델은 대개 좋은 것이다. 사실, 그것은 치료자가 그들의 작업을 효과적으로 수행하기 위해 필요하다. 그러나 앞서 논의했던 것과 마찬가지로 모든 모델이 똑같이 좋은 것은 아니다. 어떤 수준에서는 치료에서 타로카드나 점괘를 이용하는 "모델"도 있을 수 있다. 따라서 모든 치료자가 반복적인 패턴을 가지고 일을 하고 있기 때문에 아마도 모델은 불가피할 것이지만, 그렇다고 모델이 반드시 관련 데이터에 초점을 맞추고 있거나 도움이 되는 것은 아니다. 그것은 단순히 마사 아주머니가 생각하는 좋은 관계를 이야기하고 있는 것일지도 모른다. 그렇기 때문에 모든 모델이 반드시 효과적인 것은 아니며, 우리가 모델을 지지한다고 말하는 것은 효과적인 것으로 입증되었거나 최소한 학문적인 문헌에서 유용하고 도움이 되는 것으로 보이는 사회심리학적 원리를 통합하고 있는 모델을 의미하는 것이다. (예를 들어, 현재의 정서중심치료[Johnson, 1996]는 주목할 만한 예외이지만, 다세대모델intergenerational models이나 오래된 경험적 모델들을 포함해서 꽤 많은 커플·가족치료 문헌들은 그것들을 뒷받침할 공식적인 성과연구outcome research가 거의 없다. 그럼에도 불구하고, 그것들은 일관되고, 타당한 사회심리학적 원리에 뿌리를 둔 그럴듯한 모델들이다.)

온건한 공통요인 입장은 모델 그 자체(즉, 효과적이거나 그럴듯한 모델들)를 문제 삼지 않고, 그것들이 작동하는 **이유**만을 문제 삼는다. 우리는 효과적인 모델이 치료적 변화의 주된 원인이 되는 공통요인을 활성화하거나 강력하게 만들기 때문에 **대부분** 효과적이라는 입장을 취한다.

공통요인은 "섬"이 아니라 모델을 통해 작용한다(Sprenkle & Blow, 2004b). 은유metaphor를 바꾸어, 만일 공통요인이 변화를 추동한다면, 모델은 가려는 곳에 도달하기 위해 치료자가 사용하는 로드맵이다. 치료자는 1초에 1만 비트의 정보로 폭격을 받는다(Watzlawick, Beavin, & Jackson, 1967). 다른 이유가 없다면, 치료자가 내담자의 성공적인 처치에 가장 적합한 정보를 걸러내는 데 모델이 필요하다. 더욱이 모델은 치료자에게 현재 상황에 있어 무엇이 역기능적인지 그리고 무엇이 더 기능적인 대안이 될 것인지에 대한 개념지도conceptual map를 제공한다. 대체로, 치료는 내담자가 그다지 좋지 않은 점 A에서 좀 더 낫거나 훨씬 더 나은 점 B로 가는 과정에 관한 것이다. 모델은 또한 내담자를 치료에 오게 한 이슈와 더 나은 삶을 위해 갈 수 있는 다른 길에 관한 믿을만한 로드맵을 내담자에게 제공한다. 공통요인이 모델을 통해 작동하므로 우리는 모델을 지지하며, 여러분은 아래 설명된 바와 같이 보살피는 관계를 넘어서서 치료에서 "무엇인가"를 수행해야 한다. 우리의 유일한 이슈는 그들의 모델이 대개 독특하거나 구분되는 메커니즘을 통해 작동한다고 주장하는 모델 주창자들에 대해서이다. 우리는 그 모델이 다른 효과적인 모델과 공유하는 것이 대부분의 치료적 특성을 설명한다고 믿는다.

치료적 관계를 모든 것으로 보는 관점 대(對) 관계를 변화의 한 측면으로 보는 관점

공통요인에 대한 매우 일반적인 오해는 그것이 **모두** 치료적 관계나 치료동맹에 관한 것이라는 것이다. 이런 관점에서 보면, 모델이란 별로 의미가 없고 치료적 관계가 전부임을 의미한다. 실제로 어떤 학자(Patterson, 1984)는 치료적 관계가 치료적 변화에 필요한 것일 뿐만 아니라 **충분한** 것이라고 주장했다. 이를 다른 말로 하면, 치료동맹을 잘 맺는 것이 변화가 일어나게 하는 데 필요한 모든 것이라고 주장하는 것이다. 하지만 우리의 입장은 비록 치료적 관계가 처치 성과에 매우 유의한 요인이고 변화가 일어나기 위해 확실히 필요하다고 해도 변화를 설명하기 위해서는 훨씬 더 많은 공통요인이 존재해야 한다는 것이다. 이것은 여러분이 내담자와 관계를 잘 맺는 것 외에도 치료에서 "무엇인가를 한다"는 우리의 신념을 또 다르게 보여주는 측면이라고 말해두자(Sprenkle & Below, 2004a). 동맹은 중요하긴 하지만, 내담자들이 그들의 문제를 해결하도록 돕는 한 측면일 뿐이다.

임상실험 연구의 최소화 대(對) 그것을 지지하기

우리가 그렇지 않았으면 크게 그들의 의견을 존중했을 공통요인의 몇몇 주창자들(Duncan & Miller, 2000; Wampold, 2001)은 우리보다 임상실험 연구를 더 어둡게 본다(Sprenkle & Blow, 2004a). 앞에서 언급한 바와 같이, 유용한 모델은 효능이 입증되어야 하는데, 무선임상실험은 제3자 지불인이나 정부기관과 같은 외부 청중에게 그러한 효능이나 효과를 입증하는 유일한 방법이다. 우리는 커플·가족치료가 이런 종류의 타당성을 얻는 것이 매우 중요하다고 생각한다. 더욱이 우리가 제10장에서 더 발전시키듯이, 임상실험연구의 (메타분석을 통한) 2차적 증거는 공통요인 패러다임에 대한 증거의 상당부분에 근거가 된다.

또한 우리는 실험적으로 조작될 수 없는 많은 공통요인이 있지만(자세한 내용은 제10장 참조), 임상실험의 방법론이 본질적으로 공통요인이 조사되는 것을 막는 것은 아니라고 본다. 불행히도, 현재까지 임상실험은 검증되는 특정모델이 성공적인 성과와 성공적이지 않은 성과를 구분 짓는다는 가정에 근거해 예측됨으로써 다른 것이 차이를 일으킬 수 있음을 배제시켰다. (예를 들어, 치료자가 사용하고 있는 모델과는 무관하게 중요한 치료자변인이 있으며, 심지어는 동일한 모델을 사용하는 치료자들이 종종 극적으로 다른 결과를 얻는다. [Blatt et al., 1996]) 그러나, 다른 치료자성과와 (모델에 대한 치료자의 충성과 같은) 공통요인과 관련된 기타 변수는 무선임상실험의 방법론에 통합될 수 있다. 우리는 또한 과정연구process study와 질적 연구qualitative study와 같은 다른 방법을 통해 공통요인을 조사해야 한다고 강하게 믿는다. 그러나 여기서 우리의 목적은 무선임상실험의 "황금기준"을 버리는 것은 "아기를 목욕물에 쓸어 내버리는 것"일 수도 있음을 강조하는 것이다.

공통요인과 특정요인 논쟁에서 둘 중 하나 지지하기 대(對) 둘 다 지지하기

우리는 또한 공통요인 대 특정요인 논쟁에서 "강경 입장hard line"을 취하는 것을 거부한다. 제1장에서 모델 중심적인 변화 패러다임과 공통요인 중심 변화 패러다임을 대조시키기는 했지만, 우리는 그 두 입장이 극단적인 반대가 아니라 오히려 그 사이에 있는 어떤 것이라고 강조했다. 예를 들어, 개인치료에서 공포증phobias, 공황장애, 강박증 등의 처치와 같은 특정문제에 있어 행동적 방법behavioral methods(Emmelkamp, 2004)과 인지적 방법cognitive methods(Hollon & Beck, 2004)은 일종의 매개변인이나 조절변인으로 설명될 수 없는 혜택을 추가로 제공한다는 합당한 증거가 있다. 이 매개변인이나 조절변인은 아주 자주 성과연구를 눈에 보이는 것보다 더 편파적으로 만든다. 제4장에서 언급했고 제10장에서 자세히 설명함으로써 보강이 될 텐데, 어떤 임상실험은 치료자가 열렬히 지지하고 있는 체계적이고 일관적인 접근을 치료자가 거의 충성을 보이지 않는 비체계적이고 일관되지 않은 접근과 비교한다. 사설치료를 하는 최고의 임상가가 문제를 다루기 위해 행하는 것만큼 통제집단을 믿을 만하게 구성하는 경우가 거의 없다(Westen et al., 2004). 이런 식으로 불리하게 판이 짜여 있을 때, 실험처치의 구체적인 독특한 측면이 그것을 통제집단과 차별화시키는 것인지는 분명하지 않다. 그러나 우리가 판단해 볼 때 연구는 처치의 특수성이 분명히 중요한 것을 더해주는 특정 문제(공포증, 공황장애, 강박증)에 대해서 충분히 설득력이 있다.

여기서 우리가 말하고자 하는 요점은 어떤 특정한 처치가 모든 효과적 처치의 기초가 되는 공통요인에 추가될 가능성이 있다는 것이다. 우리는 우리 자신들이 "증거가 중요하다고 보는 사람들"이라고 생각하며, 방법론적으로 착실하고 구체성에 대한 편견 없는 증거가 있으면 그것을 기꺼이 받아들인다. 칼 로저스가 말했듯이, "사실은 항상 우호적이다"(Asay & Lambert, 1999, p. 49에서 인용).

우리는 또한, 커플·가족치료의 영역 안에서, 치료의 어떤 일반적인 유형이나 등급이 특정문제에 더 효과적일 것이라고 생각한다. 예를 들어, 행동장애 청소년에 대한 치료 작업은 생태학적으로 기반하고, 아주 구조화되어 있고, 상당히 활동적인 접근이 필요할 것이다. 관계치료는 기능적 가족치료(Sexton & Alexander, 2003), 다체계치료(Sheidow et al., 2003), 단기 전략적 가족치료brief strategic family therapy(Szapocznik & Williams, 2000), 다차원적 가족치료multidimensional family therapy(Liddle et al., 2002) 등 네 가지 집단과 작업하는 데 매우 효과적인 접근들을 가지고 있다. 그러나 그것들이 서로와 비교해서 **다르게** 효과적이라는 증거는 거의 없다. 따라서 이 일반적인 치료유형 내의 특정 모델이 다른 모델보다 더 효과적이거나 덜 효과적일 수 있음에도 불구하고 치료의 일반적인 유형이 특정한 차이를 만들 수 있다. 제3장에서 언급한 바와 같이, 어떤 문제에 있어 "처치단위unit-of-treatment" 효과가 있다는 강력한 증거도 있다. 독자는 합동참여 대對 개별conjoint versus individual 처치단위를 사용하는 것이 부가적으로 효과 차이를 만들어 내는 문제 목록을 상기할 수 있을 것이다. 우리는 이러한 차이가 현실적으로 존재하는 것이며 방법론적 가공물이 아니라고 믿는다. 다시 말해, 설득력 있는 증거가 있다면, 우리는 마음을 열고 공통요인 가설이 자격이 있는가를 따져볼 수 있다.

우리는 양쪽 모두의 입장the both-and position을 취하고 있지만, 미래의 연구에서도 여전히 공통요인이 특정요인보다 심리치료에서의 성과 차이를 더 많이 설명해 줄 것이라고 믿는다. 게다가, 우리는 또한 특정모델의 열렬한 주창자들이 좀 더 겸손하고 공통요인을 더 신뢰할 필요가 있다고 믿는다. 그럼에도 불구하고, 만약 믿을만한 증거가 특정요인의 방향으로 더 기울어지면, 우리는 "그 증거를 따르겠다"고 말하려 한다.

〈표 5-1〉은 공통요인에 대한 극단적 입장 대 온건한 입장을 비교하여 설명한 5개 연속체의 양끝 지점을 요약한 것이다.

표 5-1 공통요인에 대한 극단적 입장 대(對) 온건한 입장

극단적 입장	온건한 입장
하나의 처치가 다른 처치만큼 좋다고 믿는다.	처치의 상대적 효능에 대해 질문을 제기하지만 절대적 효능을 중요하게 고려한다.
모델을 폄하한다.	모델은 공통요인이 작동하는 장치로서 중요하다고 믿는다.
치료적 관계가 전부라고 주장한다.	치료적 관계는 중요하지만 내담자를 돕는 하나의 측면에 불과하다고 말한다.
임상실험을 평가 절하한다.	임상실험의 가치를 평가하지만 실현 가능한 경우 공통요인을 연구하는 데 사용할 것을 장려한다.
"둘 중 하나"라는 입장을 취한다.	공통요인 대 특정요인에 대한 토론에서 "둘 다"의 입장을 중시한다.

제6장
변화를 위해 내담자를 가동시키기
치료자의 행동과 내담자의 동기를 맞추기

가장 중요한 공통요인으로서의 내담자

우리 직업에 대해 "외부인들"이 어떻게 생각하는지 알아내는 것은 항상 흥미롭다. 우리 중 한 명S. D. D.[7]은 최근 비치료자 친구들 여러 명이 있었던 파티에 참석했는데, 그 중 한 명이 내가 무엇을 연구하고 무엇에 대해 가장 많이 썼는지를 물었다. 파티 분위기가 곧 썰렁해질 것이라고 깨달았지만, 그래도 나는 공통요인에 대해 쉽게 설명해 보려고 작정했다. "음, 내담자가 치료의 가장 중요한 부분이 되지 않을까?"라고 한 친구가 물었다. 나는 "많은 사람들이 그렇게 생각하기 시작한 것 같아"라고 대답했다. "그렇게 생각하기 시작했다고?"그가 말했다. "그건 꽤 분명한 건데! 내 말은, 치료자가 얼뜨기가 아닌 한 변하고 싶으

7) 역자 주: 저자 중 한 사람인 Sean D. Davis를 가리킨다.

면, 변할 거야. 하지만 그런 다음에 그냥 다른 어떤 쪽으로도 갈 수 있을걸." 나를 보던 나머지 친구들은 믿을 수 없다는 듯이 이렇게 말하고 싶어 하는 것처럼 보였다. "자네 분야가 이제 막 그런 결론에 도달하기 시작했다고? 내가 말해줄걸!" 하지만 그들은 잘 자제했고 대화는 더 흥미로운 것으로 흘러갔다.

내 친구들은 요점을 잘 파악했다. 나는 아동학대의 영향으로 고생하고 있던 성인 내담자와 작업했던 사례를 생생하게 기억한다(지금은 미소 지을 수 있지만, 그때는 아주 초라하게 느껴졌다!). 어떤 회기 중간에 나는 그녀의 상황과 관련이 있다고 생각되는 개념에 대해 꽤 영특한(혹은 내가 그렇다고 생각한) 설명을 시작했다. 나는 정말로 콧노래를 흥얼거렸다. 내 통찰력에 심지어 나까지 놀랄 지경이었다! 내담자는 내가 끝낼 때까지 참을성 있게 기다렸는데, 어떤 순간에 내가 한 말에 대해 어떻게 생각하느냐고 그녀에게 물었다. 나는 그녀가 어떤 식으로든 바뀔 것이라고 확신했다. "솔직히 말하라고요?"하고 그녀가 물었다. "물론이죠."라고 내가 대답했다. "다른 방법이 없을 것 같네요." "와아, 와아, 와아!" 그녀는 스누피 만화에 나오는 목소리를 흉내 내면서 말했다! "저는 솔직히 선생님이 하신 말은 하나도 알아듣지 못했지만, 선생님이 말씀하시는 동안 뭔가 다른 생각이 나기 시작했어요." 그녀는 계속해서 자신의 문제에 대한 새로운 통찰력과 통찰력의 결과로 취할 행동을 언급했다. 말할 필요도 없이, 나는 좀 겸연쩍어졌다. 보아하니 내 통찰력으로 그녀에게 준 주된 혜택은 내가 말하는 동안 그녀가 생각할 시간을 주었다는 것이다! 하지만 이것은 나에게 중요한 경험이었다. 왜냐하면 나는 내담자들이 종종 우리가 그들을 인정하는 것보다 더 많은 자원을 가지고 있다는 것을 깨달았기 때문이다. 때로 치료자인 우리가 최선의 노력을 하는데도 불구하고, 우리가 자신들에게 주는 것을 취해서, 그것이 먹혀들게 하는 것은 정작 내담자들이다! 파티에 온 친구들이 말했듯이, 내담자가 지난 10여 년 쯤에야 겨우 관심의 중심이 되었다는 것이 새삼스러운 것이다.

이 책의 뒤에 나오는 임상에 관한 장들의 많은 부분은 관계치료이론 전체에 걸쳐 있는 공통성commonalities에 초점을 맞추고 있다. 이것은 우리가 제1장에서 공통요인에 대한 **좁은** 견해라고 기술한 것이다. 우리는 그러한 논의가 관계치료 문헌에 없다고 믿기 때문에, 그리고 핵심적인 관계치료 과정과 개입 사이의 관계를 확인하는 것이 실천, 연구와 훈련을 크게 단순화할 수 있다고 생각하기 때문에, 이러한 공통의 변화과정을 강조할 것이다. 그러나 치료의 가장 중요한 요소가 **치료자**가 행하는 것이라고 가정하는 것은 기법techniques에 초점을 맞춘 장들의 행간을 읽으면서 흔히 범하게 되는 실수이다. 따라서 우리는 다음과 같은 한 가지 이유로 (제5장에서 논의한 바와 같이) 내담자의 중요성을 반복하면서 임상에 관한 장을 시작하고 싶었다. 즉, 우리는 많은 공통요인 연구자들처럼, 치료의 성공과 실패에 가장 중요한 공통요인은 사실상 **내담자**라고 믿는다(Duncan & Miller, 2000). 제1장에서 지적한 바와 같이, 공통요인에 대한 넓은(또 이에 대한 좁은) 관점은 변화에 기여하는 처치 설정의 모든 측면을 포함하며, 내담자들은 다양한 접근을 취하여 그들의 요구에 맞추는 존재임을 상기하라. 내담자들은 무엇에 관심을 기울여야 하고 어떻게 하면 그것이 먹힐지를 선택하는 사람들이다. 톨먼과 보하트(1999)는 이것을 다음과 같이 잘 표현하고 있다.

> 치료는 내담자의 삶에서 치유가 자연스럽게 일어나도록 촉진시킨다. 치

> 료자는 지지체계와 자원제공자로서 기능한다. 이러한 견해는 심리치료에 관한 대부분의 문헌과 대조된다. 그 문헌들에서는 치료자는 강력한 기술과 절차로 내담자의 삶에 개입하고 오작동하는 기계를 고치는 "영웅"이다. 오작동하는 기계란 잘못된 인식, 약하고 비효과적인 자아, 원시적인 방어구조, 조건화된 부적응 행동, 결함 있는 사회적 기술, 혹은 제대로 작동되지 않는 내적 자기조직이다(p. 91).

치료를 배우고, 워크숍에 참석하며 보낸 수많은 시간에 내포된 한 가지 메시지는 치료의 성패가 치료자의 어깨에 달려 있다는 것이다. 아마도 이와 같은 전통적인 관점을 취하게 되는 또 다른 이유는 내담자들이 전형적으로 치료훈련 매뉴얼을 쓰거나 그들이 행동한 것의 마법을 강조하면서 치료 학회에서 발표를 하지 않기 때문에, 치료에서 변화의 대부분에 책임이 있는 것은 정말로 치료자라고 믿게 되는 것이다. 반대의 견해를 불러일으키면서, 본 장은 그것에 대항하는 것이 아니라 내담자의 자기치유 능력에 따라 작동하는 방식으로 모델에 근거한 치료를 수행하는 데 초점을 맞출 것이다(예: 환자들"에게" 또는 그들"에 대해" 수술하는 것과 마찬가지로, 내담자들"에게" 또는 그들"에 대해" 치료를 행함으로써).

그렇긴 하지만, 우리의 온건한 공통요인 패러다임은 우리가 내담자요인과 치료자요인에 대한 보다 균형 잡힌 관점을 선호한다는 점에서 다른 공통요인 연구자들의 패러다임과 다르다. 치료자는 정말 중요하다. 서투른 치료자는 동기부여가 가장 잘된 내담자조차도 위축시킬 수 있고, 능숙한 치료자는 동기부여가 잘 안 된 내담자도 동기화시킬 수 있다. 비록 우리는 치료에서 내담자변인이 가장 중요한 요소라고 생각하지만, 공통요인 연구자가 때때로 이것을 극단적으로 강조하는 것은 우려스럽다. 내담자요인에 대한 지나친 강조는 몇 가지 해로운 영향을 미칠 수 있다. 내담자요인을 지나치게 강조하면 치료자를 지나치게 낙담시켜서, 치료자는 자신이 차이를 만들어 내기 위해 할 수 있는 것이 없다고 생각하게 된다. 그렇다면 왜 시도하겠는가? 마찬가지로, 그것은 치료자의 게으름과 내담자에 대한 책임감의 부족을 부추길 수 있다.

공통요인으로서 "내담자"나 "치료자"에 대해 이야기할 때, 우리는 변화과정의 관련되고 상호적인 차원에 대해 이야기하고 있는 것이다. 그것들은 서로 관련되지 않은 실체가 아니다. 변화하기 위해서는 참여적이고 동기화된 내담자가 필수적이지만, 치료자가 치료에서 행하거나 행하지 않는 것이 내담자가 그 과정에 참여하는 정도에 영향을 미친다. 그 다음에는 또 내담자의 참여가 치료자의 동기와 행동에 영향을 미친다.

마이크는 아내 줄리에게 최근 출장에서 동료와 잤다고 말했고, 줄리는 그들의 결혼을 구제하기 위해 마이크에게 치료에 참여할 것을 주장했다. 마이크는 동의했고, 그들은 공황 상태에서 치료자인 루이스에게 전화를 걸어 첫 회기 약속을 잡았다. 다음 날 줄리는 루이스에게 그들의 결혼생활이 오랫동안 악화되었고, 이번 일은 그녀가 그들 관계에 대한 마이크의 불만을 심각하게 받아들이도록 "정신을 번쩍 들게 깨우는 모닝콜"같은 것이라고 말했다. 마이크는 자신이 한 일에 대해 끔찍함을 느꼈고, 결혼 생활이 유지되는 것에 대한 강한 열망을 표현했다. 몇몇 친구들도 최근에 불륜을 견뎌냈는데, 그들은 마이크와 줄리는 밀착되었기 때문에 그들의 결혼이 자기들의 결혼보다 더 강하다고 확신했다.

마이크와 줄리는 눈치 챌 수 없었지만, 루이스는 그 전 해에 아내의 부정 때문에 그녀를 떠났고, 여전히 그 이슈에 대해 치유과정을 겪고 있었다. 그들이 정서적으로 너무나 친숙한 것을 보고 압도된 그는 마이크와 줄리가 표현한 소망을 무시하고, 그들이 머리를 맑게 해 결혼을 지속하고 싶은지 확신하기 위해 몇 달 동안 별거할 것을 권고하였다. 이런 식의 충고에 말문이 막히고 혼란스러웠던 마이크와 줄리는 내키지 않았지만 세 번의 회기를 더 갖기 위해 루이스의 사무실을 찾았다. 루이스는 이 회기들을 그들 결혼생활의 문제점들을 강조하고 상세히 설명하는 데 이용하였고, 그들에게 정말 함께 남아 있기를 원하는지 생각해 보라고 촉구했다. 다행히도, 마이크와 줄리는 모든 희망을 잃기 전에 치료자를 바꾸기로 결정했고, 다음 치료자는 그들의 남은 희망을 재건하고 그 혼외관계를 겪어내도록 도와주었다.

요컨대, 우리는 내담자의 동기가 치료에 있어서 가장 중요한 변수이지만, 치료자는 좋든 나쁘든 내담자의 동기에 영향을 미치는 데 많은 것을 할 수 있다고 믿는다. 따라서 치료자의 행동과 내담자의 동기를 맞추는 것이 어떠한 치료 접근에서도 최고로 중요한 작업 중의 하나가 된다. 이 장의 목적은 내담자가 치료에서 더 동기를 부여받고 참여할 수 있도록 치료자가 어떻게 내담자의 동기화 수준에 맞출 수 있을지 논의하는 것이다. 이를 위해 우리는 두 가지 다른 메타이론, 즉 프로차스카의 초이론적 변화단계 모델(Prochaska, 1999)과 밀러와 롤닉의 동기화면담(Miller & Rollnick, 2002)을 검토한다. 이러한 모델들은 개인에 대한 약물남용 접근에서의 동기화와 변화를 설명하기 위해 개발되었지만, 많은 원칙이 전체 체계를 동기화하는 것에도 적용된다. 그럼에도 불구하고 전체 체계를 동기화시키려면 추가 기술이 필요하다. 우리는 기능적 가족치료(Sexton & Alexander, 2003)를 내담자 동기화의 중요성을 인식하고 동기화면담과 초이론적 변화단계 원칙을 모델에 통합하는 체계적 모델의 한 예로 사용한다. 프로차스카(1999)와 밀러와 롤닉(2002)이 요약한 내담자 참여와 동기화의 원칙과 또한 겹치는 수많은 커플·가족치료 모델들이 있다. 우리는 세 가지 모델의 각각에서 나온 원칙들이 어떻게 상호작용하여 가족체계의 변화를 만들어 내는지를 보여주는 임상 사례로 끝을 맺을 것이다.

초이론적 변화단계 모델

프로차스카와 동료들(Prochaska, DiClemente & Norcross, 1992)은 내담자가 어느 "변화단계"에 있는지 여부에 따라 내담자 동기화가 매우 **다르게** 보이지만, 모든 내담자가 동기화된다고 믿는다. 내담자는 동기화 되지 않고 저항하는 것이 아니라, 오히려 그들은 다르게 동기화된다. 프로차스카와 동료들(1992)은 사람들이 변화할 때 행동을 영구히 바꾸기 전에 여섯 개의 구분되는 단계를 거친다는 것을 발견했다. 단계마다 서로 다른 목표와 개입(프로차스카와 동료들은 그것을 "변화과정 processes of change"이라고 부른다; 1992, p. 1107)이 더 적합하기 때문에, 치료자의 작업은 그 둘을 맞추는 것이다. 즉, "효율적인 자기변화는 적절한 때(단계)에 적절한 일을 하는 것(과정)에 달려있다"(p. 1110). 서로 다른 치료모델은 서로 다른 변화과정(예: 정신역동적 통찰 대 행동작용)을 강조하기 때문에, 문제는 "어떤 모델이 최고인가?"가 아니라 "어떤 모델이 이 내담자의 현재 변화단계에 가장 적합한 변화과정을 활용하는가?"이다. (별도로, 모델별 개입을 내담자의 현재 변화의 단계에 맞추는 능력은 치료자가 우리의 온건한 공통요인 접근의 기초 주장 중의 하나인, 몇몇 다른 모델들에 유능하다는 것을 전제로 한다. 우리는 제11장에서 몇몇 다른 모델에 숙달하기 위한 지침을 제공한다.)

변화의 단계와 과정

6개의 변화단계는 숙고이전, 숙고, 준비, 행동, 유지, 종결이다. 사람들은 이 각 단계를 선형적으로 거치지 않는다는 것을 유념해야 한다. 오히려 사람들은 종종 더 앞 선 단계로 돌아가, 퇴행을 통해 배우기도 하고, 그럼으로써 다음에 더 잘하기도 한다(Prochaska et al., 1992). 9가지 변화과정은 의식 고양, 획기적 이완, 환경 재평가, 자기 재평가, 자기 해방, 유관화 관리, 관계 도움받기, 대항 조건화, 자극 통제이다(Prochaska, 1999). 우리는 각 변화단계와 그 단계와 가장 밀접하게 연관된 변화과정을 검토할 것이다.

숙고이전

숙고이전precontemplation 단계에 있는 내담자는 "향후 6개월" 내에는 언제라도 변화할 의향이 없다(Prochaska, 1999, p. 228). 그들은 자기 문제의 심각성을 깨닫지 못하거나 충분히 알지 못한다. 설사 문제가 있다고 생각해도, 그들은 변화로 인해 치르게 될 비용이 이익보다 훨씬 더 크다고 본다. 만약 그들이 처치를 받게 된다면, 그것은 종종 그들의 삶이나 법체계에 있어서 의미 있는 타자significant others의 요구에 달려있다. 만약 그들이 처치를 받기 위해 온다면, 그들은 종종 "저항하는" 내담자로 이름 붙여진다. 사람들은 수년 동안 이 숙고이전단계에 머물러 있을 수 있다.

데본과 스테보니아는 데본이 스테보니아에게 화가 났을 때 집 밖으로 뛰쳐나가는 것이 정상이라고 생각했다. 그는 대부분의 시간을 친구들과 어울리며 며칠 동안 집을 비우곤 했다. 그가 집에 돌아오면 부부는 잠시 침묵을 지키다가 다음 싸움까지 팽팽한 휴전으로 돌아가곤 했다. 스테보니아는 데본에게 자신의 진심을 말해주는 경우는 거의 없었다. 이러한 패턴은 늘 존재했던 것이었다. 그들 각자는 자신들의 부모와 조부모도 오랫동안 그랬다는 것을 기억할 수 있었다.

내담자가 숙고이전단계에서 숙고단계로 이동하려면 문제가 없는 삶에서 보게 되는 "찬성"("반대"에 대對해서)의 숫자를 늘릴 필요가 있다(Prochaska, 1994). 따라서 이 단계에서 임상적 노력은 통찰력을 높이는 데 초점을 맞춰야 한다. 변화에 대한 **의식 고양**consciousness raising 과정이 이 단계에 적합하다. 이것의 예로는 독서치료, 심리교육, 변화로 인한 긍정적 결과의 목록 만들기, 문제없는 삶 그려보기 등을 들 수 있다. 이 단계에서는 또한 문제와 관련된 정서를 일으키는 데 초점을 맞춘 변화에 대한 **획기적 이완**dramatic relief 과정도 도움이 된다. 그러한 개입에는 역할극, 문제가 지속되는 이후의 삶 그려보기, 경험적 개입이 포함될 수 있다. 변화의 **환경 재평가**environment reevaluation 과정은 숙고이전단계에 있는 사람들에게 유용하게 사용되는 세 번째 개입이다. 이러한 개입에는 내담자가 자신의 행동으로 영향을 받는 환경에 있는 사람들에게 공감할 수 있게 하면서, 가족구성원이 내담자를 어떻게 지각하는지 묘사하게 하는 방법이 포함된다(Prochaska, 1999).

숙고

이 단계에서 내담자는 "향후 6개월 내에" 행동을 취할 것으로 예상한다(Prochaska, 1999, p. 229). 그들은 자신의 문제로 인해 불행하다고 느끼며 그것을 없애기를 원하지만, 또한 변하지 않는 이유에 대해서도 매우 잘 알고 있다. 그들은 종종 자신의 문제에 대해 화가 나는 것과 그것에 빠져드는 것 사이에서 왔다 갔다 한다. 이 단계는 흔히 "만성적 숙고 또는 행동적 지연"으로 간주된다(Prochaska, 1999, p. 230).

데본과 스테보니아는 새로운 이웃인 케빈과 알메샤와 바베큐 파티를 하고 있었는데, 갑자기 케빈과 알메샤가 말다툼을 하게 되었다. 데본과 스테보니아는 케빈과 알메샤 사이에 일이 꽤 격화되긴 했지만, 두 사람 모두 논쟁 내내 서로 직접 대면하는 것을 좋아하지 않는다는 것을 보고 놀랐다. 데본과 스테보니아는 그날 저녁 늦게 케빈과 알메샤가 손을 잡고 조용히 걸어가는 것을 보기도 했다. 한동안 데본은 케빈이 틀림없이 겁쟁이일 것이라고 생각했고, 스테보니아는 알메샤가 집에서의 "그녀의 위치를 파악할" 필요가 있다고 생각했다. 이러한 판단에도 불구하고, 케빈과 알메샤는 데본과 스테보니아의 집에서 "기분이 좋아진다"면서 점점 더 많은 시간을 함께 하게 되었다. 얼마 있다가, 스테보니아는 데본이 다투기 시작할 때마다 문 밖으로 뛰쳐나가는 일이 더 이상 일어나지 않는다는 것을 알아차리기 시작했다.

이따금 케빈과 알메샤는 선의를 가지고 데본과 스테보니아에게 커플 상담을 받아보도록 격려했다. 처음에는 그러고 싶지 않았지만, 몇 달이 지나자 데본과 스테보니아는 케빈과 알메샤처럼 행복한 결혼생활을 해본 적이 없다는 것을 인정하게 되었고, 상담을 한 번 받아 보자는 데 의견이 일치했다. 이렇게 찾아온 데본과 스테보니아를 안도시키기 위해, 치료자인 리사는 그들 각자의 말에 귀를 기울였다. 데본은 치료는 "겁쟁이들이나 받는 것"이라 생각했다고 치료자에게 말했는데도 그녀가 화를 내지 않는 것을 보고 놀랐다. 그 두 사람은 모두 리사가 자신의 생각대로 밀어붙이지 않고 치료로부터 무엇을 원하는지를 찾아보도록 한 것이 좋았는데, 그들은 "케빈과 알메샤가 상담을 한번 받아보라" 고 한 것을 넘어서서 어떻게 해야 할지 몰랐기 때문이었다. 리사는 한번은 싸움 중에 도망치는 데본의 습관과 자신의 느낌을 나누지 않는 스테보니아의 성향에 대해 물었지만, 그들은 각각 방어적이 되었다. 이것에 반응해서 리사는 한동안 그것을 밀쳐두었다.

숙고단계에 있는 사람들은 행동중심적이고 활동지향적인 프로그램에 그다지 잘 따라가지 못한다. 그들의 동기화는 아직까지 행동적 변화 노력에 온 마음을 쏟을 수준에 이르지 못한다. 오히려 그들은 자신의 문제를 탐구하고, 변화의 장·단점을 따져보는 등, 보다 소극적인 통찰지향적인 접근에 더 적합하다. 이 단계에 있는 사람이 활동으로 옮겨가기 위해서는 변화에 대해 반대하는 생각을 감소시켜야 한다(Prochaska, Velicer, & Rossi, 1994). 따라서 숙고단계에 있는 사람에게는 숙고이전단계에 있는 사람에게 권장되었던 동일한 세 가지의 변화 과정(역자: 의식 고양, 획기적 이완, 환경 재평가)이 권고된다. 부가해서, 숙고단계에서 준비단계로 옮겨가는 수단으로서 변화에 대한 **자기 재평가**self-reevaluation 과정이 권장된다. 환경 재평가는 내담자의 외부 환경에 초점을 맞추는 반면에, 자기 재평가는 내담자가 자기 스스로 문제가 있는 것과 없는 것에 대해 어떻게 생각하는지에 초점을 맞춘다. 자신의 가치관과 행동 사이의 조화를 장려하는, 심상 이끌어주기guided imagery, 가치의 명확화values clarification와 같은 개입이 이 단계에서 도움이 될 수 있다(Prochaska, 1999).

준비

준비preparation단계에 있는 내담자들은 약 한 달 안에 행동을 취하기 위한 의미 있는 계획을 세운다. 준비단계에 있는 사람들은 능동적이고 행동변화 중심의 개입을 이용할 준비가 되어 있다(Prochaska, 1999).

언젠가 한 번 데본은 논쟁 후 다소 격해져서 집으로 돌아 왔다. 그는 교통사고를 당했고, 차에 함께 탔던 친구는 병원에서 심각한 상태에 있었다. 병원에서 친구를 보고 슬퍼하는 그의 아내를 지켜보면서 데본은 자신이 스테보니아를 대했던 방식을 다시 생각해 보게 되었다. 스테보니아는 최근 알메샤와 이야기를 나누면서 자신이 취할 수 있는 행동에 대해 새로운 결론에 도달했기 때문에 이러한 태도 변화가 반가웠다. 이후 그 주 상담에 왔을 때 데본은 이 사건에 대해 언급했으며, 리사는 데본과 스테보니아가 변화하기 위해서 구체적으로 어떤 것을 변화시키고 싶은지 물었다. 리사가 이끌어서 대화가 시작되었지만 대화가 점차 스테보니아가 조용히 침묵하고 데본은 도망치려는 늘상 반복되는 습관으로 옮겨가게 되자, 리사는 이 부부가 바로 이와 같은 상호작용 패턴을 탐색해 보도록 했다. 리사는 또한 그들이 다른 방식으로 말다툼을 하는 방법을 탐색하고 연습을 해보도록 했다.

준비에서 행동으로 나아가기 위해서는 내담자가 변화에 대한 "반대"를 줄이는 것의 두 배만큼 "찬성"을 늘려야 한다(Prochaska, 1994). 따라서 문제없는 삶의 긍정적인 측면에 초점을 맞춘 자기 재평가는 이

단계에서 여전히 이상적인 변화과정이다. **자기 해방**self-liberation은 내담자들이 행동단계로 이행하는 것을 돕는 또 다른 변화의 과정이다. 도움이 되는 개입에는 문제를 해결하겠다고 내담자가 공개적으로 약속하는 것, 내담자가 변화할 수 있다고 치료자나 다른 사람이 증언해 주는 것 등이 포함될 수 있다.

행동

이 단계에서 사람들은 지난 6개월 동안 그들의 삶에서 명백하고, 측정 가능하며, 임상적으로 의미 있는 변화를 보였다. 이상적으로 볼 때, 사람들은 행동단계에서 회복하는 경향이 있다. 준비단계에 있는 사람들처럼, 이 단계에 있는 사람들에게는 변화에 대한 행동지향적 접근이 좋다. 이 단계에 있는 내담자는 이미 그러한 작업을 거쳤기 때문에 통찰지향 접근은 성에 차지 않을 것이다. 사람들은 이 단계에서 특히 열심히 치료 작업에 참여하며, 재발에 대한 방어력을 높이고, 새로운 기술과 기법을 배우는 등의 일을 한다.

처음에 데본과 스테보니아는 새로운 의사소통 방식을 잘하지 못했지만, 치료를 받으면서 부지런한 노력을 통해 그들은 곧 이전의 파괴적인 상호작용 주기를 지속적으로 단절시킬 수 있었다. 리사는 그들의 관습적인 행동의 기저에 깔려 있는 정서를 면밀히 살피고, 그들의 행동에 미치는 문화와 젠더의 영향력을 탐구하고, 그들과 새로운 의사소통 방법을 연습함으로써 그들을 도왔다. 힘들기는 했지만, 그들은 처치에 잘 따라주었다.

자기 해방은 행동단계의 초기 동안 여전히 효과적인 작업영역인데, 자신이 변화에 성공할 것이라는 내담자의 확신을 계속 강화시킬 수 있기 때문이다. 그러나 내담자가 변화하고자 하는 동기화가 충분히 이루어지면, 그것이 명확한 경로를 제시함으로써 동기화가 가장 잘 유지된다. 따라서 능동적인 행동중심의 개입은 이 단계에서 특히 잘 작동한다. 치료자들은 내담자들이 오래된 행동을 더 건강한 대안으로 대체하는 법을 배우도록 돕는다. 이완기법, 스트레스 관리, 의사소통기술 훈련, 인지적 자기대화가 모두 이 단계에서 사용되는 개입의 예들이다. **유관화 관리**contingency management는 사람들이 어떤 방향으로 조치를 취한 것에 대한 보상과 처벌을 설정하도록 권장되는 또 다른 변화의 과정이다. 진전에 대한 보상은 일반적으로 실패에 대한 처벌보다 더 효과적이다(Prochaska, 1999). 사회적 강화(예: 배우자가 건강한 행동에 대해 그들의 파트너에게 감사하는 것)는 단기적으로는 도움이 될 수 있지만, 일반적으로 변화의 장기적 유지에는 자기강화가 더 좋다(Prochaska et al., 1992). **자극 통제**stimulus control는 과거의 문제행동의"촉발장치"를 피하거나, 변화시키거나, 혹은 자신의 삶에서 제거시키는 또 다른 변화의 과정이다. **관계 도움받기**helping relationship는 행동단계에서 변화의 마지막 과정이다. 내담자는 치료자, 가족구성원, 지지집단 등 주변 사람의 도움을 끌어냄으로써 변화를 유지한다.

유지

이 단계의 명칭에서 알 수 있듯이, 변화가 계속되고 이익을 유지maintenance하고 공고히 하기 위해 필요한 것은 무엇이든 특별한 노력이 기울여진다. 행동단계의 당연한 결과로서, 유지단계의 내담자들은 그들의 성공으로부터 배우고, 따라서 "재발의 유혹이 적어지고 그들의 변화를 계속할 수 있다는 확신이 점점 더 커진다"(Prochaska, 1999, p. 231). 치료자들은 내담자가 이미 진전을 이룬 것을 축하할 뿐만 아니라 도전을 예상하고 준비할 수 있도록 도와줌으로써 유지 단계에 있는 내담자들을 가장 잘 도와준다.

데본과 스테보니아는 그들이 전형적으로 싸워왔던 행동들을 점점 더 적게 경험하기 시작했다. 비슷한 경우를 경험했을 때도, 그들은 치료를 받으면서 대안적인 접근을 아주 많이 연습한 덕분에 이전보다 더 빨리 회복할 수 있었다. 시간이 흐르면서, 치료 바깥에서도 이전의 상호작용 패턴을 피하는 데 성공함으로써 그들은 훨씬 더 잘 관계를 맺을 수 있게 되었다.

종결

이 단계에서 "사람들은 유혹을 전혀 느끼지 않고 100% 자기효능감을 경험한다"(Prochaska, 1999, p. 232). 그들은 이제 더 이상 그렇게 행동하도록 하는 유혹을 경험하지 않기 때문에 예전의 행동으로의 회귀에 대해 걱정하지 않는다. 이는 문제행동의 오래된 "촉발장치"에 노출됐는지 여부와 무관하게 사실이다. 연구에 따르면, 이전의 흡연자와 알코올 중독자 중 20% 미만이 이 단계에 도달한다고 한다(Snow, Prochaska & Rossi, 1992).

6개월 후에 데본과 스테보니아는 데본이 도망가지 않고 스테보니아는 수동적으로 물러서지 않고 싸움으로써 서로 정직하게 관계를 맺을 수 있게 되었다. 그들의 결혼 만족도는 그 어느 때보다도 컸다. 그들은 처치가 필요하다면 언제든지 재개할 수 있다는 리사의 격려와 확신을 받고 치료를 종결했다.

동기화면담을 통한 내담자의 참여 촉진

변화단계 모델처럼 동기화면담 접근(Miller & Rollnick, 2002)은 내담자의 동기화와 일치되지 않는 치료자만 있고 내담자는 동기화되지 않는 것은 없다고 주장한다. 동기화면담은 또한 주로 물질남용 내담자를 위해 개발되었지만, 유사한 원칙이 체계적 치료에도 적용된다. 비록 다른 사람들보다 체계의 현재 항상성에 더 많은 투자를 한 내담자들이 있을 수 있지만, 동기화되지 않은 내담자체계 같은 것은 없다. 물질남용 내담자에게 물질남용이 없는 삶으로 부드럽게 인도하는 동기화면담 치료자와 유사하게, 체계론적 치료자의 작업은 각 구성원의 동기화 수준에 맞추어 체계를 새로운 항상성으로 인도하는 것이다. 동기화면담은 변화단계 모델(Prochaska et al., 1992)과 잘 섞이는데, 그 이유는 그 모델이 변화단계를 통해 사람들을 이끌기 위한 구체적인 지침을 제공하기 때문이다. 동기화면담의 창시자인 밀러(1995)는 "변화[단계]를 이해하면 [동기화면담] 치료자가 내담자와 공감하고 개입 전략의 방향을 제시하는 데 도움이 될 수 있다"(p. 3)고 말한다. 동기화면담은 내담자의 동기화에 맞추어서 변화로 이끄는 데 도움이 되는 다음과 같은 5가지 원칙을 제시한다: (1) 공감 표현하기, (2) 불일치점 발전시키기, (3) 논쟁 회피하기, (4) 저항 줄여가기, (5) 자기효능감 지지하기(Miller & Rollnick, 2002). 이 다섯 가지 원칙은 다음의 세 가지 광범위 단계들을 따라 치료를 이끈다: (1) 변화에 대한 동기화 구축, (2) 변화에 대한 헌신 강화, (3) 완수. 동기화 면담의 기본원칙에 기초하여 각 단계마다 몇 가지 개입들이 있다.

많은 체계적 접근들에 의해 촉구된 입장처럼, 동기화면담 치료자는 친절하고, 공감하며, 강압적이지 않다. 치료자가 치료의 각 단계에서 사용할 수 있는 몇 가지 기법(매뉴얼화된 처치)이 있지만, 기법을 익히는 것만큼 접근 원리의 "정신spirit"을 얻는 것에 강조점을 둔다. 치료자는 말에게 속삭이는 사람이 자기의 말과 "합류joins up"하는 것과 거의 같은 방식으로 다음과 같이 내담자에게 합류하는 것에 초점을 맞춘다(Miller, 2000): (1) 내담자의 주체성이 존중되고 변화를 강요받지 않을 것이라고 알려줌으로써, (2) 가만히 서있지만 동시에 가까워지도록 초대함으로써, (3) 저항이 일어나면 (거스르지 않고) 그것과 함께 감으로써, (4) 일단 신뢰가 형성되면, 자신의 속도에 맞추어 부드럽게 그 사람을 건강으로 인도함으로써.

공감 표현하기expressing empathy는 이 접근을 이끄는 첫 번째 원칙이다. 내담자의 선택과 주체성의 자유는 존중되며, 내담자는 변화를 결정할 수 있는 유일한 사람으로 간주된다. 이 주체성에 대한 존중은 **말하기**보다 **듣기**를 통해 전달된다(Miller, 1995). 치료자는 변화의 강력한 선동가라기보다는 "지지적인 동반자와 지식 자문"(p. 4)에 가깝다.

불일치점 발전시키기developing discrepancy는 "변화를 위한 동기화는 사람들이 **그들이 있는 지점과 그들이 있고 싶은 지점 사이의 불일치를 지각할 때 발생한다.**"는 동기화 면담의 두 번째 원칙이다(Miller, 1995, p. 4; 원저에서 강조). 내담자가 어느 단계에 있는지에 따라 치료자는 이미 존재하는 불일치를 부드럽게 증폭시키거나(숙고단계나 준비단계에 있는 사람들의 경우) 불일치를 발전시키는 데(숙고이전단계에 있는 사람들의 경우) 초점을 맞춘다.

불일치를 발전시키려는 노력이 제대로 수행되지 않으면 방어를 초래

할 수 있기 때문에 **논쟁 회피하기**avoiding argumentation는 동기화면담의 또 다른 핵심 원칙이다. 내담자는 문제나 진단을 인정하지 않을 것으로 예상된다(예: "나는 중독자다"). 내담자가 제기하는 언쟁은 치료자가 내담자를 이해하지 못한다는 증거로 보여진다: 치료자가 내담자와 **함께 가는** 것이 아니라 **반대하는** 것이다. "[동기화면담]이 적절하게 수행되면, **변화를 위해 언쟁을 벌이면서 목소리를 내는 것은 내담자이지 치료자가 아니다**"(Millet; 1995, p. 5; 원저에서 강조). 이 원칙은 예를 들어 아내를 학대하는 내담자와 함께 일하는 체계론적 치료자에게는 매우 어려울 수 있다. 이 경우, 치료자는 남편의 학대에 대한 책임을 명확하게 설명할 수 있지만, 아내의 정당성을 입증하고 힘을 실어 주는 방식으로 해야 한다. 남편의 존엄성을 유지하면서도 남편의 방어력을 최소화하는 방식으로 말이다.

저항 줄여가기rolling with the resistance는 동기화면담 접근의 특징이다(Miller & Rollnick, 2002). 그 시점에서 내담자가 어디에 있든 괜찮다고 간주되고 치료자와 함께 탐색된다. 양가성, 분노, 동기화의 부족 등 그들은 모든 것들이 도전받기보다는 탐색되고 타당하게 여겨진다. 치료자가 저항을 견디어내면서 함께 감에 따라, 저항은 녹아 없어지고, 내담자는 문제에 대한 자신의 해결책을 내놓는다. 동기화면담은 치료자가 중요하다고 결정한 지점(예: 건강한 인지 습득 등)에 내담자가 도달하기 위해 의도적으로 내담자가 무엇을 "해야만" 하거나, 어떤 구체적인 기법을 "가져야만" 하는지를 정의하지 않기 때문에, 치료자는 내담자와 힘겨루기를 하지 않는다. 동기화면담 치료자는, 적절한 환경이 주어진다면, 내담자가 문제에 대한 자신의 해결책을 생각할 것이고, 그 해결책을 "소유"하기 때문에, 그것을 훨씬 더 효과적으로 처리할 것이라고 믿는다.

사람이 변할 수 있다는 신념인 **자기효능감 지지**supporting self-efficacy는 변화에 대한 동기화 면담의 다섯 번째 원칙이다. 사람이 변할 수 있다고 믿지 않는다면, "불일치 위기는 행동을 변화시키지 않고 불편함을 줄이기 위해 방어적 대처(예: 합리화, 부정)로 해결하려는 경향이 있다"(Miller, 1995, p. 5).

변화단계 모델은 그 이후 몇 가지 다른 조건으로 확장되었지만, 지금까지 논의된 두 가지 모델은 주로 개인 물질남용자를 동기화시키려고 개발되었다(Prochaska, 1994년). 그럼에도 불구하고, 두 모델 모두 내담자와 그의 체계보다는 개인 내담자에게 초점을 맞추고 있다. 치료실에 추가된 사람들은 접근에서의 약간의 차이를 요구하기는 하지만, 이러한 조건에도 불구하고, 많은 체계론적 모델들은 내담자들을 동기화시키기 위해 유사한 원칙을 사용한다.

관계치료에서 내담자 참여 및 동기 부여 촉진: 기능적 가족치료

기능적 가족치료는 희망을 심어주기 위한 명확한 이론틀과 일련의 기법들을 갖춘 잘 정련된 체계론적 가족치료 모델들 중의 한 예다(Sexton & Alexander, 2003). 동기화면담과 마찬가지로 기능적 가족치료자들은 단순히 가족을 만나 무엇을 해야 할지 말하기 시작하는 것이 아니라 가족의 "저항" 수준을 결정하고 그에 따라 그들의 양식과 개입을 조정하기 위해 가족을 주의 깊게 지켜본다. 또한 동기화면담과 마찬가지로 기능적 가족치료의 첫 번째, 그리고 가장 중요한 단계는 참여와 동기화이다. 참여단계와 관련된 목표는 (1) 부정적인 특성과 책임을 줄이고, (2) 가족에 초점을 두어 문제를 재정의하며, (3) 균형 잡힌 치료동맹을 만드는 것이다.

처치에서 치료자나 타인으로부터 비난 받는 사람은 누구나 방어적이 되어 처치에 참여할 동기를 잃게 될 것이다(Onedera, 2006). 불행히도, 고통받는 가족들은 종종 그들의 문제에 대해 서로를 비난하고, 가족으로부터 삶을 삼킬 수 있는 복잡한 비난의 거미줄을 만들어 낸다. 많은 치료자들은 자신도 모르게 이 함정에 빠져 한 사람(예: 아버지의 음주) 혹은 가족 외부의 어떤 것(예: 나쁜 이웃)에 책임을 돌린다. 이들 가족 구성원들은 종종 방어적인 자세로 처치에 들어가 서로를 비난하려고 한다. 만약 한 가족이 처치를 받기 위해 왔는데, 치료자가 무엇이 잘못 되었는지를 묻는다면, 가족들은 즉시 그들의 문제에 대해 서로를 비난하기 시작할 것이고, 동기화는 빠르게 사라질 수 있다. 누군가에게 비난을 돌리게 되는 것의 문제는 비난을 받지 않는 가족구성원들은 그 문제로 치료를 면제받는다고 느낀다는 것이다. 예를 들어, 어떤 아들은 아버지의 음주가 문제라는 이유로 문제행동의 표출을 그만 두려 하지 않을 수 있고, 어떤 부모는 아들의 주의력결핍/과잉행동장애attention deficit/hyperactivity disorder가 문제라는 이유로 양육기술을 배우려 하지 않는다. 기능적 가족치료에서는 가족이 개인적인 문제라고 믿는 것(예: 조니의 문제행동 표출)을 어느 한 사람을 탓할 수 있는 문제가 아닌 복잡한 가족문제라고 **재정의**reframe함으로써 부정성과 비난을 감소시킨다. 문제로 확립된 부정적인 관계적 주제들을 긍정적으로 초점을 맞춰 재정의 한다. 예를 들어, 엄마의 통제는 아이들의 안전에 대한 걱정이나 두려움을 보여주기 위한 그녀의 노력이 된다.

기능적 가족치료자가 각 가족구성원에게 존경을 표하고, 경청하며, 부정성과 비난을 줄이고, 가족에 초점을 맞춰 문제를 재정의함에 따라, 치료동맹이 형성되기 시작한다. 가족들은 자신들의 문제로부터 안도감을 느끼기 시작하고 사태가 변할 수 있다는 희망을 느낀다. 섹스턴과 알렉산더Alexander(2003)는 동맹의 동기화 효과에 대해 다음과 같이 말하고 있다.

> 치료 동기화(변화나 행동에 대한 유인)는 동맹(관계과정)에 기초한 초기 치료목표가 되는 관계과정(동맹)[이다]. FFT에서 동기화는 개인내적(내담자 내), 가족 대인적(가족구성원들 간), 그리고 치료적(치료자와 각 가족구성원 간) 요소를 가지고 있다. 치료방법으로 활성화될 때, 이러한 각 구성요소는 행동에 대한 유인을 생성하는 데 기여한다(p. 333).

기능적 가족치료의 첫 단계는 프로차스카의 변화단계 모델의 숙고이전단계와 숙고단계에 대한 개념화와 개입에서와 매우 유사하며(Pochaska et al., 1992), 정신에 있어서 동기화면담과 매우 유사한 개입을 요구한다(Miller & Rollnick, 2002). 제9장에 제시된 커플치료 공통요인 모델의 첫 번째 단계와도 매우 유사하다. 모든 사람들은 치료동맹을 동기화에 필수적인 것으로 보고 있으며, 모든 것은 내담자로 하여금 어떤 행동을 중단하거나 시작하도록(예: 약물남용 중단하기, 학교에 다니기 시작하기) 노골적으로 노력하지 않음으로써 동맹을 형성한다. 오히려, 각 모델은 내담자의 말을 경청하고, 문제를 타당화하고, 한 사람보다 더 큰 틀로 재정의하며, 저항을 "감당하면서 줄여가는" 더 존중되고, 상호보완적인 접근을 통해 동맹을 구축한다. 이렇게 하면, 내담자들은 처치에 참여하는 것과 관련해 그들 자신들이나 서로들, 그리고 치료자와 싸우는 것을 그만둔다. 그들이 강요당해서가 아니라, 희망이 있다고 진심으로 믿기 때문이다!

관계치료에 동기화의 원리를 적용하기: 임상적 예화

이 초이론적 모델은 건강을 만들어 내는 행동(예: 식이요법, 운동, 유방조영술), 강박적 행동(예: 섹스, 음식, 도박), 만성적인 건강 조건화의 관리, 조직 변화의 관리 등 이름 붙이기 어려운 여러 가지에 적용되어 왔다(Prochaska, 1999). 동기화면담 접근은 주로 약물남용에 적용되었다(Miller, 1995). 변화단계나 동기화면담 모델을 커플·가족치료에 적용하는 것은 별로 알려져 있지 않다. 우리는 이러한 모델들에서 나온 원칙들이 어떻게 커플·가족치료에 사용될 수 있는지에 대한 간단한 예를 제공할 것이다.

아담슨 가족은 아버지 로저, 어머니 매기, 17살 아들 프랭크, 14살 아들 에드, 그리고 12살 딸 멜리사로 구성되어 있었다. 그들은 프랭크의 "문제행동 표출과 최근의 법 위반"과 관련해 치료를 받게 되었다. 로저와 매기(특히 로저)는 프랭크가 "에드와 멜리사처럼 행동할 수 없는 이유"를 알고 싶었다. 에드와 멜리사는 매우 조용하고 내성적이어서, 말썽을 피우는 경우는 거의 없었다. 반면에 프랭크는 조금 더 소란스러웠다. 그는 집에서 감자발사기potato launcher(역자 주: 오프라인 게임무기)를 만들었고 어느 날 방과 후 부모님이 안 계신 동안 감자(수류탄)을 그들이 사는 주택단지 안에 발사했다. 이웃들이 경찰에 신고했고, 고발이 접수되었다. 법이 개입된 것은 이 사건이 처음이었지만, 프랭크가 가족규칙을 어기고 있었던 것은 꽤 오랫동안이었다.

가족과의 초기 회기에서, 치료자는 각 가족구성원과의 합류와 모든 사람의 의견을 듣는 데 초점을 맞췄다. 치료자는 프랭크의 행동이 문제가 있다는 것을 인정했고 모든 사람이(심지어는 프랭크조차) 그 가정이 달라지기 원한다는 것을 관찰했다. 치료자는 점차적으로 그리고 정중하게 프랭크에게서 초점을 거두고, 가족 내에서 각자가 서로 어떻게 상호작용하는지에 대해 질문을 통해, 프랭크에게만이 아니라 가족 전체에게 변화의 책임을 맡겼다. 이것은 프랭크에게 눈에 띠게 안도감을 주었다. 나머지 가족들은 점차 모두가 변할 수 있다는 데 동의했고, 2차 회기가 끝날 무렵에는 온 가족이 함께 치료하는 배에 올라타게 되었다.

프랭크의 행동에 기여한 가족역동은 시간이 흐를수록 더욱 뚜렷해졌다. 프랭크의 행동을 억제하려는 로저의 시도는 사실 프랭크의 행동을 **영속시키고** 있는 것 같았다. 퇴근하고 집에 돌아오기만 하면 로저는 프랭크가 실수하기를 기다리며 과도하게 프랭크를 감시하기 시작하곤 했다. 로저는 프랭크가 조금이라도 규칙을 어기면 혹독하게 고쳐주려고 하였다. 반면에 매기는 끊임없이 프랭크와 로저 사이의 경색된 관계를 원만히 하려고 애쓰고 있었다. 그 결과, 그녀는 양육에 상당히 소극적이었다. 그녀는 로저가 프랭크에게 그렇게 가혹하게 대했기 때문에 프랭크를 훈계할 마음이 없었다. 그래서 그녀는 로저가 곁에 없을 때 프랭크가 많이 빠져나가도록 했다. 이 때문에 로저와 매기 사이에서 양육방식에 대한 논쟁이 잦아졌다. 에드와 멜리사는 최선을 다해 레이더 밑으로 날아가 말썽을 피하려 했지만, 이런 노력은 대가를 치르게 되었다. 멜리사는 자화자찬하기 시작했다. 에드는 전 과목 A학생이었지만 매우 수줍어했고 친구를 사귀는 데 어려움을 겪었다. 치료자는 다음과 같은 가설을 세웠다: (1) 로저가 프랭크에게 마음을 누그러뜨리고 긍정적인 관계를 형성하기 시작하면 프랭크는 아버지에게 반항하기 위한 행동을 중단할 것이다. (2) 매기가 좀 더 적극적이 되면 프랭크는 더 이상 그의 잘못된 행동에 대한 구실로 "글쎄요, 엄마는 허락해 주셨어요"를 사용할 수 없게 된다. 만약 로저와 매기가 이러한 변화를 일으키면, 다음과 같은 변화가 일어날 것이라고 치료자는 가정했다: (1) 집의 감정적인 분위기는 상당히 부드러워질 것이고, 에드와 멜리사는 안심하고 가족과 그들의 걱정을 나눌 것이다. 요컨대 그들이 다시 어린 아이처럼 될 것이다. (2) 프랭크는 그의 행동에 더 책임감 있게 되고 문제행동 표출을 많이 하지 않게 될 것이다. (3) 가족 전체가 자유롭게 서로를 다시 즐길 수 있고, 가족의 단합이 증가할 것이다.

가정에 내재된 힘의 불균형(즉, 부모가 자식보다 더 큰 힘을 가지고 있다)을 감안할 때, 치료자는 우선 부모가 바뀌도록 하는 데 초점을 맞추어서 아이들이 안심하고 변화할 수 있도록 했다. 치료는 부부회기들에서는 이러한 목표를 향해 작업하게 했고, 가족치료 회기들에서는 관계를 강화하는 것으로 구성되었다.

치료 초기에 있었던 부부치료 회기에서, 로저는 자신이 프랭크의 문제행동 표출행과 관련이 있다는 생각에 완강히 반대했다. 그는 프랭크만 착실해지면 문제가 해결될 것이라고 확신했다. 그는 아들을 통제할 더 나은 방법을 찾고 있었다. 치료자는 이것을 로저가 숙고이전단계에 있다는 신호로 받아들였고, 그 결과 로저가 자신이 변화할 필요가 있다고 생각하게 하는 것을 목표로 하는 좀 더 수동적이고 미묘한 접근을 했다. 치료자는 로저에게 집에서 시도할 수 있는 몇 가지 행동관리 기법을 주면서 그의 저항을 겪어냈다. 주로 긍정적인 부자관계의 결여 때문에 이것들은 전형적으로 실패했다(즉, 프랭크는 로저가 자기에게 벌주는 것에 대해 신경을 쓰지 않았는데, 아마도 그가 로저에게 별로 신경을 쓰지 않았기 때문일 것이다.) 치료자는 로저의 좌절감이 타당하다고 인정해주면서, 로저가 그 문제에서 자신의 역할을 바라볼 수 있도록 돕기 위해 로저에게 그의 아버지와의 관계를 설명해 달라고 점차 부탁하기 시작했다. 알고 보니 로저의 아버지는 폭언을 일삼았고, 로저는 아버지를 두려워하며 대부분의 시간을 보냈다. 로저와 매기와의 회기에서 얻은 축어록의 일부는 다음과 같다.

치료자	아버지의 자식이라는 것이 어떻게 느껴졌나요?
로저	별로 좋지 않아요. 나는 그가 왜 나를 좋아하지 않는지 항상 궁금했어요. 없는 것 같아요.
치료자	당신은 아버지가 당신을 자랑스러워하길 바랐던 것처럼 들리는데요, 하지만 당신은 결코 그걸 얻지 못했어요. 당신에게는 그게 아직까지 슬픈 것으로 보이는데요.
로저	네, 그래요.
치료자	(부드럽게) 로저, 내가 프랭크에게 아버지와의 관계를 설명해 달라고 부탁한다면, 당신 아버지에 대해 당신이 말한 것과 비슷한 말을 할 것 같으세요?
로저	*(오랫동안 침묵하며, 바닥을 보고, 큰 한숨을 내쉬고 나*

	서) 그래요, 아마 그럴 것 같아요. 나는 그런 생각을 해본 적이 없는데요. 아버지는 항상 너무 냉정하셨어요. 그렇게 생각하니 나도 힘들어지네요.
치료자	음, 당신은 당신 아버지가 가지지 못한 것을 가지고 있어요. 상황을 바로잡을 수 있는 기회이죠. 당신은 아들에게 당신 아버지한테서 가져보지 못한 것들을 줄 수 있어요.
로저	*(조용히 울면서)* 그래요, 맞는 것 같아요.

치료자는 로저를 숙고 전 단계에 있는 것으로 정확하게 인식하고 가족문제에서 그의 역할에 대한 통찰력을 키우기 위해 극적인 안도감과 같은 개입을 사용했다. 그 다음 몇 번의 회기는 로저가 프랭크를 통제하려는 그의 노력에 대한 통찰력을 기르는 데 초점을 맞췄다. 알고 보니 로저는 아버지로서 실패할까 봐 겁이 나서 프랭크의 무단결석을 그 증거로 보았다. 프랭크를 통제하고 자신의 부족함을 달래려고 더 열심히 노력할수록 프랭크는 더 많이 문제행동을 표출했고 로저는 자신에 대해 더 나쁜 감정을 느꼈다. 로저는 정말로 자신이 아버지와 함께 했던 것과는 다른 경험을 자식들에게 줌으로써 자신이 그의 가계에서 여러 세대에 걸친 역기능적인 상호작용 패턴을 중지시킬 수 있는 사람이라고 생각하게 되었다. 그런 자기평가가 그를 준비단계와 행동단계로 이끌었다.

로저는 프랭크와 연결되려는 노력을 시작했다. 로저는 자신이 어렸을 때의 이야기를 프랭크에게 들려주었고, 그는 격주로 가는 낚시 여행에 프랭크를 데려가기 시작했다. 그러나 프랭크가 로저의 심경 변화를 경계하고 있었기 때문에 그것은 천천히 진행되고 있었다. 로저는 연결하려는 로저의 노력에 프랭크가 기꺼이 보답하려고 하지 않았기 때문에 빈번히 좌절해서, 숙고단계, 준비단계와 행동단계 사이를 한동안 왔다 갔다 했다. 그러나 시간이 흐르면서 가족치료 회기들은 프랭크가 로저의 진정성을 확신하게 하고 아버지가 자기 때문에 좌절감을 느끼고 있다는 것을 깨닫게 해주었다. 프랭크는 로저에게 부드럽게 대하기 시작했고, 그것이 로저가 프랭크과 연결되는 것을 더 쉽게 만들게 되었다. 치료는 긍정적인 의사소통을 촉진시키고, 서로에 대해 오랫동안 품고 있던 오해를 분명히 하며, 서로의 의도를 신뢰하는 법을 배우고, 가족규칙에 대해 협력하고(이전에 규칙을 전제적으로 만들어내고 강화시키던 것과는 반대로), 가족활동들을 브레인스토밍하는 데 초점을 맞췄다.

로저와 프랭크는 이전에 로저가 통제하고 프랭크는 문제행동을 표출하는 경험이 더 많았기 때문에, 그들이 서로에 대해 신뢰하는 경험이 자라날 수가 없었다. 이러한 변화는 다른 가족구성원들의 변화에도 공간을 열어주었다. 가족회기들은 또한 매기가 더 확고해지고 직접적이 되도록 돕는 데 초점을 맞췄다. 그렇게 하면서 그녀의 아이들은 그녀를 더욱 존경하기 시작했고, 그녀는 양육 능력에 대해 더 많은 자신감을 얻게 되었다. 에드와 멜리사 또한 이제는 배를 흔들지 않기 위해 발끝으로 걸어 다닐 필요가 없게 되니 자유롭게 아이들이 될 수 있었다. 치료자는 에드, 멜리사와 함께 몇 번의 회기들을 개인적으로 진행하여 그들이 느끼는 것을 확인하고 가족회기에서 부모에게 그것을 표현하도록 했다. 그렇게 되면서 에드는 학교에서 점차 소심함의 틀을 깨게 되었고 멜리사는 결국 자랑하다 상처 입는 일을 포기하게 되었다.

치료자가 자신의 행동을 각 가족의 저항 수준과 일치시켜 내담자들을 동기화시켰다는 사실 등 몇 가지 변수가 아담슨 가족의 치료 성공에 기여했다. 이 예에서 치료자는 각 가족구성원이 속한 변화단계들에 세심한 주의를 기울였고, 각 단계에 맞춘 개입을 성공적으로 이용했다. 동기화면담에 일관되게 따르면서, 치료자는 "따라감으로써 이끌었는데", 말하자면, 저항을 겪어내면서 줄여가고, 공감해주고, 치료자에 의해 대안이 강요당하기보다는 그들 스스로 움직이려는 가족구성원들의 욕구를 키워줌으로써 말이다. 기능적 가족치료는 이 사례에서 구체적으로 쓰이지 않았지만, 각 가족구성원과의 동맹을 촉진시키고 비난을 관계적 초점으로 대체하는 것을 통한 동기화의 원리들이 치료가 권고하는 것과 동일한 효과를 달성하기 위해 사용하였다.

제7장
강력한 치료동맹

치료동맹therapeutic alliance은 심리치료에서 일어나는 모든 변화의 바탕이 되고, 여러 가지 방식으로 처치에 영향을 미친다. 치료동맹은 심리치료에서 대부분의 내담자가 성공적으로(혹은 성공적이지 못하더라도) 참여하게 하는 개입단계 설정의 **가장** 핵심적인 요소이다. 그것은 또한 개입이 행동적이든, 인지적이든, 정서중심이든, 구조적이든, 정신분석적이든, 혹은 전략적이든 간에 심리치료에서 거의 모든 처치 전략들이 전달되는 수단이 되기도 한다. 나아가, 치료동맹은 또한 처치를 받는 내담자가 그 개입을 수용할지(Lebow, 1982), 그리고 그 개입들에 관련되는 회기 간 과제를 수행할 지(Kazantzis & L'Abate, 2007)를 결정하는 데 있어 중요한 요소가 된다. 동맹은 심지어 치료를 종결하는 결정에도 영향을 미치는 중요한 역할을 한다. 동맹이 강력하면, 내담자는 치료가 완료될 때까지 치료를 훨씬 덜 종결하려는 경향이 있다(Horvath, 2006). 더욱이, 인간중심적 치료, 경험적 치료, 그리고 정신분석적 치료와 같은 몇몇 치료에서는 동맹 그 자체가 내담자가 목표를 달성하는 과정에서 주요한 처치의 초점이 된다.

심리치료에서 동맹이 얼마나 중요한지를 이해하려면 치료동맹이 없다면 치료가 어떻게 될지를 생각해 보라. 내담자들은 책을 읽거나 테이프를 보면서 무엇이 가능할지 알게 될 것이다. 처치의 인적 차원을 잃어버리는 것이다. 자료를 읽고 검토하는 것을 통한 심리교육은 내담자들에게 유용한 정보를 제공할 수 있고 제공하기도 하지만, 인적 연결은 심리치료의 성공을 위한 결정적인 기반이다. 커플 · 가족치료에서는 참여자가 다수이므로 동맹이 훨씬 더 중요해지는데, 동시에 여러 개의 동맹을 구축하고 내담자들 사이에서 균형을 맞춰 동맹의 수준을 유지하기 위한 투쟁이 뒤따르기 때문이다(Friedlander, Escudero, & Heatherington, 2006a).

심리치료가 미치는 영향의 상당 부분은 치료자의 지향과 상관없이 처치의 기초로서 내담자와 치료자가 동맹을 공유하는가에 달려 있다. 한 연구 사례를 들자면, 존슨과 탤리트먼(1997)은 정서중심 커플치료에 대한 한 연구에서 커플의 치료자와의 동맹이 처치 후 만족의 22%와 추수상담follow-up 만족의 29%를 설명했다고 밝혔다. 인지행동치료와 같은 가장 기계적인 치료에서도 유사한 영향력이 명백히 나타난다(Krupnick et al., 1994).

가족치료의 영역에서 보자면, 그린Green과 허겟Herget(1991)은 매력적인 한 연구에서, 팀에 자문하는 것에 중점을 둔 전략적 치료에서조차 치료동맹과 치료자의 온정이 성과에 실질적인 영향을 미친다고 밝혔다. 전략적 치료는 이론적 틀에서 동맹에 중요성을 두지 않고 심지어는 처치에 있어서 그것의 중요성을 최소화시키기 위해 적극적으로 작업을 하는데도 말이다(Watzlawick et al., 1974). 그리고 전략적 가족치료에 대한 또 다른 연구에서 스톨크와 페를레츠(1990)는 전략적 치료를 배우는 수강생들이 첫 해보다 두 번째 해에 덜 효과적이라는 것을 발견했다. 이러한 결과에 대한 가장 경제적인 설명은 두 번째 해에 들어서면서 수강생 치료자들이 전략적 치료 내에서 기술을 습득하기 위해 치료동맹을 **덜 강조하게 된다**는 것이다. 심지어는 약물의 효과에도 영향을 미친다. 가장 영향력 있는 연구 중 하나인 국립정신건강연구원 NIMH의 우울증에 대한 협력적 처치 연구에서 정신약리학(심리치료와 비교해서 연구됨)의 효과는 치료자와 내담자 간 유대감의 질에 의해 크게 영향을 받았다(Elkin, 1994). 동맹의 인적 영향은 처치를 제공하는 이론적 틀이 그것이 있어서는 안 된다고 제안하는 경우에도 차이를 만들어 낸다.

치료동맹의 이해

동맹이란 치료에서 내담자와 치료자 간 협력적 관계의 질과 강도를 말한다(Horvath & Bedi, 2002). 동맹에 대한 몇 가지 필수적인 이해사항으로 다음과 같은 것이 있다.

- **동맹은 협력적이다.** 동맹은 치료자가 내담자에게 가져다주는 품질로 오해될 수 있다. 그러나 동맹은 한 명 이상의 내담자와 치료자 간 완전히 상호작용적이며 체계적인 활동이다. 가장 능숙한 치료자라도

어떤 내담자와는 동맹을 맺지 못할 수도 있는데, 이 내담자가 동맹을 쉽게 맺지 못하기 때문이거나 혹은 특정한 치료자와 내담자 사이의 어떤 차이 때문이기도 하다. 경험을 통해, 우리는 숙련된 치료자가 특정한 내담자와 연결하는 데 실패하는 것을 보기도 하는데, 그 내담자가 오히려 훨씬 덜 숙련된 훈련생과는 강력한 동맹을 맺게 되는 경우가 있기도 하다. 그 훈련생은 어떻게 개입해야 하는가에 대해서는 훨씬 더 모르지만, 내담자에게 더 잘 맞추어 주는 사람인 것이다.

스미스 가족은 그들의 치료자인 앨리스와 긍정적인 동맹을 맺었다. 이것은 단순히 앨리스가 온정, 공감, 배려, 존중, 협력, 그리고 스미스 가족에게 어떻게 해야 할지에 대한 유용한 아이디어를 주는 일을 잘 해낸 것으로 생각될 수 있다. 하지만 좀 더 면밀한 검토를 해 보면 그들의 성공적인 동맹 형성은 모두가 참여해서 함께 춤을 춘 것처럼 볼 수 있다. 그 집안의 어머니인 셀리아는 그녀 자신의 온정과 낙관을 가져왔다. 그 가족에서 아버지인 호세는 모든 사람이 각 회기에 참석하게 만드는 근면함을 챙겼다. 그리고 문제행동의 표출 때문에 치료를 받게 만든 딸 마가리타는 치료에 기꺼이 참여하고 경험을 충분히 설명하는 도전적인 태도를 가지고 왔다. 내담자와 치료자 사이에서 동맹은 함께 발전해갈 수 있었다.

• **그럼에도 동맹은 치료자의 기술에 의해 크게 영향을 받는다.** 우리의 관찰과 상당한 연구는 치료자가 치료동맹을 형성하고 유지하는 능력에 있어서 차이가 있다는 것을 시사한다(Friedlander, Escudero, & Heatherington, 2006; Greenberg & Pinsof, 1986). 우리는 거의 모든 내담자를 참여시키고 동맹 관계가 거의 항상 긍정적으로 평가되는 우리

동료 중 한 명을 염두에 두고 있다(또한 여러 차례 한 회기만 하고나면 내담자들이 이제 더 이상 가족치료가 "필요하지" 않다고 결정하게 만드는 불행한 훈련생도 염두에 두고 있다). 제2장에서 기술한 온정, 일치성, 진정성과 같은 치료적 특성과 오늘날 "사회적 지능social intelligence"(Peterson & Seligman, 2004)이라고 불리는 것이 전반적으로 차이를 만든다. 따라서 치료자가 이전부터 이 문제를 잘 알고 있고, 어떻게 대처해야 할지에 대한 계획을 가졌으며, 과거에 이 어려움을 겪고 있는 내담자를 돕는 데 성공했다는 것을 의사소통하는 능력도 차이를 만들어 낸다. 가족치료에 대한 한 연구에서, 성과 차이의 45%는 온정과 유머와 같은 치료자 관계기술에 기인하는 것으로 밝혀졌다(Barton & Alexander, 1977).

수잔은 내담자를 참여시키고 그들과 함께 작업하는 데 성공한 뛰어난 기록을 가지고 있다. 우리는 그녀가 자신의 일에 인내심, 내담자에 대한 존중, 활력을 가지고 올 뿐만 아니라 내담자가 치료과정에서 편안해지도록 도와주는 예민한 사회적 지능을 가지고 있다는 것을 알아차렸다.

아마도 동맹 형성에 대한 수잔의 재능을 가진 대부분의 치료자는 친밀한 개인적 만남에 대한 상당한 사회적 기술을 요하는 정신건강 직업에 종사할 것이다. 우리는 개인적으로 이러한 기술을 가진 치료자가 훨씬 더 쉽게 강력한 동맹을 구축하는 방법을 배운다는 것을 발견한다. 그럼에도 불구하고, 우리는 또한 개인적으로는 사회적 기술은 별로 없지만 내담자와 강한 동맹을 맺는 법을 알고 있는 많은 치료자를 보게 된다. 때때로 이것은 치료자 자신의 심리치료와 개인발달의 산물이며, 또 때로는 치료실에서 열심히 치료한 것과 이러한 기술을 발전시키기 위한 슈퍼비전의 산물인 것이다. 또한 여러 사람과 손쉽게 잘 어울린다고 해서 그것이 곧 강한 동맹을 맺을 수 있는 능력과 동의어는 아닌 것이다. 치료는 경청 기술, 의사소통 능력, 인내심, 낙관주의, 직면하는 능력, 그리고 적절한 경계를 유지하는 능력에 따라 아주 달라지는 매우 특별한 사회적 상호작용이다. 사실, 우리는 많은 동맹이 명확히 실패하는 것을 보아왔는데, 그 이유는 치료자가 치료자라기보다는 동정적인 "친구" 역할을 행하면서 편안한 전문적 역할을 수행할 수 없었기 때문이다.

• 특정 내담자를 참여시키는 방법에 적응하는 것이 결정적으로 중요하다. 내담자가 다 같은 것은 아니다. 성공적인 치료자의 기술 중 일부는 특정 내담자를 참여시키고 처치하는 방법에 적응하는 데 있다(Butler et al., 2005; Lebow, 1987). 어떤 내담자는 치료자로부터 더 많은 것을 듣기를 바라고 있고, 어떤 사람은 더 적은 것을 기대하고 있다. 어떤 사람은 온정이 많은 것을 좋아하고, 또 어떤 사람은 약간 감정을 자제하는 것을 좋아한다. 어떤 사람은 약속을 취소할 때 왜 그러느냐고 질문받기를 기대하는 반면, 다른 사람은 아주 바쁜 것으로 받아들여지는 것을 선호한다. 많은 치료기술은 그러한 차이점을 이해하고 다루는 데 있다. 예를 들어, 뷰틀러 등Beutler et al.(2005)의 연구는 치료자의 지시는 이상적으로 그 지시에 대한 내담자의 반응에 적합하게 맞추어져 있음을 시사한다. 메시지는 내담자가 치료자의 지시에 잘 반응하는 범위 내에서 지시하는 것이다. 내담자가 영향 받는 것에 저항하게 될 때는 덜 지시적이 될 수밖에 없다.

여담으로 말하자면, 이는 특정장애를 대상으로 한 치료 매뉴얼에 기초한 처치가 대부분 실패하는 지점을 나타낸다. 비록 나타난 문제에 대한 동맹 형성을 목표로 하는 몇 가지 방법(예를 들어, 물질사용장애 substance use disorders를 가진 내담자를 알코올과 약물에 대한 심리교육에 참여시키거나 우울증 처치의 첫 단계를 취할 에너지가 없을 가능성을 이야기하는 것)이 있지만, 동맹에서의 중심요소는 전형적으로 나타난 문제에 대한 것이 아니라 인간관계의 다른 측면에 관한 것이다. 그리고 다른 성격과 다른 가족구조를 가진 내담자는 치료자가 그들과 합류하는 방법의 범위에 다르게 반응한다. 동맹 형성은 미리 프로그램 된 일련의 행동을 따르는 문제라기보다는 필요에 따라 사회적 지능의 원칙을 적용하는 문제이다.

하나의 예로서, 수잔은 치료자 공동체에서 따뜻하게 공감해 주는 스타일로 잘 알려져 있다. 그러나 그녀가 둘 다 제한된 범위의 감정을 가진 엔지니어들인 톰과 메리와 함께 치료를 시작했을 때, 그녀의 온정은 곧 그들에게 참여의 장애물로 여겨지게 되었다. 단 한 번의 회기를 마친 후에, 그들은 그녀와의 치료를 종결하고, 다른 치료자에게로 의뢰를 요청하였다. 수잔은 그들을 회기에 거의 감정을 끌어들이지 않는 인지행동 치료자 조지에게 의뢰했다. 톰과 메리는 조지와의 치료에 훨씬 더 성공적으로 참여했고, 조지를 더 편안해했으며, 결혼 문제에 대해 그와 성공적으로 함께 작업하기 시작했다. 수잔은 여전히 훌륭한 치료자로 남아있지만, 대부분의 사람들이 좋은 자질이라고 생각하는 것을 덜 추구했던 톰과 메리와는 잘 맞지 않았다.

그들의 작업에서, 치료자는 동맹을 맺기 위해 항상 내담자가 진정 어떤 사람인지 잘 인식하고 있어야 한다. 칼 로저스가 묘사한 방식대로 자기 자신에게 진정성 있고, 일치되고, 그리고 진실한 것과 당신 앞에 있는 내담자에게 적응하는 것 사이에 미묘한 균형이 있다. 이 균형을 잡고 일하는 것은 치료과정에서 주요한 변증법 중 하나이다. 치료자는 자신에게 진실해야 하지만 눈에 보이는 내담자에게 적응해야 한다.

- **내담자 문화는 동맹의 결정적으로 중요한 측면으로 간주되어야 하며, 모든 내담자는 문화적 맥락에서 산다**(Breunlin & Mac Kune-Karrer, 2002). 치료동맹이 어떻게 가장 잘 만들어지고 육성되는가는 그 내담자 문화와 밀접하게 연결되어 있다. 최적으로 경험되는 시선 접촉의 양은 신체적 접촉의 양이나 적절한 거리와 마찬가지로 문화마다 상당히 다를 수 있다. 때로는 단순히 내담자와 치료자의 민족성을 일치시키는 것이 차이를 만들어 낼 수도 있는데, 특히 내담자의 사회경제적 상황이 치료자와 멀리 떨어져 있을 때는 더욱 그렇다. 이것은 내담자와 치료자에 따라 달라질 수 있다. 심리치료 연구는 전반적으로, 치료자를 인종적으로 또는 민족적으로 내담자와 일치시킴으로써 내담자 성과에 미치는 영향은 거의 없다고 시사한다(Beutler et al., 2005; Haaga, McCrady, & Lebow, 2006; Horvath, 2001). 그러나 연구는 또한 특정문화 집단의 이슈에 접근 가능한 언어로 말하는 것이 차이로 인한 문제를 최소화한다는 것을 보여준다. 예를 들어, 다차원적 가족치료를 받는 도심 청소년을 대상으로 한 리들 등Liddle et al.의 처치 프로젝트에서는 남성이 되는 소년boys-into-men이라는 주제를 강조하는 것이 치료동맹에 강한 긍정적인 영향을 미친다는 것을 발견했다(Annunziata, Hogue, Faw, & Liddle, 2006).

아만다는 한국에서 5년 전에 미국으로 이민 온 김씨 가족과의 첫 만남이 좋았다고 생각했다. 그녀는 첫 회기에 대한 전형적인 방식을 따랐는데, 나타난 문제에 대해 묻고, 그것이 가족구성원 모두에게 문제가 되는지를 질문하고, 면접 때 들은 내용을 바탕으로 과제를 내주는 것으로 마무리하였다. 그렇기 때문에 그 가족이 첫 번째 모임이 끝난 후 다른 치료자를 요청하기 위해 접수 직원에게 전화를 했을 때 매우 당황했다. 접수 직원이 그러한 요청에 대한 이유를 묻자 김씨 부인은 아만다가 너무 몰아가는 방식으로 질문을 많이 했고 삶이 "단지 열심히 일하는 것 이상"이 되어야 한다고 제안한 것이 주요한 이유라고 말했다. 아만다는 부모에 대한 경의를 표하지 않았고, 근면의 혜택과 관련되어 있는 가족의 핵심 가치에 대해 의문을 품음으로써, 김씨 가족이 지닌 한국문화 정체성의 핵심 신념을 무심코 어겼던 것이다.

아만다에게 나타난 것과 같은 문제에 대한 하나의 해결책은 문화적 차이에 완전히 정통해지는 것이다. 인생 경험이 여기서 도움이 되지만, 또한 자문을 받을 수 있는 정보의 원천도 있다(Boyd-Franklin, 2003; Falicov, 2003; McGoldrick, Gordano, & Pearce, 1996). 물론 문화적 성향에 지나치게 민감해지는 것은 치료실의 가족에게보다는 고정관념에 반응하는 결과를 쉽게 가져올 수 있다. 예를 들어, 한 가족으로서 김씨 일가는 미국의 중산층 방식에 완전히 적응하고 포섭될 수 있었을 것이다. 그들을 만나지 않고서는 그런 경우를 알 수 없었다. 치료자가 다양한 문화에 대해 배우는 것(그리고 만일 가족이 치료자가 익숙하지 않은 문화에 뿌리를 두고 있다면 특정 문화에 대해 더 많이 알아보는 것)이 분명히 최선이지만, 가족으로부터 그들의 문화에 대해 잘 듣고 배우는 것이 확실한 것이다. "만남이 어떠셨어요?"나 "어떤 것이 도움이 되셨어요?"와 같은 간단한 질문은 아만다가 김씨 가족에 가졌던 것과 같은 오해를 피하는 데 도움이 될 것이다(이러한 질문에 대한 대답이 또한 내담자의 문화에 대한 이해를 통해 걸러질 필요가 있음을 치료자가 인정한다는 것을 가정한다면 말이다).

- **치료자의 사람됨은 동맹의 근본적인 부분이다.** 치료자의 사람됨이 동맹을 만들어내는 데에 있어서의 역할도 또한 강조되어야 한다. 치료자는 그들이 무엇을 행하는가에서 뿐만 아니라 그들이 어떤 사람인가에 있어서도 사람마다 다르다. 내담자는 치료자로서 뿐만 아니라 사람으로서도 치료자에게 반응한다. 치료자는 연령, 성별, 문화, 말하는 방식과 존재하는 방식을 가지고 있다. 이러한 요인은 모두 동맹 형성에 영향을 미칠 수 있다.

섭식장애eating disorder를 보인 15세의 크리시는 63세의 훌륭한 임상가인 하비에게 배당되었다. 하비는 따뜻하고 배려 깊은 사람이었지만, 그가 63세이고 남성이라는 사실은 단순히 크리시가 많은 것이 성적인 문제를 중심으로 전개되는 자신의 이슈에 대해 이야기하는 것을 불가능하게 만들었다. 하비는 크리시와의 동맹에 대해 솔직하게 이야기했고 26세의 여성인 자신의 슈퍼바이지를 만나는 것이 어떻겠냐고 대안을 제시하였다. 크리시는 그 가능성을 기꺼이 받아들이고 재빨리 맨디와 훌륭한 작업 동맹을 맺었다. 맨디는 하비보다 30년 경험이 적었음에도 불구하고 크리시와 함께 작업하기에 훨씬 더 좋은 위치에 있었다. 하비의 슈퍼비전을 받으면서 맨디는 하비가 만든 처치 계획을 성공적으로 수행했는데, 그것은 하비 혼자서는 수행할 수 없었던 계획이었다.

여기서의 단순한 사실은 나이, 성별, 성격과 같은 요소를 바꿀 수 없다는 것이다. 가장 좋은 경로는 이것이 중요할 것 같은 상황에서 가능한 한 이 요소를 잘 맞추는 것이다. 특히, 십대들은 성별에 대해 매우 민감한 경향이 있고 종종 자신의 나이에 더 가까운 사람과 더 잘 어울린다. 비슷하게, 노인은 어느 정도 나이 먹은 치료자와 더 잘 어울린다. 처치에서 이런 요소가 들어맞지 않을 때, 이것은 앞서 우리가 문화를 다룰 때 설명한 것과 같은 방법으로 가장 잘 처리된다. 차이에 대한 대화를 계속 열어두고, 서로에게서 배우고, 동맹이 처치를 뒷받침할 수 있을 만큼 충분히 강하다는 것을 확인하는 것은 이러한 상황에서도 강력한 치료가 발전하게 만들 수 있다. 우리는 또한 차이가 꼭 동맹을 잘 맺지 못하게 만드는 것은 아님을 확실히 해야 한다. 여기서 우리는 단지 확률을 설명하고 있을 뿐이다. 또한, 우리는 한때 좋은 동맹과 성과에 필수적이라고 생각했던 공통의 경험이 연구에 의해 실제로 중요하지 않다고 증명되었음을 강조해야 한다. 예를 들어, 중독을 성공적으로 치료하기 위해서 치료자가 그 중독을 경험하고 회복할 필요가 있다고 생각한 적이 있다. 물질사용장애에 대한 처치에서의 동맹과 성과에 대한 연구는 이 잘 알려진 아이디어에 대한 증거를 보여주지 않는다(Haaga et al., 2006). 치료자가 직접적으로 회복을 경험했는지는 성과와 관련이 없다.

• **동맹은 목표, 과업 및 유대로 세분될 수 있다.** 동맹은 오래 전 에드 보딘Ed Bordin에 의해 확인된 세 개의 상호 관련 부분으로 이루어져 있다(Horvath, 1994; Horvath & Greenberg, 1989; Orlinski & Ronnestad, 2000). 첫 번째 부분은 치료의 목표, 추구되는 목적에 관한 것이다. 여기서 관련되는 질문은 내담자와 치료자가 추구하는 성과와 달성할 수 있는 것에 대한 그들의 기대치를 어느 정도 공유하는가에 관한 것이

다. 두 번째 요소는 처치 과정에서 수행되는 것인 작업에 초점을 맞춘다. 여기에서 관련되는 질문은 내담자와 치료자가 처치에서 행해지는 것이 적절하고 잠재적으로 도움이 된다고 생각하는 정도에 관한 것이다. 동맹의 세 번째 요소는 내담자와 치료자 사이의 정서적인 연결인 유대이다. 여기서 관련되는 질문은 내담자와 치료자가 서로 연결되고 얽혀있다고 느끼는 정도에 관한 것이다.

동맹의 여러 요소 사이에서는 항상 밀접한 상관관계가 있기 때문에 동맹의 이러한 측면이 얼마나 명확하게 구별될 수 있는지에 대해 많은 논란이 있었다(Friedlander, Escudero, & Heatherington, 2006b; Horvath, 2006; Knobloch-Fedders, Pinsof & Mann, 2004). 그럼에도 불구하고, 많은 내담자에게 동맹은 목표, 과업, 유대 등에 따라 다양하게 남아있다(Friedlander et al., 2006; Horvath, 2001; Horvath & Greenberg, 1994). 예를 들어, 내담자는 치료자를 좋아하고 애착을 느끼고 처치 목표에 대해 치료자에게 동의할 수 있지만, 그럼에도 불구하고 (동맹에서 벗어나서) 처치에서 채택된 작업에 대해 불편함을 느낄 수 있다.

스테파니는 어머니, 아버지, 그리고 세 명의 십대 딸로 구성된 로드리게스 집안에서 치료가 잘 진행되고 있다고 생각했다. 매 회기가 끝난 후 각 가족구성원이 그녀에게 감사했고 어머니는 그녀가 얼마나 좋은 사람인지 말해주었기 때문에 그들 가족과의 동맹을 아주 강하게 확신했다. 그러나 가족으로부터 통합적 심리치료동맹척도the Integrative Psychotherapy Alliance Scales(아래를 보라; Pinsof & Catherall, 1986)를 이용하여 가족으로부터 동맹에 대한 자료를 수집한 후, 그녀는 가족구성원 모두가 자신과의 강한 유대를 느끼기는 하지만, 처치의 목표와 과업에 대한 자신과의 합의에 대해서는 각자가 안 좋게 평가 했다는 사실을 알게 되었다.

이로 인해 스테파니는 가족과 논의를 하게 되었고, 그들은 여기서 처치가 수행하는 방식에 대한 실망감을 처음으로 표면화시키게 되었다. 그 가족은 어머니의 원가족과 관련된 이슈에 너무 많은 시간이 소비되고 있고 그들의 현재 문제를 해결하는 데에는 충분치 않다고 느꼈다. 그 결과, 스테파니는 어떻게 하면 함께 더 잘 살 수 있을까에 대한 보다 직접적인 문제해결 쪽으로 초점을 바꾸게 되었고, 이러한 변화로 동맹 작업과 목표 평가가 다음 몇 주 동안 증가하게 되었다.

여기서 중요한 점은 표면적으로는 치료와 치료자에 대한 내담자의 일반적인 느낌으로만 생각될 수 있는 동맹이 실제로 여러 가지 다른 측면을 가지고 있다는 점이다. 내담자는 치료자에 대한 개인적 연결(유대), 무엇이 행해지는가에 대한 연결(과업), 그리고 치료자가 어디로 가고 있는지에 대한 연결(목표)을 느낀다. 치료자는 모든 6기통 엔진이 같은 방향으로 발사되는 것이 사실일 수 있지만, 연결이 한 면에서는 강하고 다른 면에서는 약하다는 것도 사실일 수 있음을 기억해야 한다. 동맹의 각 측면에 대한 철저한 이해를 통해 보다 나은 임상실제가 가능하다.

● **초기 처치 동맹은 치료가 어떻게 전개될지를 상당히 잘 예측한다.** 처치에서 후반 행동을 예측하는 초기 처치 동맹의 힘을 과대평가하기란 어려운 일이다. 이것은 특히 치료 초기에 동맹이 긍정적이지 않은 경우(즉 중립적이거나 부정적으로 평가되는 경우)가 그러하다. 켄 하워드Ken Howard는 대규모의 다양한 내담자 표본을 가진 몇몇 연구에서 만일 치료 초기에 동맹이 좋지 않을 경우 치료에서 긍정적인 성과를 얻을 가능성은 매우 적다는 것을 발견했다(Leon, Kopta, Howard, & Lutz,

1999). 이와 유사하게, 커플치료에 대한 연구에서 초기 처치 동맹은 성과 차이의 22%를 설명하는 것으로 밝혀졌다(Knobloch-Feders, Pinsof, & Mann, 2007). 초기 처치 동맹을 잘 맺지 못하는 것은 또한 처치에서의 탈락을 잘 예측하는 것으로 밝혀졌다(Horvath, 2006). 그렇다고 해서 부실한 초기 치료동맹이 불가피하게 치료가 자멸하거나 효과가 없다는 것은 아니다. 우리는 어설프게 시작된 치료가 회복될 수 있다고 믿지만, 이것은 동맹의 비정상적인 문제가 평가되고 강조될 때에만 일어날 가능성이 있다.

팀은 내담자의 불평, 그들이 회기에 늦게 오는 것, 그리고 비언어적 행동으로부터 치료동맹에 문제가 있다는 것을 분명히 이해했다. 따라서 팀은 그들이 좋아하고 좋아하지 않는 것과 팀에 대한 그들의 반응을 강조하면서 가족들과 치료에 대해 솔직하게 대화를 나누기 시작했다. 엄마인 티나는 팀에게 그가 회기 동안에 너무 많은 이야기를 하고 끊임없이 방해하는 것이 주요한 문제라고 말했고, 나머지 가족도 이에 동의했다. 팀은 가족 내에서 대화가 중단되지 않도록 하기 위해 그의 방식을 바꾸었고, 동맹이 개선되어서 가족은 결국 그들의 문제를 다루는 데 성공하게 되었다.

여기서의 관련 경험은 동맹 초기에 문제가 발생할 때 단호히 대처해야 한다는 것이다. 동맹 문제의 근원을 제거하기 위해 변화가 없는 한 동맹이 낮은 처치는 끝나거나 비효과적일 수 있음을 알아줄 필요가 있다.

- **동맹은 시간에 흘러감에 따라 달라진다.** 때로는 "찢고 수선하는tear and repair" 순서가 처치에 강한 긍정적인 영향을 미칠 수 있다. 치료동맹

은 대개 대부분의 처치 과정에서 상당히 안정적이다. 일단 긍정적인 동맹이 성공적으로 정착되면, 그것은 장기치료나 심지어 복수의 치료들에 걸쳐 변화를 가능하게 하는 매개체 역할을 쉽게 할 수 있다(Lebow, 1995). 그러나 동맹의 강점은 많은 처치에서 시간이 지남에 따라 달라질 수 있다. 한 가지 요인은 내담자가 누구인가 하는 것이다. 동맹관계를 형성하기가 더 어렵고 그 동맹이 더 느리게 전개되는 내담자 집단이 분명히 있는데, 예를 들어, 경계성성격장애borderline personality disorder를 가진 내담자이다. 또한 인종과 같은 표면적 특성의 차이로 인해 동맹이 형성되는 데 더 오랜 시간이 걸릴 수 있는 내담자-치료자쌍도 있다.

임상 및 연구 문헌에서 자주 만나게 되고 기록되는 또 다른 현상은 어떤 사건으로 인해 동맹이 해체된 뒤 동맹이 복원되는 수리가 이루어지는 처치 순간의 심오한 효과이다(Norcross, 2002b). 그러한 사건은 종종 치료에서 발생하는 강한 긍정적 변화 사건이 된다(Pinsof, 2005). 이러한 순간들은 (무너진 동맹을 수리하지 못할 위험이 너무 크기 때문에) 치료자가 그것을 일어나게 하려고 노력하는 것은 아니지만, 그러한 순간은 성장을 위한 특별한 기회를 만들어 줄 수도 있다.

하나의 예로서, 안드레와 테레즈는 치료자와의 동맹이 몇 달 동안 항상 최고 수준으로 평가되는 커플치료에 참여했지만, 그들은 서로 더 가까워지지 않았다. 처치는 의사소통 훈련이나 그들의 가계도 탐색과 같은 유용한 활동을 진행시키고 있는 것처럼 보였지만, 아무런 진전을 보지 못했다. 그러자 한 회기에서 치료자 스티브는 안드레의 감정이 도전받고 불편해져 치료자에게 화가 나도록 하는 방식으로 회기 안팎에서 안드레의 수동적 행동을 탐색하도록 만들었다. 이것은 동맹척도에 기록된 바와 같이 그의 동맹 수준에서의 상당한 감소를 가져왔다.

안드레는 심지어 다음 회기에 참석하기를 거부했다. 그러나 치료자가 안드레에게 손을 내밀고, 치료자가 무신경했다고 사과를 하는 것과 안드레에게 이 사건이 갖는 의미를 탐색하는 것을 통해 그 불화가 회복된 후, 동맹이 복원되었을 뿐만 아니라 안드레는 그의 수동성을 포함하여 그가 치료에 가지고 왔던 이슈에 대해 더 잘 작업할 수 있게 되었다. 어떤 의미에서, 그것은 그가 더 깊은 수준에서 치료에 더 참여하게 만들었다. 그렇게 되자, 그 부부는 빠른 속도로 움직여 가면서 그들의 문제를 해결하는 데 성공을 거두게 되었다.

긍정적인 치료동맹을 맺는 것이 만병통치약은 아니다. 그것은 처치에 도움이 되는 분위기를 만들어 보통 성공으로 이어지게 한다. 그럼에도 불구하고, 때때로 동맹이 깨지면 강력한 변화 사건으로 이끈다. 물론 그것은 처치의 종결을 가져오거나 후속작업을 덜 이끌 수도 있다. 이것은 처치에서 이득을 얻게 만들 수 있게 하거나 아니면 에너지를 낭비하게 만드는 도전의 순간이다.

• **커플 · 가족치료에서의 동맹은 복잡한 방식으로 가족구성원에 걸쳐 다양하게 나타난다.** 제3장에서 언급한 바와 같이, 커플 · 가족치료에서는 복수의 동맹을 고려해야 한다. 각 내담자는 치료자와 따로따로의 동맹을 맺고 있다. 커플 · 가족치료에서는 여러 동맹 간에 힘뿐만 아니라 균형도 중요하기 때문에, 이러한 복잡성은 그 자체로 다른 복잡성을 만들어낸다. 특히 한 파트너(커플치료에서)나 가족구성원(가족치료에서)과의 동맹이 강하고 다른 파트너나 다른 가족구성원과의 동맹은 약한 분열 동맹이 있을 경우, 처치의 성과가 좋지 않을 가능성은 기하급수적으로 높아질 수 있다(아래를 보라).

앞에서(제3장) 설명한 바와 같이 핀소프(1995; Pinsof & Catherall, 1986)는 관련된 복수의 개인 동맹을 넘어 커플·가족치료에서의 동맹 구축에 주의를 기울이는 것이 중요하다고 강조해 왔다. 핀소프는 커플·가족치료동맹의 범주화에서 전체로서의 치료체계 내 동맹은 종종 내담자 개인의 치료자와의 동맹과는 다르다고 제시한다. 예를 들어, 커플은 개인으로서 각자가 치료자와의 유대감과 긍정적인 동맹을 느낄 수 있지만, 커플로서는 치료자와의 그런 연결을 느끼지 못할 수도 있다.

핀소프 등(Knobloch-Fedders et al., 2004)은 또한 커플·가족치료에서의 동맹에 대한 이해의 일환으로 커플이나 가족 자체 내(치료자와는 별도로) 동맹관계를 고려할 필요가 있다고 지적한다. 가족구성원 간 낮은 동맹으로 처치에서 서로와 한 단위를 이루어 성공하기는 어렵다. 이것은 많은 커플치료에서 주요한 문제를 나타내며, 문제에 대해 작업하는 커플 간 어떤 동맹은 대부분의 경우에 변화를 위해 분명히 필요한 조건인데, 치료 초기에 그 동맹은 빈약할 가능성이 있다. 가족치료에서도 같은 문제가 나타나는데, 예를 들어, 문제행동을 표출하는 청소년이 있을 때 부모연합 내에서 동맹이 없을 때와 같은 경우이다. 그리고 개인치료에서도 핀소프, 진바그와 크노블로흐-페더즈Pinsof, Zinbarg, & Knobloch-Fedders(2008)는 (치료자와 아무런 접촉도 하지 않은) 자신의 삶에서 그리고 치료에서 다른 사람과의 동맹을 느끼는 개인의 지각은 치료 지속을 예측하는 데 강한 긍정적인 영향을 가지고 있음을 보여주었다.

치료자와 남성의 동맹은 커플·가족치료에서 특히 중요할 수 있다. 남녀 간 동맹에서의 차이가 갖는 영향은 복잡할 수 있다. 크노블로흐-페더즈 등Knobloch-Fedders et al.(2007)은 커플치료를 사정하는 연구에서 남성의 처치 중 동맹이 파트너보다 높았을 때 긍정적인 성과가 더 많았다는 것을 발견했다. 그리고 성과는 치료자와 그들 자신의 동맹 수준보다는 파트너의 동맹에 대한 여성의 평가와 더 밀접하게 연관되어 있었다. (모든 형태의 치료에서 여성이 더 많이 참여한다는 연구결과가 자주 나오는 것을 감안하면) 이성애 커플의 남성이 성공적으로 참여하는 징후는 커플치료에서 유리한 성과를 예측하는 가장 강력한 예측변인이 될 수 있다.

커플 · 가족치료에서의 동맹 확립과 유지

그렇다면, 치료자는 어떻게 치료동맹을 확립하고 유지하는 것이 가장 좋은가? 이 문제는 동맹이란 내담자와 치료자 간의 협력의 결과이기 때문에 심리치료를 기술하는 어떤 매뉴얼도 잘 말할 수 없다. 한 집단의 내담자와 동맹을 맺는 것은 또 다른 집단의 내담자와 함께 작업하는 것과 실질적으로 다를 것이다.

예를 들어, 가족치료를 포함하는 경험적으로 지지된 치료의 빈번한 표적이 되는 청소년의 물질남용 문제에 도움 받기 위해 처치 중인 두 가족을 그려보자. 한 가족인 마르코프 가족은 직접적인 의사소통과 어려움에 대해 말하는 것을 중요시한다. 또 다른 가족인 얀코프스키스 가족은 문제에 대해 한 번도 언급하지 않은 전력이 있으며, 그 구성원들은 그 뒤에 무엇이 있는지 조사하는 것은 고사하고 그 어려움을 언급하는 것조차 대단히 불편함을 느낀다. 이 두 가족과의 동맹을 맺기 위한 최선의 과정은 상당히 다를 것이다. 첫 번째 가족에서, 치료자의 열린 자세와 개방된 논의로 이끄는 지도력은 동맹 수립에 도움이 될 가능성이 높지만, 두 번째 가족에서 그러한 접근을 일찌감치 쓰게 되면 뒤따르는 불편함으로 인해 조기 종결로 이어질 가능성이 높다. 동맹관계 구축은 "사람마다 제각각이다"라는 것이 해당된다. 개별 가족 구성원을 이해하고 공감하는 치료자의 기술은 가족과의 치료동맹을 위한 어떤 특정한 행동단계를 능가한다.

그럼에도 불구하고, 동맹 형성을 강화하는 많은 특정한 치료자의 행동을 열거할 수 있다. 비록 그러한 행동이 종종 근거기반 실천에 대한 특정한 접근법의 일부로 권장되지만, 이러한 일련의 기술은 그것이 명명된 어떤 특정한 모델을 초월한다. 커플·가족치료에는 일반적으로 동맹을 구축하는 데 도움이 되는 일반적인 일련의 행동이 분명히 있다(물론, 중요한 것은 각 특정한 가족에서 그러한 행동이 갖는 의미이며, 그 의미는 가족에 따라 다를 수 있다).

동맹을 추적하기

동맹을 형성하는 데 도움이 되는 이 치료자 행동목록의 맨 위에는 동맹 자체에 관심을 두는 것이 있다. 즉, 처치 초기에 공식적으로든 비공식적으로든 동맹을 추적하는 것이 상당한 차이를 만들어낸다. 우리가 지적한 바와 같이, 하워드와 그의 동료들은 개인 심리치료를 받는 대규모 표본으로 행해진 상담의 진행 연구에서 5번째 회기까지 동맹이 성공적으로 형성되지 않으면 처치가 성공적이지 않다는 것을 보여주었다(Greenberg & Pinsof, 1986; Howard et al., 1991; Kolden & Howard, 1992). 치료자는 단순하게 동맹에 대해 묻고 내담자의 행동을 관찰하거나,

핀소프의 커플·가족치료 통합적 심리치료동맹척도(KnoblochFeders et al., 2004) 또는 한 항목에서 4항목으로 이루어진 던컨Duncan과 밀러Miller의 간단한 동맹척도(Miller, Duncan, Sorrell, & Brown, 2005) 중 하나와 같은 동맹 사정 도구를 사용할 수 있다.

핀소프의 자기보고형 통합적 심리치료동맹척도integrative psychotherapy alliance scales는 두 개의 차원에 따라 동맹을 사정한다. 첫 번째 차원은 앞에서 설명한 바와 같이 목표, 과업, 유대이다. 두 번째 차원은 내담자와 치료자의 동맹(자기-치료자라고 불림), 가족 내 다른 사람과 치료자의 동맹(타인-치료자로 불림)의 질에 대한 느낌, 전체 체계와 치료자 간 동맹의 질(집단-치료자로 불림), 가족체계의 구성원 간 동맹(체계 내)을 포함한다. 변화에 대한 체계론적 치료 목록의 일부로 포함되는 척도의 개인 버전, 부부 버전 및 가족 버전이 있다(Knoyoch-Feders et al., 2004). 두 번째 주요 버전에서 척도는 동맹을 측정하는 척도로서 신뢰도와 타당도가 입증되었다. 통합적 심리치료동맹척도의 가장 최근 버전은 이 책의 부록 B에 제시되어 있다.

동맹을 측정하는 밀러-던칸회기평가척도Miller-Duncan Session Rating Scales는 연속선상에서 동맹을 사정하는 4개 항목으로 구성되어 있어서 훨씬 간단하다(Miller, Duncan, & Hubble, 2005). 그 척도의 이러한 간결성은 더 긴 척도보다 신뢰도에 있어서는 더 문제가 될 수 있지만(무선오차 때문에 문항반응은 회기마다 크게 다를 수 있다) 임상과정에서 단순성과 신속성의 장점을 가지고 있어 처치에 원활하게 통합되기가 아주 쉽다. 성인, 아동 및 유아를 위한 회기평가 척도의 가장 최신 버전이 이 책의 부록 B에 제시되어 있다. 작업 복사본은 개인 용도로 무료로 제공되며 *www.talkingcure.com*에서 다운로드할 수 있다.

그러한 도구는 치료자에게 거의 모든 내담자에 대해서 동맹이 잘 맺어지고 있는지 아닌지, 그리고 누구와 동맹이 맺어지고 있는지를 쉽게 평가하는 간단한 양적 데이터에 접근할 수 있게 해준다. 핀소프와 그리고 던컨과 밀러 모두 처치의 개입으로서 임상적 맥락에서 그들의 도구를 사용한다. 내담자와 치료자는 내담자의 동맹 점수를 함께 검토하고, 그렇게 함으로써 동맹이 어떻게 작용하고 있는지 그리고 어떻게 개선될 수 있는지를 논의하는 데 박차를 가한다.[8)]

일반적으로 치료동맹은 심리치료에서 아주 긍정적일 것이라는 기대가 있다. 처음 몇 회기를 넘어 처치를 계속하는 사람들 사이에서는 내담자-치료자 동맹에 대한 만족을 "척도의 중간" 정도로 평가하는 것조차 예외가 된다(Lebow, 1982). 부분적으로, 이러한 성향은 심리치료와 같은 친밀한 활동에서 긍정적인 동맹이 갖는 본질적인 특성에서 비롯되며, 또 부분적으로는 동맹의 수준이 낮은 사람은 처치 초기에 종결이 이루어지기 때문에 그렇다. 이러한 패턴은 커플·가족치료에서도 전형적으로 나타난다(Friedlander et al., 2006). 여기서, 압도적으로 긍정적인 반응을 보이는 경향은 이러한 치료에서 본인은 처치를 추구하지 않고 다른 가족원과의 강한 동맹 때문에 처치를 계속하는 사람의 존재로 인해 다소 약화된다(Friedlander et al., 2006; Horvath, 2006; Horvath & Bedi, 2002; Norcross, 2002b).

회기에서 제공되는 정보를 통해서 평가되든 아니면 동맹 설문지를

---

8) 프리드랜더(Friedlander)와 헤더링턴(Heatherington)도 또한 〈가족치료동맹관찰체계(the System for Observing Family Therapy Alliances: SOFTA)〉라는 커플·가족치료동맹을 평가하는 훌륭한 체계를 제공한다(Friedlander et al., 2006b; Friedlander, Escudero, Horvath et al., 2006). 이러한 도구들의 신뢰도와 타당도는 뛰어나지만, 이 도구들은 회기와 평가자의 녹음을 요구하기 때문에 임상 작업보다는 연구에 더 적합하다.

통해서 평가되든 동맹이 빈약하다는 예외가 나타날 경우 동맹의 문제에 각별히 주의해야 한다. 일반적으로 예상되는 것보다 낮은 수준으로 동맹이 나타날 때, 치료자는 이것이 치료에서의 편차에 따라 발생할 수 있는 특정문제의 산물인지 혹은 치료에서의 어떤 변화가 더 잘 작동될 수 있을지를 사정해야 한다.

그런 맥락에서, 자기 자신이나 내담자에게 질문할 유용한 질문이 많이 있다. 내담자에게 다가가는 다른 방식이 있는가? 더 나은 동맹을 가로막는 제약은 무엇인가? 주로 연관되는 목표, 과업, 혹은 유대가 있는가? 모든 내담자에게 걸쳐있는, 혹은 한 내담자나 한 하위체계에만 한정된 문제가 있는가? (공통요인이 특정한 처치와 상호 연관된다는 것을 다시 기억한다면) 동맹은 처치와 관련된 특정하지 않은 요인의 문제로 보이는가, 아니면 개입 전략이 내담자와 안 맞거나 혹은 작동하지를 않아서 동맹에 실패하고 있는가?

모든 내담자와의 강력한 치료동맹 없이는 어떠한 변화도 없을 가능성이 높고, 동맹이 낮은 수준에 머물도록 허용해야 하는 상황은 극히 드물기 때문에, 치료자가 치료적으로는 필요하지만 사람들이 좋아하지 않을 메시지(예: "당신은 결혼생활에서 폭력적이었음을 직시해야 합니다.")를 전달해야 하는 경우에 대해 유보적이다. 심지어 이런 경우에도 최소한의 긍정적인 동맹은 성공적인 처치를 위한 필수 조건이다. "찢고 수리하는" 순간은 큰 영향력을 미칠 수 있지만, 긍정적인 동맹이 이러한 순간에 선행하지 않는다면 그러한 영향력은 훨씬 적게 될 것이다. 법원과 같은 의뢰처와의 동맹이 처치가 계속될 것을 확실히 보장할 수 있는 의무적인 치료에서는, 낮은 수준의 동맹 기간이 나타날 여지가 더 많이 있지만, 그러한 경우에도 긍정적인 동맹이 없으면 변화의 가능성은 없다(Lebow, 2005). 동기화면담과 같은 방법은 내담자가 낮은 수준의 동기를 가지고 시작할 때 혹은 주의를 요하는 문제를 볼 수 없을 때 치료동맹을 구축할 수 있는 실질적인 기회를 제공하기 위해 부분적으로 개발되었다(Miller & Rollnick, 2003). 일반적으로 그런 방법은 처치 초기에 직면시키기보다는 동맹 구축을 목적으로 한다(Haaga et al., 2006).

합류 행동

미뉴친(1974)과 그의 뒤를 이은 수많은 다른 사람은 커플·가족치료에서 동맹 형성을 돕는 광범위한 치료자의 행동을 묘사했다. 독자는 특히 가족과의 동맹 형성을 막는 장벽 극복에 도움을 주는 구체적 행동에 대한 미뉴친과 피쉬맨Fishman(1981)의 백과사전적 설명을 참고하는 것이 좋다.

합류joining는 존중하는 언어와 행동을 모두 활용하는 간단한 과정을 포함할 수 있는데, 이는 내담자체계와 문화 안에서 위안을 주는 것으로 여겨진다. 예를 들어, 감탄사나 허사의 사용은 어떤 가족에게는 합류의 원천이 될 수 있지만, 다른 가족에게는 합류에 대한 제약이 될 수 있다. 마찬가지로, 권위적인 위치에서 혹은 동등한 협력자로서 가족에게 말하는 것이 가족과의 동맹 형성에 영향을 미칠지 아닐지는 특정가족의 성격에 달려 있다.

희망을 불어넣는 것과 같은 처치에서의 다른 공통요인을 고양시키는 구체적인 노력도 동맹 형성에 추가된다. 대부분의 내담자는 처치가 시작될 때 그들의 문제에 대해 사기가 떨어져 있는데, 치료자가 현실에 기반 해서 변화과정에 대해 낙관론을 만들어낼 수 있으면 동맹도 커질 수 있다. 이것은 우리가 이 책에서 논의하는 공통요인이 처치의 중간 목표와 장기목표 모두에 궁극적으로 영향을 미치면서, 처치에 대한 전반적인 긍정적 게쉬탈트를 만들어 내기 위해 기반을 두는 지점이다.

문제를 새롭고 덜 병리적이고 덜 비난하는 입장에서 바라보게 하는 것을 목표로 하고 있는 (또 커플·가족치료에서 가장 흔하게 만나게 되는 기법 중의 하나인) 재정의하기 기법(Robbins, Alexander, Newell, & Turner, 1996; Sexton & Griffin, 1997)은 특히 내담자의 사기가 떨어져 있는 상태에서부터 치료를 보다 긍정적으로 보는 쪽으로 방향을 움직이는 데 매우 도움이 된다. 보다 넓게 보면, 동일한 중간목표를 달성하는 것을 목표로 하는 해결지향의 초점을 만드는 것도 마찬가지다(O'Hanlon & Beadle, 1997). 대부분의 내담자에게, 해결책과 그 해결책에 도달할 가능성에 대해 말하는 것은 긍정적인 동맹을 만드는 데 도움이 된다. 그러나 문제해결에 새로운, 보다 희망적 관점을 가져다주는 그 어떠한 접근도 마찬가지일 것이다. 똑같은 효과가 원가족, 정서, 행동 계획, 혹은 내적 경험에 대해 치료자와 내담자가 서로 초점을 맞춤으로써 가능해질 수 있다. 여기서 중요한 기술은 어떤 전략이 내담자의 요구를 상호 만족시키는 가장 받아들일 수 있는 전략이 될 가능성이 높은가와 언제가 초기 노력이 실패할 경우 전략을 변경할 때인가를 아는 데 있다(Lebow, 2006a; Pinsof, 2005). 지원을 제공하는 것에서부터 자기노출에 이르기까지 광범위한 치료자 행동이 동맹 구축을 촉진할 수 있다. 그 기술은 그 행동이 진정성이 있고 처치에서 가족에게 적절하다는 것을 확실히 해주는 것이다. 여기에서는, 이 책의 다른 부분처럼, 특정한 접근을 옹호하는 사람들이 그들 방법의 독특하고 특별한 특성을 지적할 수 있음에도 불구하고, 우리는 가장 중요한 것은 특정한 접근보다는 궁극적으로 공통요인이라는 것을 강조한다.

분열된 동맹

커플·가족치료에서 특히 중요한 것은 분열된 동맹split alliance이다. 커플·가족치료는 종종 다른 당사자보다 치료과정에 더 많은 것을 투자하는 한 당사자, 혹은 적어도 참여 동기가 더 적은 당사자로 시작된다. 한 파트너는 결혼을 개선하고 싶은데, 다른 파트너는 관심이 거의 없는 커플이 있을 수 있고, 부모는 청소년 자녀의 행동 변화를 강하게 보고 싶어 하는데, 반면 청소년 자녀는 그저 자신이 이미 하고 있는 일을 계속 하고 싶어 할 뿐인 가족이 있을 수 있다. 그러한 경우, 가족구성원이 치료자와의 동맹에서 상당한 차이를 보이는 분열된 동맹이 종종 발전하게 된다. 분열된 동맹은 또한 치료과정에서 가족구성원이 치료자의 합류를 다른 수준에서 경험하게 될 때에도 발전할 수 있다.

분열된 동맹은 심지어 가장 능숙한 치료자에게도 매우 도전적이다. 한편으로는 동맹이 된 내담자와의 동맹을 유지할 필요가 있다. 전형적으로 그들은 처치가 계속되도록 만드는 사람들이고, 만약 그러한 변화가 그 내담자와의 동맹을 잃게 한다면, 상대방을 참여시키기 위한 급진적인 변화는 함께 치료받는 것을 완전히 잃게 할 것이다. 그러나 치료 작업은 덜 참여하는 내담자를 참여시키지 않고서는 잘 진행될 수가 없다. 따라서 과업은 현재 진행 중인 처치과정과 동맹이 이루어진 당사자와의 동맹을 존중하면서도 덜 참여하는 내담자에게 손을 내밀고 그들을 참여시킬 수 있는 방법을 찾는 것이 된다. 가족치료자는 수년

간 커플이나 가족을 치료에 데려온 사람과 강력한 동맹을 유지할 필요성과, 동시에 덜 참여하려는 가족구성원과 동맹을 구축하는 데 특별한 주의를 기울임으로써 동맹이 균형을 이루게 할 병렬적 필요성을 지적해 왔다(Minuchin, 1974; Whitaker & Keith, 1982).

동맹을 위해 덜 참여하려는 내담자의 입장을 변화시키고 그들 편을 들어주려는 노력은 도움이 될 것 같지 않다. 치료자는 최선을 다해서 처치에서 윤리적인 입장을 지키고, 치료자의 윤리적 나침반이 그 방향을 가리킬 때에만 다른 것보다 도움이 될, 한 가족구성원의 편을 들어준다. 결국 로저스(1961)가 제시하듯이, 동맹은 치료자의 성실성과 일치성에 달려 있다(제2장 참조). 더 유용한 것은 동맹이 덜 된 내담자와 더 잘 합류하거나 혹은 그렇게 하는 언어나 토론 방식을 활용하는 방식에 다시 주의를 돌리는 것이다. 이런 식으로, 이미 나타나고 있는 긍정적인 동맹에 악영향을 주거나, 혹은 치료자가 생각하기에는 가족이 메시지를 왜곡하고 있다고 말하지 않고(종종 되풀이되는 경험일 수 있는데, 치료자가 누군가와 합류하기 위한 단기계획이라고 생각한 것이 종결로 이르게 만들고, 따라서 주제에 대한 치료자의 마지막 말이 될 수도 있음을 기억하는 것이 아주 중요하다) 동맹 구축이 이루어질 수 있다.

다른 경우에서와 마찬가지로, 동맹 문제에 대해 직접적으로 논의해 보는 것도 대개는 도움이 된다. 치료자 입장에서의 호기심 많은 비판단적 태도가 유용하다. 예를 들어, 치료자는 지난 몇 번의 만남 동안 각 내담자의 동맹 정도가 어떠했는지를 검토하고, 무엇을 경험했는지, 그리고 그것에 대해 어떻게 했는지에 대해 호기심을 가질 수 있다. 무엇을 할 수 있는지에 대해 궁금해 할 수 있다. 내담자야말로 종종 치료자가 강력한 동맹을 형성하는 데 필요한 것을 알려줄 수 있는 제일 좋은 정보원이다.

자딘 가족은 17세의 톰이 마리화나 소지 혐의로 체포됨에 따라 치료에 참석하게 되었다. 지난 몇 번의 회기가 진행되는 동안, 동맹의 규모 검토와 회기 과정 진행을 통해 어머니인 잰은 처치에 아주 열심인 반면 아버지 론과 톰은 그렇지 않다는 것이 명백해졌다. 다음 회기에서 치료자는 가족이 처치를 받는 것이 얼마나 유용한지에 대한 토론을 시작했다. 론과 톰은 둘 다 그들이 유용하다고 생각하는 토론의 종류는 거의 없다고 말했는데, 그들은 회기들이 너무 "감정적인feeling" 언어로 가득 차 있다는 점을 내비쳤다. 따라서 치료자는 그 가족이 (부분적으로 잰에게는 그 회기에 참여하게 되는 이유인) 감정을 직면할 기본적인 욕구를 내치지 않으면서도, 문제를 해결하기 위한 실질적인 방식의 보다 "남성중심적인guy-centered" 토론으로 옮겨갔다. 그녀는 또한 지역 야구팀의 성패에 대한 짧은 대화로 매 회기를 시작했는데, 이것은 론과 톰이 아주 가깝게 따라올 수 있는 주제였다. 동맹 문제는 곧 해결되었고, 가족은 그들이 직면한 문제들에 대해 진정으로 협력할 수 있게 되었다.

적극적인 참여

가족치료에서의 동맹에 대한 연구를 통해 얻어진 매우 유용한 발견은 대개 정신건강 처치를 받지 않는 가족을 적극적으로 참여시키는 것과 관련된 가치이다. 적극적인 참여assertive engagement는 내담자와 협력하고 동맹을 맺으려는 적극적인 노력을 나타내는 것으로, 접수 전화, 첫 회기, 그리고 치료에서 조기에 떨어져 나감으로써 처치에 대한 양가감정을 자주 보이는 내담자에 대한 후속 대응을 수동적으로 처리하는 것과 대조되는 것이다. 적극적인 참여에 있어서, 치료자는 가족을 끌어들이기 위한 능동적인 전략을 개발한다. 종종, 자연스럽게 치료를 추구하지 않는 가족들에 대해서는 동맹을 맺기 위한 가정방문이 포함된다.

치료자는 누가 가장 동맹을 잘 맺을 수 있고, 치료에 내담자를 데려오는 데 있어 가장 힘이 있을 수 있는지를 탐색한다. 그래서 그 사람 또는 그 사람들과 치료 초기에 동맹을 구축하는 것이 아주 중요하다. 이 질문에 대한 답은 행동장애가 있는 아동기나 청소년기 자녀로 어려움을 겪는 가족에서 부모에게 해당될 가능성이 높다. 그러나 차포츠닉Szapocznik과 동료들이 이러한 적극적 참여 절차를 개발한 쿠바계 미국 가족(Mitrani, Prado, Feaster, Robinson-Batista, & Szapocznik, 2003; Santisteban & Szapocznik, 1994; Santisteban et al., 1996; Szapocznik et al., 1988) 내에서, 치료자들은 우선 이러한 가정에서 행동문제를 보이는 청소년이 특히 강력한 위치를 차지하고 있기 때문에 이들을 처치에 참여시키는 방식에 대하여 주로 전략을 세웠다. 차포츠닉의 연구는 이러한 가족에서 참여율이 보통의 수동적 접수 절차를 거쳤을 때는 약 20%였다가 적극적 참여 방법을 따르자 75%로 증가하는 것을 확인하였다. 여기서 얻을 수 있는 교훈은 커플·가족치료에서 전형적으로 취하는 전통적인 접수 절차는 종종 더 적극적인 참여 절차에 의해 보완되거나 대체되어야 한다는 것이다.

동맹을 구축하는 방법으로서의 개입

공통요인과 특정 처치요인은 종종 완전히 별개이고 구별되는 것으로 나타난다. 이것은 특정한 방법과 공통요인의 지지자가 그들의 주장을 뒷받침할 데이터를 누가 실제로 가지고 있는지를 놓고 다투는 흥미진진한 경주를 하는 상황으로 만들어 낸다. 우리는 공통요인이 특정한 처치보다 처치 성과에 훨씬 더 많은 기여한다는 것을 실제로 데이터가 압도적으로 보여준다고 믿지만(Norcross, 2002b), 정확히 말해서 체계 이론이 묘사하는 것과 마찬가지로(Bateson, 1972; Boszormeni-Nagy & Spark, 1973; Bowen, 1974; Straus, 1973), 이러한 공통요인과 특정요인이 체계적으로 서로 영향을 미치기 때문에, 온건한 공통요인 관점이 가장 이치에 맞다고 제안한다. 가족에게 이치에 맞는 좋은 개입은 도움이 되고 가족을 참여하게 만들며, 따라서 그러한 동맹이 더 나은 성과를 가져오듯이 더 나은 치료동맹으로 이어진다. 전형적으로, 그러한 개입이 효과적인 것으로 증명될 수 있는 많은 구체적인 경로가 있지만, 그 경로 중 하나를 취하는 것은 중요하다. 개입이 참여를 유발하지 못하거나 도움이 되는 것으로 경험되는 못하면, 동맹은 어려움을 겪게 되고 조기종결이 일어날 수 있다. 또한 어떠한 효과를 지속시키는 충분한 양의 처치를 전달하기 위해서는 강력한 치료동맹이 필요하다. 기간이 연장되더라도 내담자가 처치에 안 오거나 적극적으로 참여하지 않는다면 어떤 처치도 효과적일 수 없다.

치료동맹의 의미

치료동맹은 심리치료의 실천에 있어서 특별한 위치를 차지하고 있다. 처치 성과와 관련한 연구에서 다루어지는 모든 처치의 측면들 중에서, 치료동맹은 가장 많이 지지되고 또 가장 잘 지지되는 증거를 갖고 있다. 치료동맹의 개념은 커플·가족치료 담론에 다소 늦게 들어갔지만, 동맹은 이 커플·가족치료의 맥락에서 개인치료의 세계에서 만큼이나 중요하다는 것이 명백하다.

그러나 커플·가족치료에서의 동맹은 개인치료보다 훨씬 더 복잡하다. 치료자는 치료자와 내담자들과의 복수의 개별 동맹뿐만 아니라 그러한 동맹들의 상대적 강도, 치료자와 함께 작업하는 한 집단으로서의 그들과의 동맹, 그리고 심지어는 처치에서 그들 서로 간의 동맹에도 초점을 맞추어야 한다. 치료의 전 과정에 걸친 치료동맹의 구축과 유지는 항상 주목을 받아야 한다. 따라서 동맹에 대해 묻고, 동맹의 덜 직접적인 징후나 침식을 관찰하며, 동맹의 강도를 측정하기 위해 적극적으로 도구를 사용하는 것은 모두 성공적인 커플·가족치료에 필수적인 요소들이다. 치료동맹이 강할 때, 처치에서 능동적인 치료성분의 힘을 크게 끌어올릴 수 있다. 그것이 약할 때, 치료자가 가장 필수적으로 생각하는 변화전략을 전달할 수 있을 정도로 처치가 충분히 오래 지속되기가 힘들고, 그러한 전략이 내담자에게 받아들여지고 도움이 된다고 경험하는 경우가 훨씬 적다.

제8장
모델
모든 길은 로마로 통한다

관계치료의 모델은 거의 치료자 숫자만큼 많다. 이 모델들은 정말 각각 고유할까? 만약 그것들이 다르다면, 그 차이는 중요할까? 만약 그것들이 유사하다면, 그 유사성에 어떤 임상적 관련성이 있는가? 우리의 공통요인 접근에서 주요 원칙 중 하나는 여러 다른 모델이 동일한 고통을 받는distressed 관계과정과 건강한healthy 관계과정에 대해 이야기하기 위해 다른 언어를 사용하고, 한 체계가 고통distress에서 건강health으로 움직여 가도록 돕기 위해 언어적으로 다르지만 실용적으로 유사한 개입을 사용한다는 것이다. 바꾸어 말하면, 커플이나 가족과 함께 작업할 때 대부분의 관계모델은 유사한 개념적 위치에서 시작하여, 종종 언어적으로는 다르지만 실용적으로 유사한 개입 경로를 걸어 내려가, 같은 장소에 도착하는 경우가 많다. 일차적인 정서를 가지고 작업하는 정서중심 치료자(Johnson, 2004)와 부드러운 정서를 이끌어 내는 통합적 행동 커플치료자(Jacobson, Christensen, Prince, Cordova & Eldridge, 2000)는 둘 다 이러한 예를 구성한다.

다른 한편, 우리는 어떤 모델은 관계과정의 다른 측면들(예를 들어, 이야기치료가 인식을 강조하는 반면 정서중심치료는 정서를 강조한다)을 강조하거나, 그 모델 특유의 개입을 사용하지만, 커플이나 가족에게는 전체적으로 동일한 결과를 가져다준다고 믿는다. 즉, 동일한 지점에서 시작함에도 불구하고 때로는 모델이 동일한 목적지로 이끄는 서로 다른(때로는 교차하기도 하는) 경로를 취하기도 한다. 이것은 **동일종결성** equifinality이라는 체계론적 개념과 일치하는데, 그 개념은 유사한 결과가 다른 초기 조건으로부터 많은 다른 방식을 통해 체계 내에서 달성되는 경향을 말하는 것이다. 체계이론은 심지어 체계적인 치료체계에도 적용된다!

우리의 공통요인 접근의 또 다른 주요 원칙은 치료자가 어떤 모델에 반대하기보다는 몇 개의 다른 커플·가족치료 모델에 완전히 익숙해져 내담자가 치료자에 적응하기보다 치료자가 내담자에게 적응할 수 있는 것이 더 좋다는 것이다(Blow et al., 2007). 그렇게 되면, 공통 출발선(즉, 고통의 개념화), 취해지는 공통 경로(즉, 개입), 그리고 공통 결승선(즉, 건강의 개념화)에 대한 모델별 언어를 통해 다양한 커플·가족치료를 숙달하는 요령이 보이게 된다. 일단 치료자가 이것을 할 수 있게 되면, 그 치료자는 한 특정모델과 그 모델에 잘 반응할 커플이나 가족에 얽매이지 않게 된다. 오히려, 치료자는 여전히 동일한 관계과정에 초점을 맞추면서도, 내담자에게 가장 적합한 접근을 찾기 위해 여러 가지 다른 모델로부터 자유롭게 고르거나 선택할 수 있다.

따라서 우리는 여기서 어떻게 다른 모델이 건강과 역기능의 기저에 있는 동일한 체계적 과정을 개념화하고, 커플이나 가족이 역기능으로부터 건강으로 움직이도록 유사한 개입을 권고하게 되는, 이 장의 목적에 이르게 된다. 우리는 같은 목표를 열망하는 다른 뛰어난 작업, 특히 뛰어난 다틸리오와 베빌라쿠아Dattilio & Bevilacqua(2000), 그리고 다틸리오(1998)의 연구들을 이 장에 추가한다. 우리는 예시적인 일화로 시작한 다음, 모든 체계모델에 공통되는 요인인 상호작용 주기(Davis & Piercy, 2007b)와 같이 우리가 제3장에서 설명한 것을 논의한다. 상호작용 주기를 체계적인 배경으로 사용하여, 우리는 고통받는 상호작용 주기를 만들어 내고 유지시키는 공통적인 과정에 대한 모델별 설명을 제공한다. 그런 다음 우리는 동일한 관계모델을 사용하여, 상호작용 주기의 정서적, 행동적 및 인지적 측면을 바꾸려는 목표를 공유하는 다양한 모델별 개입에 대해 논의한다. 우리는 건강한 부부의 상호작용 주기에서 나타나는 공통적인 측면에 대한 토론으로 끝을 맺는다.

우리는 건강한 관계과정과 고통받는 관계과정, 공통적인 개입의 목록을 전부 다 제공하려는 것이 아니며, 또한 모든 커플·가족치료 모델을 다 논의하는 것도 아니다. 오히려 우리는 여기에 제시된 아이디어가 향후 실천, 훈련, 연구, 그리고 이 이슈에 대한 글쓰기를 위한 발판이 될 수 있기를 희망하면서 커플·가족치료 모델에 대한 새로운 사고방식을 제시하고자 한다.

30대 히스패닉계 중산층 부부인 루이스와 알리다는 "소통이 어렵다"라면서 치료에 참석하게 되었다. 그들의 치료자인 사라가 그들에게 자세히 설명해 달라고 부탁했을 때, 알리다는 루이스가 "새 아기가 하루 종일 그렇게 피곤하고 성미 까다롭게 굴지 않고 적당한 시간에 잠자리에 들도록" 도와주지 못하는 것에 좌절감을 표현했다. 루이스와 알리다는 막 갓난아기를 갖게 되었고, 가정주부인 알리다는 그 아기와 그들의 어린 자녀를 돌보는 것에 압도당하고 있었다. 그녀는 루이스가 매일 저녁 집에 돌아와 그녀를 도와주기를 고대했지만, 최근에 루이스는 점점 더 늦게 들어왔고, 집에 돌아오더라도 가족과 많은 시간을 보내고 싶어 하지 않았다. 대신, 그는 저녁을 먹고 설거지를 조금 도와준 다음, 새벽 5시까지 차고나 사무실로 사라지곤 했다. 알리다는 종종 밤에 잠에서 깨어 그가 침대에 있지 않다는 것을 깨닫고 상처받고 외로워하며 다시 울면서 잠을 청하곤 했다. 그녀는 그를 찾을 수 없을 때 그가 밤에 무엇을 하고 있는지에 대해 종종 알 수 없었기 때문에 그에 대한 신뢰를 잃어가고 있었다. 그녀는 또한 자기는 하루 종일 두 어린 아이의 요구에 시달리면서 보내는 동안 그는 "원하는 모든 것"을 하면서 그렇게 많은 시간을 보내는 것에 분개했다. 그녀는 점점 더 버림받는다고 느꼈고 루이스가 더 많이 관여하도록 노력하려고 그에게 점점 더 많은 요구를 하게 되었다. 그녀가 그에게 말을 걸 때마다 그것은 그로 하여금 무엇인가 다른 어떤 것을 시키려는 것이었다.

사라가 루이스에게 왜 그들이 치료를 받게 되었는지 설명해 달라고 부탁했을 때, 루이스는 그가 직장에서 많은 스트레스를 받고 있다고 말했다. 그는 자영업자였고, 그의 조경 회사는 최근 주택 시장의 침체로 어려움을 겪어왔다. 그의 직원과 고객은 점점 더 불안해하고 있었고, 그는 "사람들이 화내지 않게 하느라" 하루 종일을 보낸다고 말했다. 그는 자신이 "삶의 모든 면에서" 사람들을 실망시키는 것으로 보았고, 스트레스를 많이 받을수록 모든 것을 더 많이 피하고 싶어 했다. 가정은 너무 스트레스를 주었기 때문에, 그는 스트레스를 가중시키는 집으로 오고 싶지 않았다. 집에 돌아왔을 때, 그는 모든 사람이 잠자리에 들고 나서야 겨우 "평화와 고요함을 찾고 마침내 다른 사람을 행복하게 해야 하는 것에 대해 걱정하지 않을 수 있었다." 그러나 어쩔 수 없이 루이스가 늦게까지 깨어 있는 날이 많을수록 그는 더 피곤하고 비생산적이며 짜증스러워졌다. 그는 점점 더 무력해지고 걷잡을 수 없는 기분을 느끼고 있었다.

루이스와 알리다가 이 이슈와 다른 것을 둘러싼 그들의 상호작용을 설명함에 따라, 그들의 행동은 알리다가 좇아가고 루이스는 회피하는 전형적인 추적-철수 패턴pursue-withdraw pattern에 빠져들었다는 것이 사라에게는 분명해졌다. 알리다는 루이스가 "무책임하고 내 감정을 알아주지 않는다"라고 생각해 점점 더 좌절했고, 따라서 그녀는 그가 좀 더 일찍 집으로 돌아오도록 종용하는 반응을 보였던 것이다. 하지만 그것은 효과가 없었다. 그러자 그녀는 화가 나서 최근에 그를 "이기적인 얼간이" 그리고 "남편과 아버지로서 실패했다"고 비난을 퍼부었다. 그녀는 루이스에게 자신의 곤경을 이해시키지 못하는 것 같아 좌절감을 느꼈고, 눈물을 글썽이며 최근 루이스가 "자신을 되찾지" 못한다면 떠나겠다고 위협했다고 말했다.

한편, 루이스는 알리다의 실망을 그가 실패하고 있는 인생에서 또 하나의 실패 영역을 상기시키는 것으로 생각했다. 그녀가 "더 불만을 갖고 잔소리를 해댈수록" 그는 더 좌절하고 모자라는 것 같다고 느꼈고, "문제를 어떻게 해결해야 하나 궁리해 보거나" 혹은 단순히 관계를 회피하려는 시도로 더 물러서게 되었다. 그가 알리다에게 말을 거는 흔치 않은 경우에 보통 "그녀가 잔소리하는 것을 멈추게 하기 위해" 버럭 화를 내게 되었다. 알리다와 루이스는 둘 다 소외되고 사랑받지 못한다고 느꼈고, 자신의 파트너가 그들의 관계에 대해 신경 쓰지 않는다고 생각했으며, 그들이 좌절감을 느낀 파트너의 바로 그 자세를 더욱 악화시키는 방식으로 행동했다.

익숙하게 들리는가? 노래의 가사는 바뀔 수 있지만, 루이스와 알리다의 춤 이면에 있는 음악은 전 세계 수많은 치료자들의 사무실에서 매일 되풀이되고 있다. 루이스와 알리다가 곤경에서 벗어날 수 있도록 돕는 모델은 거의 그 모델을 구현하는 치료자 수만큼이나 많다. 우리는 공통요인의 렌즈를 통해 이러한 모델 중 몇 개를 루이스와 알리다에게 적용해 볼 것이다.

공통적인 고통받는 관계과정 및 처치 목표: 상호작용 주기와 패턴

이 규칙에는 명백한 예외(예: 물리적 폭력, 유기적 장애 등)가 있지만, 모든 체계적 접근에서의 산물은 체계 내의 상황에 대한 각 개인의 대응은 체계 내에 있는 다른 사람의 반응을 고려할 때 이해할 수 있다고 생각하는 것이다. 상호작용 주기interactional cycles는 한 파트너의 정서적 경험, 행동적 반응 및 인지가 다른 파트너의 정서적 경험, 행동적 반응, 인지에 영향을 주기도 하고 영향을 받기도 하면서 형성된다. 예를 들어, 루이스와 알리다의 상호작용 주기는 [그림 8-1]에 나타낸 것과 같이 감정, 행동, 그리고 인지와 관련된 추적-철수 패턴을 형성했다. 알리다의 추적은 루이스의 철수를 볼 때 이해할 수 있게 되고, 그 반대의 경우도 이해할 수 있게 된다. 그들의 관계에 대한 선형적 관점은 알리다를 지나치게 요구가 많은 아내로, 루이스를 배려하지 않는 남편으로 이름표를 붙이는 반면에, 체계론적 접근은 각 파트너가 그들이 알고 있는 한에서는 관계를 최선의 상태로 만들기 위해 노력하고 있으며, 그들이 관계문제에 대해 시도한 해결책이 실제로 문제라는 주장을 펼친다. 변화를 이끌어내기 위해, 모든 체계모델은 그렇게 하는 것이 상호작용 주기에 있는 다른 사람에게서 유사한 변화를 이끌어낼 것이라고 가정하여, 상호작용 주기에서 적어도 한 참가자의 감정, 행동 그리고/또는 인지를 바꾸는 것에 초점을 맞춘다.

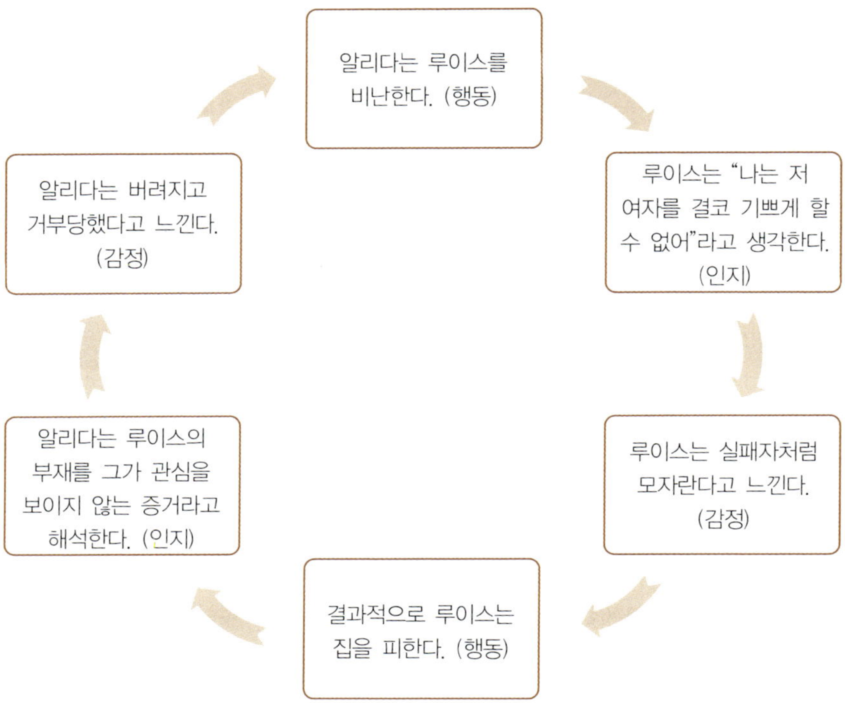

그림 8-1 루이스와 알리다의 고통받는 상호작용 주기

두 사람 사이의 상호작용 주기는 최소한 6개의 가능한 개입 지점을 제공한다. 즉, 다른 파트너의 행동, 의도 등에 대한 각 파트너의 해석,

각 파트너의 행동, 그리고 각 파트너가 경험하는 정서이다([그림 8-1] 참조). 예를 들어, 루이스는 그가 알리다를 결코 만족시킬 수 없다고 생각하고(인지), 모자란다고 느끼며(정서), 결과적으로 집을 피한다(행동). 이에 대해, 알리다는 루이스가 배려가 없다고 생각하고(인지), 버림받고 거부당했다고 느끼고(정서), 결과적으로 루이스를 비판한다(행동). 이 여섯 가지의 각 요소가 다른 것을 지속시킨다. 마찬가지로, 알리다와 루이스가 그들의 문제와 관련된 것으로 보는 이 여섯 가지 요소 중 어느 하나에서든 변화가 일어나면, 그것은 다른 요소의 변화를 촉발시킬 가능성이 높다. 즉, 올바르게 조정된다면, 그 주기는 파괴에서 치유로 옮겨가기 시작할 것이다. 예를 들어, 루이스가 알리다를 두려워하고 있고 외롭다고 보고 경험한다면, 그녀가 잔소리를 하고 있다고 생각하기보다 그녀를 더 친절하게 대할 것이다. 그녀는 결국 그가 스트레스를 많이 받는 상황에서 그를 더 지지할 수도 있는데, 그렇게 되면 이것은 그가 그녀를 더 많이 지지할 기회를 증가시킬 것이다. 따라서, 상호작용 주기를 파괴적인 것에서 치유적인 것으로 전환하려는 노력으로, 체계론적 처치는 다음 목표 중 하나 이상을 공유한다(Sprenkle & Blow, 2004a): (1) 각 파트너가 상대방의 행동을 다르게 해석할 수 있도록 돕기(즉, 인지의 변화), (2) 각 파트너가 문제를 악화시키기보다 개선시키는 방식으로 행동할 수 있도록 돕기(즉, 행동의 변화), 그리고 (3) 각자가 자신과 파트너에 대해 다르게 느끼도록 돕기(즉, 정서의 변화). 건강한 상호작용 주기의 예는 [그림 8-2]를 참조하라.

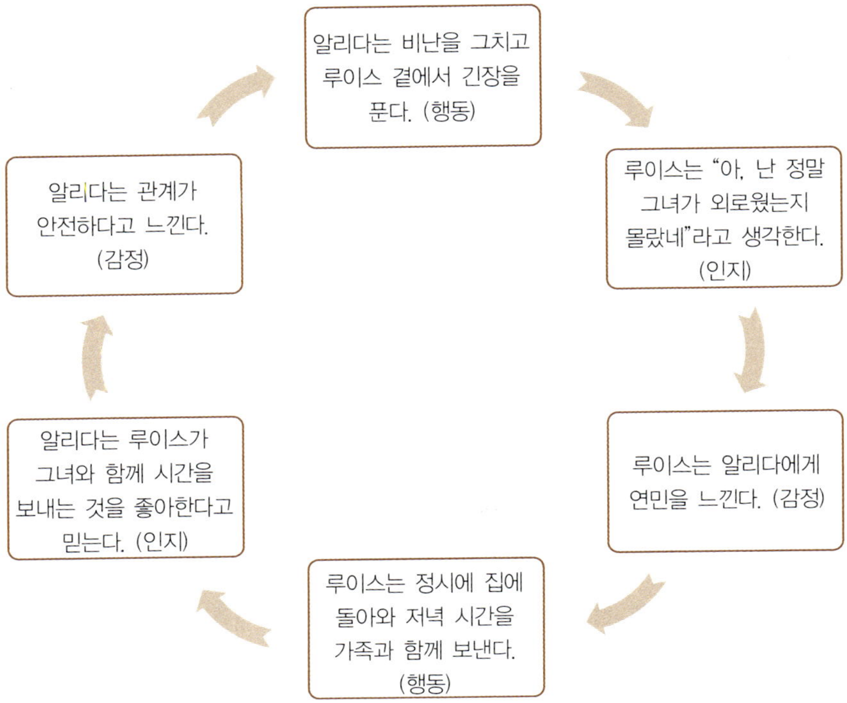

그림 8-2 루이스와 알리다의 건강한 상호작용 주기

그러나 체계모델은 부분적으로는, 상호작용 주기로부터 각각 체계 개념적 경계를 언어적으로 달리 부르면서 돌진해 가고, 또 각각 독특한 영역을 주장하는 쪽으로 나아가는 것으로 보인다. 그렇기 때문에, 우리가 그들 모두가 결국 같은 장소에서 살게 된다고 주장할 때, 우리의 공통요인 접근에 저항이 있다는 것이 놀랄 만한 일은 아닌 것이다! 발견될 새로운 체계적 영토는 그렇게 많지 않다.

공통적인 고통을 받는 관계과정에 대한 모델별 개념화

공통 출발선: 파트너를 통제하려는 시도

커플치료에는 다른 여러 개의 공통적인 출발선이 있다; 우리는 우리의 사고방식을 설명하기 위해 이 시작점 중 하나를 검토할 것이다. 끊임없이 고통받는 상호작용 주기에 갇혀 있는 커플은 종종 서로를 통제하기 위해 많은 시간을 보낸다(Davis & Piercy, 2007b). 커플은 처음에 매력적이었던 파트너의 속성(또는 전혀 주목받지 못하던 속성)에 짜증이 나서, 서로 바꾸려고 하다가 말다툼에 휘말리게 된다. 알리다도 처음에는 어려운 상황에서 다른 사람을 진정시키는 루이스의 능력에 끌렸다. 그녀는 사람들이 항상 서로에게 소리를 지르는 가정에서 자랐고, 항상 경계심을 가져야 했기 때문에, 루이스의 느긋하고 무뚝뚝한 태도에 매력을 느꼈다. 반면 루이스는 알리다의 원기 왕성함을 좋아했다. 그는 명백한 분노를 보여주기보다 미묘한 비언어적 위협과 은밀한 동맹을 통해 규칙이 더 많이 시행되었던 가족에서의 평화유지군이었다. 그의 일부는 무언의 보복 없이 자유롭게 자신을 표현하기를 원했고, 그는 알리다의 솔직함이 그에게 그렇게 하도록 허락했다고 생각했다.

그런데, 몇 년 동안의 결혼생활을 한 후, 그들을 서로 끌어당겼던 특성은 점차 그들이 경멸하는 특성이 되었다. 알리다의 원기왕성함은 루이스에게 잔소리를 하는 경향으로 변했다. 또한 루이스의 극기적인 태도는 알리다에게 어려운 대화에서 손을 떼려는 성향으로 바뀌었다. 서로를 통제하려는 상호의 노력이 그들이 경멸하는 속성 중 더 많은 부분을 야기하면서, 그들은 결혼생활을 계속하려면 비참한 관계에 자신을 내맡기는 것만이 유일한 선택이라고 점차 믿기 시작했다.

언어적으로 다른 경로들: 모델별 개념화

대부분의 모델은 통제하는 것을 줄이고 차이점을 더 수용하도록 돕는다는 목표를 공유하지만, **왜** 통제하는 경향이 존재하는가에 대한 개념화(혹은 "왜"라고 대답하는 것이 중요하다면)는 매우 다양하다. 주기의 존재에 대한 이론적 설명을 이해하는 것이 중요한데, 그 이해가 이후에 취해질 개입에 대한 일관된 근거를 제공하기 때문이다. 우리는 다양한 모델 간의 공통적인 개입을 설명하기 위해 철학적으로 전혀 다른 세 가지 커플치료 모델을 의도적으로 선택하였다.

대상관계치료

대상관계이론은 정신분석학에 그 토대를 두고 있다(Scharff & Scharff, 1987). 대상관계 치료자는 루이스와 알리다가 분리된 대상을 적절히 통합하지 못했기 때문에 서로의 고유성을 받아들이는 데 어려움을 겪는다고 말할 수 있다(Middleberg, 2001). 루이스는 어렸을 때, 부모님과의 상호작용을 통해 분노는 나쁜 것이라고 배웠을지도 모른다. 화를 낸 사람은 모두 나쁜 사람이었고, 화를 내지 않은 사람은 모두 좋은 사람이었다. 루이스는 분노에 대해 "분열split"되었다. 그러므로 그가 성인으로서 분노를 경험할 때, 그는 자신의 화가 난 느낌들을 무시하고, 투사적 동일시를 통해 그 느낌을 파트너에게 투사함으로써 자기 자신을 보호하게 된다. 그는 화가 나지 않았는데 그녀가 화가 났기 때문에, 그녀가 "문제 있는all-bad" 사람이 되고 자기는 "괜찮은all-good" 사람이 되도록 그녀를 화내도록 미묘하게 행동함으로써 말이다. 알리다가 원가족에서 얻은 분노에 대한 취약성 때문에 그녀는 루이스의 투사적 동일시 projective identification 대상으로서 후보가 되었는데, 이것이 그가 그녀에게 끌린 이유의 큰 부분이었고, 구체적으로 이것은 그녀가 그의 손상된 자아감을 유지시키게 허용해 준 것이었다.

알리다도 노골적으로 화를 내는 원가족 경험으로 인한 약점으로 분열되었을 수 있다. 그녀는 자신을 옹호하지 않거나 조용하게 협상하고 싶어 하는 사람을 약자로 볼 수 있다. 자신의 "약한" 부분이 그녀의 원가족에서 지속적으로 수치스러웠기 때문에, 루이스에 대해 위에서 설명한 것처럼 그녀는 자신의 약점을 인정하지 않았고 따라서 유사한 패턴으로 루이스가 그녀에 대해 그런 특성을 가진 것으로 우회시킨다.

따라서 대상관계이론은 루이스와 알리다가 자기와 타인에 대한 그들 자신의 내적 표상internal representation을 잘 개발하지 못해 서로의 차이를 허용하지 못한다고 말할 것이다. 상대방의 차이점을 받아들이기 위해서, 그들은 먼저 자신들은 그것을 소유하고 있지 않고 그들의 파트너가 지니고 있다고 생각하는 자기의 모습을 인정해야 할 것이다. 그들이 좋아하지 않는 것은 **그들 파트너**의 분노나 약함이 아니다. 그것은 그들이 좋아하지 않는 **그들 자신의** 분노나 약함인 것이다. 즉, 그들은 분노와 약함, 그리고 화난 사람이나 약한 사람이 괜찮거나 문제 있는 것이 아님을 알게 될 때까지 그들의 파트너가 자신의 인정하지 못하는 측면을 지니고 있을 것을 계속해서 요구할 것이다. 각 파트너가 자신의 분노와 약함을 스스로 책임질 때까지 그들은 끊임없이 자신의 파트너를 변화시키려고 노력할 것이다.

정서중심치료

정서중심치료는 애착이론에 토대를 두고 있다(Bowlby, 1988). 정서중심 치료자는 루이스와 알리다가 불안정 애착 insecure attachment을 가지고 있어서, 파트너가 자신의 정서적 욕구를 안전하게 표현할 수 있는 안전기지secure base를 조성할 것이라고 믿기 어렵다고 말한다. 한 사람의 애착양식(불안정 애착에도 여러 종류가 있기는 하지만, 여기서는 일반적으로 안정 애착secure attachment이나 불안정 애착으로 언급되는)은 양육자와의 초기 상호작용으로부터 발달된다. 태어날 때부터 어른이 될 때까지, 한 사람은 "필요할 때 타인들이 있어주고 반응을 해줄 수 있다는 것을 내가 어느 정도까지 기대할 수 있을까?"라는 질문을 계속해서 하게 된다. 안정적으로 애착이 이루어진 사람은 일반적으로 자신의 정서적 욕구를 충족시키기 위해 타인에게 의지할 수 있고, 결과적으로 자신의 욕구가 정당하다는 것을 일찍부터 배운다. 반대로, 불안정한 애착을 가진 사람은 자신의 정서적 욕구를 충족시키기 위해 타인에게 의지할 수 없다는 것을 일찍부터 배운다. 그러한 욕구를 반복적으로 묵살 당하거나 거절당함으로써, 그 사람은 그러한 욕구가 타당하지 않으며, 타인에게 그 욕구를 표현하는 것은 고통스러운 거절을 불러올 위험이 크다고 믿게 된다.

사람들은 그들의 애착양식을 확증하는 방식으로 사건을 해석한다. 따라서 불안정한 애착을 가진 사람은 파트너의 차이를 그 파트너가 자신을 충분히 사랑하지 않는 증거로 볼 수 있고, 그리하여 행동을 통제함으로써 그러한 차이를 없애려고 할 것이다. 그럼에도 불구하고, 대부분의 사람은 배우자와 같은 중요한 애착인물significant attachment figures

과 연결되기를 원한다. 하지만, 그 파트너가 불안정하게 애착되었을 경우, 그 사람은 친밀성을 추구하는 동시에 두려워하기도 하는 상호작용 주기가 형성될 것이다. 정서중심 치료자는 정서가 이러한 애착욕구의 가장 강력한 신호이며, 안전한 정서적 경험을 추구하는 동시에 두려워하는 사람은 슬픔과 공포와 같은 더 부드러운 1차적 정서를 느낄수록 분노와 같은 가혹하고, 거리를 두는 2차적 정서를 보여줄 것이라고 믿고 있다. 그러나 슬프게도, 2차적인 정서의 표현은 파트너가 반응하게 되는 상호작용 주기를 설정하여, 자기가 바라는 정서적 친밀성을 결코 얻지 못하게 만든다(Johnson, 2004).

해결중심치료

해결중심 치료자는 대상관계 치료자나 정서중심 치료자와는 달리 루이스와 알리다의 고통스러운 상호작용 주기에서 통제하려는 시도가 수행하는 역할을 설명할 수 있는 역사적 사건에 대해서는 관심을 두지 않을 것이다(de Shazer, 1988). 즉, "왜"는 중요하지 않다! 치료자가 아니라 내담자가 자신의 삶에 대한 전문가이다. 비록 치료자와 부부가 "왜"라는 것에 동의했더라도, 첫째로는 그것이 **진짜** 이유라는 것을 알 방법이 없고, 둘째로, "그래서 어쨌다는 것이냐!"라는 입장을 취한다. 문제는 여전히 거기에 있으며, 현재에 이르러 처리해야 할 필요가 있다. 그들이 이 문제를 성공적으로 처리했던 과거의 시간을 알아차리도록 도와주고, 그때에 자신이 했던 것을 똑같이 해보도록 격려함으로써, 루이스와 알리다가 잘 활용하지 않았던 자신의 강점을 거론하는 것이 그 입장을 가장 잘 행하는 것이다. 그렇다면, "문제problem"는 루이스와 알리다가 자신의 강점을 보지 못하고 있고, 난장판에서 헤어나기 위해 자신들의 자원을 활용하지 못하고 있다는 것이다. 해결중심 치료자는 무엇이 잘못되었는지에 대한 장황한 역사적 설명은 그들의 단점을 증폭시킴으로써 실제로 그 커플을 더욱 무력하게 만드는, 도움이 되지 않는 설명으로 볼 것이다.

언어적으로 다르지만 실용적으로 비슷한 경로들: 모델별 개입

파트너를 통제하려는 시도의 배후에 있는 "이유why"(혹은 "왜"가 중요한지 아닌지)를 이해하는 것 외에, "어떻게how" 혹은 내담자가 고통받는 것에서 건강으로 진전해 가도록 돕는 데 사용되는 개입을 이해하는 것이 또한 중요하다. 비록 이론별 개념화에서 흘러나오는 개입은 다르게 들리기도 하고, 경우에 따라서는 **다르기도** 하지만, 그것은 각 파트너가 자기 파트너의 차이를 덜 통제하고 더 수용하도록 돕는 동일한 목표를 공유하고 있다. 더욱이, 이러한 개입은 행동을 변화시키고, 인지를 바꾸며, 내담자로 하여금 정서를 다르게 경험하게 함으로써 상호작용 주기를 바꾸려는 노력에서 흔히 겹치는 점이 많다.

어떤 모델은 다른 모델보다 상호작용 주기의 한 측면에 더 초점을 맞춘다(예: 정서중심치료는 정서적 측면에 더 초점을 맞추는 반면, 해결중심치료는 인지적 측면과 행동적 측면에 더 초점을 맞출 것이다). 모델이 치료자를 주기의 어느 측면에 지향시키는지는 내담자와 치료자에게 의미 있는 어떤 체계적인 방법으로 주기에 초점을 맞춘다는 사실만큼 중요하지는 않은 것 같다(Davis & Piercy, 2007b). 더욱이 인지, 감정, 그리고 행동에서의 다양한 변화들 사이의 구분은 최소한 부분적으로는 인위적일 가능성이 있다. 예를 들어, 정서중심치료 내담자가 자신의 파트너가 자신을 취약성의 입장에서 표현하는 것을 듣고 반응하게 된다면, 인지와 행동은 정서만큼 변하지 않았다고 말할 수 있을까? 파트너의 행동 뒤에 숨겨진 동기를 다르게 해석하게 되고 결과적으로 상대방에게 다르게 느끼게 되고 더 친절하게 대하기 시작하는 대상관계치료 내담자에게도 같은 말을 할 수 있을 것이다.

정서, 행동, 인지의 변화 중 어느 것이 먼저 오는지 여부는 활발한 이론적 논쟁을 일으키지만, 그것은 내담자 선호에 접근을 맞추게 되면 사라지는 이론적 뉘앙스의 문제가 될 가능성이 높다.

유사한 개입: 행동 바꾸기

해결중심 치료자는 전반적인 분위기가 문제보다는 해결책에 초점을 맞추는 해결중심 토론과 같은 개입(Furman & Ahola, 1994)을 통해 알리다와 루이스가 덜 통제하는 방식으로 행동하도록 도울 수 있다. 루이스와 알리다에게 자신의 강점에 초점을 맞춤으로써 행동을 변화시키도록 권유함에 따라 이러한 분위기를 이끌어내는 질문에는 "다음에 문제가 제기될 때 무엇인가 다르게 행동한다면, 어떻게 하시겠어요?"와 같은 내용들이 포함된다(Furman & Ahola, 1994, pp. 54-55). **공식 첫 번째 회기 과제**formula first session task(de Shazer, 1985)와 같은 다른 개입도 내담자가 더 건강한 행동을 탐색하는 데 도움이 된다. 이 개입에서, 루이스와 알리다에게는 첫 번째와 두 번째 회기 사이에 그들이 계속 일어나기를 원하는 가족 내의 일을 지켜보도록 권장될 것이다. 예를 들어, 루이스는 그가 제 시간에 집에 돌아오는지 시간에 주목할 수 있고, 알리다도 평소 같으면 화를 냈을 종류의 시간을 알아차릴 수 있다. 그들은 그러한 상황을 반복하도록 격려 받을 것이다.

대상관계이론에서, 루이스와 알리다는 지속적인 변화가 일어나기 전에 그들의 문제에 대한 통찰력을 얻어야 한다. 따라서 대부분의 개입은 통제하는 행동에 대한 인지적 통찰력을 높이기 위한 것이다(나중에 논의될 것이다). 그러나 일단 그러한 통찰력이 얻어지면, 루이스와 알리다에게는 그 새로운 통찰력을 서로에게 관련되는 새로운 행동패턴으로 실행해 내도록 권장될 것이다(Scharff & Bagnini, 2002). 루이스는 수동-공격적 의사소통보다는 적극적 의사소통을 통해 분노를 표출하도록 장려되는 한편, 알리다도 자신이 부족하거나 무능력하다고 느낄 때 더 많은 도움을 요청하도록 격려될 수 있다.

정서중심치료는 경험적 모델experiential model이기 때문에, 루이스와 알리다가 다르게 상호작용 하게 하는 것은 처치의 결정적인 요소이다. 사실상, 정서중심치료 개입의 핵심은 **상호작용을 재구조화시키는 것**restructuring interactions이다. 이것은 흔히 **실연**enactment을 사용해서 이루어지는데, 치료자는 한 파트너에게 "그에게 말하실 수 있으세요? '나'는 당신이 집에 늦게 올 때, 당신이 나와 함께 있고 싶지 않은 것인지 두려워. 그래서 나는 당신 말을 들으려고 하지 않는 거야. 나는 당신이 나를 다시는 망치지 못하도록 할 거라고." 또는 "당신이 모자라는 것 같이 느낀다고 말한 것은 이번이 처음이에요. 그녀에게 그 모자라는 것에 대해 말할 수 있겠어요?"와 같은 말을 하도록 시킬 것이다(Johnson & Denton, 2002, p. 35에서 발췌). 실연은 새로운 행동적 상호작용 패턴을 굳히는 것뿐만 아니라 내적 정서를 경험하는 새로운 방식을 도입하는 것으로 생각된다. 실연의 맥락에서, 치료자는 루이스로 하여금 담쌓기stonewalling보다는 자신이 모자라는 것 같다는 느낌을 알리다에게 보여주도록 권장하는 한편, 알리다에게는 버려짐에 대한 두려움을 루이스에게 보여주도록 권장할 수 있다. 두 가지 개입을 추진시키는 가정은 그렇게 하는 것이 상대방으로부터 "좀 더 완화된" 반응을 불러일으킬 것이고, 따라서 치유적인 상호작용 주기를 움직일 수 있게 된다는 것이다.

어떤 개입이 사용되었든 간에, 대부분의 체계모델의 가정은 사람들이 서로 다르게 **행동한다면**, 그들이 서로에 대해 **생각하고 느끼는** 방식 또한 변화한다는 것이다.

유사한 개입: 인지 바꾸기

해결중심 치료자는 알리다와 루이스가 그들의 상호작용 주기의 인지적 측면을 바꾸도록 돕기 위해 많은 개입을 사용한다. 치료자는 **예외질문**exception question(de Shazer, 1988)을 사용하여, 루이스와 알리다로 하여금 그 문제가 문제되지 않았던 과거의 어떤 시간을 찾아보도록 권장한다. 루이스가 제시간에 집에 돌아왔을 때, 아니면 그가 신경 쓰고 있다는 것을 보여준 적이 있는가? 알리다가 루이스가 그녀 곁에 있고 싶어 하도록 만드는 방식으로 알리다가 루이스에게 접근한 경우가 있는가? 위에서 언급했던 행동적 효과 외에도, 예외질문은 내담자로 하여금 그들의 파트너가 **항상** 어떤 식이라는 생각에서 벗어나, 잠재적으로 파트너를 좀 더 부드러운 시각으로 보기위한 인지 공간을 열어주도록 돕는다. 해결중심 치료자는 또한 **척도질문**scaling question을 사용해서 인지를 강조할 수 있다. 예를 들어, 루이스와 알리다는 그들의 현재 상황을 나타내는 1에서 10 사이의 숫자를 찾도록 요청받을 것이다. 만약 그들이 3을 골랐고 더 높은 숫자가 그들이 원하는 곳을 가리킨다면, 치료자는 "당신이 5라면 어떻게 다르게 생각을 했을까요?"라고 물을 것이다. 그러고 나서 루이스와 알리다는 그들이 "5"라면 생각했을 것들을 생각하도록 격려받을 것이다. 행동과 감정과 관련된 문제에 대해서도 똑같은 과정이 반복될 수 있다.

대상관계 치료자는 상호작용 주기에 기여하는 **무의식적 갈등에 대한 통찰력을 제공함**으로써 인지적 개입에 크게 의존한다. 예를 들어, 어떤 대상관계 치료자는 알리다에게 "당신은 원가족에서의 상처를 보여주는 것이 수치스럽고 굴욕감을 주기 때문에 당신의 약한 부분을 기피하게 되었네요."라고 말할 수 있다(Middleberg, 2001, p. 350). 혹은 치료자는 루이스에게 "나는 당신이 자신을 화가 난 사람으로 생각하는 것이 너무나 고통스러울 것이기 때문에 당신이 그 분노를 가지고 있는 것보다 알리다에게 당신의 분노를 갖고 있게 만드는 것이 더 쉬운 것인지가 궁금하네요."라고 말할 수 있다. 이러한 새로운 통찰은 루이스와 알리다가 주기에서 자신의 역할을 다르게 보게 함으로써 파트너보다는 **그들** 각자가 변화해야 할 필요가 있다는 것을 이해시키는 것을 목표로 한다. 루이스와 알리다가 그들의 무의식적 동기에 대한 통찰력을 얻게 하는 것은 그들의 문제에 대해 서로를 비난하는 것으로부터 그들을 자유롭게 하고 새로운 행동에 대한 헤아릴 수 없는 탐색의 길을 열어준다.

정서중심 치료자는 또한 부부의 인지를 재구조화하기 위한 몇 가지 다른 개입을 사용한다. **공감적 추측**empathic conjecture이나 **해석**interpretation은 대상관계치료에서의 해석과 형태가 유사하다. 이러한 개입에서, 정서중심 치료자는 "당신은 누군가가 당신의 이 부분을 아는데도, 여전히 당신을 받아들일 수 있다고 생각하지 않는군요. 그런가요? 그럼, 숨는 수밖에 없다는 건가요?"와 같이 말할 수 있다(Johnson & Denton, 2002, p. 235). 이 개입의 목적은 "특히 상호작용적인 입장과 자아에 대한 정의에 관하여 새로운 의미를 명확히 하고 공식화하는 것"(p. 235)이다. 즉, 그 목적은 상호작용 주기를 바꾸려는 희망으로 인지를 변화시키는 것이다.

이러한 모든 인지적 개입들의 뒤에 있는 가정은 만일 루이스와 알리다가 서로를 다르게 **지각**할 수 있다면, 서로에 대한 **행동**과 **느낌**도 변화할 것이고, 따라서 치유적인 상호작용 주기를 움직여갈 수 있다는 것이다.

유사한 개입: 정서 다르게 경험하게 하기

해결중심치료에서 정서의 역할은 논쟁의 대상이 되어 왔는데, 어떤 사람은 전통적인 해결중심치료가 너무 인지적이고 메마르다고 말하는 반면(Kiser, Piercy, & Lipchik, 1993; Piercy & Lipchik, 2000), 다른 사람은 이것에 동의하지 않는다(Miller & de Shazer, 2000). 어느 쪽이 옳든 간에, 해결중심치료가 내재적으로 정서 처리를 막는 것은 아니다. 카이저Kiser와 동료들(1993)은 해결중심의 감정 처리는 긍정적인 정서로 초점을 옮기기 위해 **부정적인 정서에 합류**함으로써 이루어질 수 있다고 제안한다. 예를 들어, 치료자는 루이스와 알리다에게 이렇게 말할 수 있다. "상황이 더 나빠진 것처럼 보여요. 아직 더 바닥을 쳐야 한다고 생각하세요? 최악의 상황은 어떨 거라고 상상하세요?"(Lipchik, 1988, p. 136). 내담자는 종종 아직 상황이 그렇게 나쁘지 않다고 말하곤 하는데, 이것은 해결중심 치료자와 함께 작업하는 데 뭔가 긍정적인 것을 제공한다. 카이저 등(1993)은 또한 **기적질문**miracle question(de Shazer, 1988)이 행동 그리고/또는 인지에 부가해서 정서에 초점을 맞추도록 변경될 수 있다는 점에 주목한다. 기적질문에서, 루이스와 알리다는 간밤에 기적이 일어나서 그들의 문제가 말끔히 사라지는 삶을 상상하도록 요청 받는다. 느낌에 집중하기 위해서, 이 질문은 다음과 같이 주어질 수 있다. "당신이 잠든 어느 날 밤, 기적이 일어났고 이 문제가 해결되었다고 가정합시다. 당신은 그것을 어떻게 알 수 있을까요? 다르게 느껴질까요? 남편/아내에게 당신이 이런 식으로 느끼고 있다는 것을 어떻게 알릴 수 있을까요?"(Kiser et al., 1993, p. 236). 이 질문은 루이스와 알리다 사이의 다른 정서적 경험을 위한 공간을 열어 줄지도 모른다.

정서의 역할은 특히 **전이**transference와 **역전이**coutertransference와 관련해서, 대상관계치료의 중심이 된다. 전이란 치료자에 대해 루이스와 알리다가 공유하는 느낌을 말한다. 커플의 전이는 역전이, 즉 치료자로부터의 정서, 행동, 그리고 생각을 이끌어낸다. 그렇게 되면, 치료자의 역전이는 루이스와 알리다의 무의식에 관한 자료의 원천source으로 이용되는데, 치료자의 정서적 역전이에 특별한 비중을 부여한 채로 말이다. 그 이유는 "[치료자]에게서 일어난 정서emotion가 흔히 그 [치료자]의 추론reasoning보다 문제의 핵심에 더 가깝기" 때문이다(Heimann, 1950, p. 82). 이러한 정서적 역전이는 내담자에게 주요한 대상관계적 개입 중 하나인 통찰력을 제공하는 주된 원천이 된다. 예를 들어, 치료자는 루이스에게 "가족을 돌보는 능력이 부족하다고 느낄 때, 그것은 어렸을 적 아버지가 당신 스스로 무언가를 노력한 것에 대해 비난했을 때 느꼈던 기분을 불러일으키는지" 물을 수 있다(Middleberg, 2001에서 발췌). 그러면 루이스는 알리다와 이슈가 있다기보다는 아버지와 이슈가 있었다는 것을 자유롭게 깨닫게 될 것이고, 그 다음에는 그런 이슈를 어떻게 할지 선택할 수 있을 것이다.

놀랄 것도 없이, 정서중심 치료자는 주로 정서에 초점을 맞춘다! 정서중심적 개입의 대부분은 루이스와 알리다가 그들의 파트너로부터 같은 것을 이끌어내는 경향이 있는, 파트너에 대한 1차적(2차적이라기보다는) 정서에 접근하고 확인하고 표현하도록 해서, 그들의 상호작용 주기가 치유적인 방향으로 움직여 가게 한다. **환기반응**evocative responding은 내담자가 이전에 탐색되지 않았던 정서적 경험의 측면을 확장하도록 돕는다. 정서중심 치료자는 이렇게 말할 수 있다: "알리다, 당신은 루이스가 늦게 잠자리에 든다고 말할 때, 목소리가 약간 낮아지고 고개를 떨어뜨리시네요. 그 순간에 당신에게 무슨 일이 일어난 거죠?"(Johnson & Denton, 2002에서 발췌). 상호작용 주기와 애착과정의 맥락에서 정서과정을 **재정의**하는 것도 유사한 목적을 제공한다. 정서중심 치료자는 이렇게 말할 수도 있다. "루이스, 당신은 그녀를 실망시킬까봐 두렵고, 그것을 확인하는 그녀의 실망감을 참을 수 없어서, 멀리 떨어져 있었네요, 맞나요?" 이것은 알리다가 루이스의 철수 뒤에 있 "좀 더 완화된" 동기를 볼 수 있게 해주고, 따라서 알리다가 루이스와 함께 약해지는 것이 더 안전하다고 느끼게 해준다.

사용되는 모델별 개입에 상관없이, 대부분의 체계모델은 보다 건강한 상호작용 주기가 다시 시작되기를 바라면서 커플이 정서를 확인하고 이해하고 재처리할 수 있게 하는 데 초점을 맞추고 있다. 루이스와 알리다의 경우, 의도는 추적하고 철수함으로써 그들이 좋아하지 않는 파트너의 측면을 변화시키려 하는 것을 멈추게 하는 것이다.

공통 결승선: 파트너의 차이점을 감사하기

앞에서 언급했듯이, 대부분의 관계모델은 내담자가 비슷한 지점에서 끝내도록 돕는다. 우리는 여기서 하나의 가능한 공통 결승선을 제공한다. 이 예에서, 대부분의 관계모델은 파트너가 자신의 파트너를 통제하려는 시도를 포기하고, 대신 파트너의 차이를 받아들이고 즐기게 됨에 따라, 부정적인 상호작용 주기가 변해가고 관계가 좋아질 것이라는 믿음을 공유한다. 어떤 연구자는 파트너의 기이한 행동을 없애야 할 골치 아픈 습관으로보다는 즐길 만한 사랑스러운 덕성으로 보는 능력이 성숙한 결혼의 주요 특징이라고 제안했다(Markman, Stanley, & Blumberg, 1996). 가트먼Gottman과 실버Silver(1999)도 마찬가지로 모든 결혼은 해결할 수 없는 문제가 있다고 지적한다. 그 문제들은 결혼이 존재하는 한 오랫동안 지속될 이슈이다. 또한 그들은 성공적인 결혼이란 아마도 상대 파트너에게 문제를 사라지게 하는 방식으로 변화하기를 지속적으로 기대하기보다는 파트너들이 그 문제에 대해 소통하는 생산적인 방식을 배우는 결혼일 것이라고 말한다.

다시, 다른 모델은 이 변화에 대해 다른 방식으로 말한다. 정서중심 치료자(Johnson, 2004)는 커플이 보다 안정된 애착을 키우면 더 이상 파트너의 차이를 관계 안에서 서로의 안전에 대한 위협으로 지각하지 않는다고 말할 것이다. 대상관계 치료자(Scharff & Scharff, 1987)는 커플이 분열된 대상을 더 완전한 자기로 통합하게 되면 파트너의 차이를 자신의 자기에 대한 위협으로 지각하지 않는다고 말할 것이다. 해결중심 치료자(de Shazer, 1988)는 무엇이 일어났는지에 복잡하게 설명하려 하지 않을 것이다. 오로지 커플이 간과되어 왔던 강점을 재발견함으로써 목표를 달성할 수 있는 역량이 있다고만 말할 것이다. 인지행동 치료자(Dattilio & Epstein, 2003)는 파트너가 더 적응적인 관계도식을 가지고 있고, 그 결과 문제가 되는 이슈에 대한 상호작용이 이제는 처벌하기보다 더 보상적이라고 말할 것이다. 이야기 치료자(White & Epston, 1990)는 그들이 자신과 파트너에 대한 더 개방적이고 덜 제한적인 이야기를 채택했다고 말할 것이다. 보웬 치료자(Kerr & Bowen, 1988)는 차이에 대한 관용의 증가는 더 높은 분화를 반영한다고 말할 것이다. 그 목록은 계속 이어질 수 있다. 요점은, 대부분의 체계모델은 커플과 가족이 그 구성원을 통제하고 제한하는 것으로부터 자율성을 키우는 쪽으로 정서적인 분위기를 바꾸어 가도록 노력한다는 것이다.

고통받는 관계와 건강한 관계의 추가적인 공통과정

상호작용 주기의 체계 개념을 배경으로 하여, 우리는 어떻게 다양한 모델이 고통받는 커플의 공통 과정을 개념화하고, 감정, 행동, 인지에 초점을 맞춤으로써 그 과정을 완화시키기 위해 중복되면서도 구분되는 개입을 활용해 마침내 그 커플들을 유사한 목적으로 이끌어내는지를 보여주는 하나의 예를 제공했다. 우리는 똑같은 사고방식이 그 어떤 고통받는 관계과정에도 적용될 수 있다고 믿는다. 다행히도, 고통받는 커플과 건강한 커플의 공통점에 대한 많은 연구가 있다(Gottman & Notaraly, 2000). 대부분의 커플·가족치료 모델은 그것을 묘사하기 위해 다른 언어를 사용하지만, 이러한 공통과정을 다루고 있다. 예를 들어, 방어적이거나 정서적으로 과잉상태가 되지 않고 파트너의 관점을 들을 수 있는 능력은 결혼만족을 예측하는 것으로 나타났다(Gottman, 1994). 보웬 치료자(Kerr & Bowen, 1988)는 이것을 행하는 어려움을 낮은 분화라고 묘사할 것이다. 인지행동부부 치료자(Dattilio & Epstein, 2003)는 방어를 유발하는 자동적 사고를 주목하고, 커플이 이러한 것에 도전하고 자기를 달래는 기술을 배울 필요가 있다고 말할 것이다. 내적 가족체계 치료자(Breunlin, Schwartz, & Mac Kune-Karrer, 1997)는 내담자가 파트너의 상처받은 부분parts에 의해 건드려질 때 어떻게 자신의 상처받고 반작용적인 부분을 물러서게 하고 그들의 자기self가 이끌어 가도록 하는지를 배우게 할 필요가 있다고 말할 것이다. 무엇이라고 부르든지 간에, 대부분의 모델을 수용하는 치료자는 유사한 과정이 변화될 필요가 있다고 믿고 있고, 그 변화가 어떻게 보일지에 대해 유사한 생각을 가지고 있으며, 그리고 커플이 그러한 변화를 일으키게 하는 겹치는 점이 많으면서도 독특성이 있는 개입을 사용하고 있다.

제9장
커플치료에서의 변화에 대한 메타모델

변화에 대한 메타모델의 필요성

공통요인 연구는 흔히 일반적인 관념(예: 치료동맹을 잘 맺으면 성과가 긍정적이다)과 체계적 방식의 치료와 연구로 이끄는 데 거의 도움이 되지 않는 변인 목록에 지나지 않는다는 비판을 받고 있다(Sexton & Ridley, 2004). 우리는 그러한 비판이 타당하지만, 일단 그것이 더 발전되었을 때의 전체적인 움직임을 내다본 것이 아니라 **현재** 공통요인 문헌의 상태를 반영하는 것이라고 생각한다(Sprenkle & Blow, 2004b). 지금까지, 제안된 많은 공통요인 변인의 주요 범주화는 **넓기도 좁기도** 했는데(Davis & Piercy, 2007a; 또한 제1장을 보라), 광의의 변인은 치료과정 그 자체에 내재된 변인(예: 치료관계)이고, 협의의 변인은 모델 사용에 직접적으로 연계된 치료 측면이 되는 변인(예: 정서, 행동, 그리고 인지를 변화시키는 공유된 목표)이었다. 우리는 이러한 변인들이 변화를 만들어 내기 위해 어떻게 상호작용을 할 수 있는지를 설명하는 실질적인 공통요인 틀이 없었기 때문에 공통요인 세계 내에서 수많은 잘못된 생각이 생겨났다고 믿는다. 예를 들어, 마치 동맹이 효과적인 치료에 필요하고도 충분하며, 치료의 다른 측면은 무시될 수 있는 것처럼 공통요인 주창자들은 "치료동맹이 가장 중요하다!"라고 흔히 말해왔다. 우리의 의견으로는 "모든 모델이 똑같이 작동하기 때문에, 모델이 중요한 것은 아니다!"라고 말하는 것은 종종 공통요인 진영에서 발생하는 또 다른 잘못된 생각이다. 우리는 치료동맹과 같은 두드러진 변수가 성공적인 치료에 필수적이지만, 그것은 좋은 모델에 의해 제공되는 구조를 포함해서 몇 가지 다른 변수와 함께 어울려서 변화를 만들어 낸다고 믿는다. (공통요인에 대한 더 많은 잘못된 견해는 제5장을 참조하라.) 한 변인이 다른 변인보다 더 중요하다고 말하는 것은 우리의 동료 애드리안 블로우 박사Dr. Adrian Blow가 관찰하듯이, "엔진이 타이어보다 더 중요하다고 말하는 것과 같다!" 당신은 정말 하나는 있고 다른 것은 없는 차가 제대로 작동할 것이라고 말할 수 있는가?

한편, 우리가 필요로 하는 것이 결코 또 다른 모델이 아니라는 것이 그 움직임의 주된 요점이라면, 공통요인에 대한 일관성 있는 모델이 없다는 것을 이해할 만하다! 공통요인 모델이라고 하는 것은 그것이 기초한 바로 그 원칙을 거스를 수 있다. 그런데 다른 한편, 우리는 광범위한 공통요인 목록이 임상교육, 실습, 또는 연구를 지도하는 데 도움이 되지 않는다는 비판에 동의한다. 예를 들어, 만약 좋은 치료가 이루고 있는 모든 것이 좋은 관계를 형성하거나 문제를 해결하기 위한 믿을만한 의식을 제공하는 것이라면, 종교는 그 두 가지를 모두 제공하는데도 왜 치료자를 고용하는가? 서로 독립적인, 개별 공통요인은 변화에 대한 불완전한 그림을 제공한다.

그렇다면, 그 둘을 어울리게 만들기 위해서 무엇을 해야 하는가? 우리는 경험적으로 지지된 넓고 좁은 공통요인들을 하나의 메타모델 meta-model, 즉 어떤 모델이 이용되는지와 상관없이 변화를 이끄는 데 사용될 수 있는 "모델들에 대한 모델"로 정리하는 것이 가능하다고 믿는다. 그러한 모델은 단지 또 다른 한 모델이 되는 것이 아니다. 그것은 똑같은 오래된 물건을 단지 다른 포장지로 다시 싸는 것이 아니다. 그 대신에, 공통요인 메타모델은 다양한 내담자와 함께 다양한 모델을 사용해서 일하는 다양한 치료자의 작업에 덧붙일 수 있는 틀을 이념적으로 제공하려는 것이다. 그러한 모델은 광의, 협의의 공통요인을 광범위한 임상환경에서 적용 가능한 치료적 변화에 근거를 둔 일관성 있는 원칙으로 통합할 것이다. 메타모델은 치료자가 어떤 치료모델을 사용하는지에 상관없이 주의를 기울이는 이슈들로 방향을 잡게 할 수 있을 것이다.

유용하게 쓰일 수 있기 위해서 그러한 모델은 다양한 치료자, 내담자, 모델로부터 기대되는 편차, 융통성, 창의성, 다른 조작을 허용할 수 있을 만큼 충분히 광범위해야 하지만, 또한 임상, 훈련, 그리고 연구 지침을 제공할 수 있을 만큼 충분히 좁기도 해야 한다. 모델이 너무 넓다면, 치료자가 무엇에 초점을 맞춰야 하는지, 그리고 언제 초점을 맞춰야 하는지를 아는 데 도움이 되지 않아, 치료자에게 안내할 모호한 지도만 제공해서 길을 잃게 만들 것이다. 그것은 마치 여러분이 뉴욕 주의 주요 고속도로 지도만 가지고서 뉴욕시 주변에서 길을 찾으려는 것과 같다. 반면, 모델이 너무 구체적이면, 치료자는 세부적인 사항에 빠져 길을 잃거나, 그가 무엇을 하기로 "예정"되었는지를 기억해 내는 것에 사로잡혀서, 치료자의 창의성, 각 내담자의 독특한 요구, 내담자의 피드백, 그리고 좋은 치료의 자연스러운 흐름을 막을 수 있다. 그것은 마치 지면의 모든 경미한 기울기를 상세히 기술한 수백 개의 지도를 가지고 미국을 횡단하려는 것과 같다. 그 지도는 사소한 것에 집중함으로써 지도는 가이드라기보다는 방해가 될 것이다.

이념적 모델은 치료자가 다양한 상황에서 어떤 것에 관심을 기울여야 하고, 왜 어떤 시점이어야 하는지를 알 수 있도록 충분히 구체적이면서도, 또한 각각의 고유한 내담자에 대한 개념적이고 개입적인 융통성을 허용하기에 충분히 광범위하게 제공될 것이다. 이 장의 목적은 그런 설명에 적합한 커플치료의 공통요인에 대한 경험적으로 도출된 메타모델을 개략적으로 설명하는 것이다.

모델의 경험적 개발

이 모델의 개발은 프레드 피어시 박사Dr. Fred Piercy의 지도하에 버지니아텍 대학교Virginia Tech의 부부·가족치료학과marriage and family therapy program에서의 내[9]S. D. D. 박사학위 논문으로 시작되었다. 나는 "순수한pure" 모델별 치료를 행하는 치료자를 찾아내어, 그들의 치료 실천practice을 특징짓는 어떤 공통점을 도출할 수 있는지를 알고 싶었다. 나는 이론적으로 구별되는 치료 실천 간에서 발견될 수 있는 공통점이 있다면, 그러한 공통점은 효과적인 치료를 꿰뚫는 황금실의 일부가 될

9) 역자 주: 저자 중 한 사람인 Sean D. Davis를 가리킨다.

것이라고 가정했다. 나는 내가 만약 공통점을 발견한다면 다른 치료자의 치료 실천 간에도 분명한 유사한 공통점이 있을 것이라고 가정했다. 나는 커플치료 모델개발자들은 내가 찾고 있었던 "순수한" 치료 실천에 들어맞는다고 생각했는데, 모델개발자인 수잔 존슨 박사Dr. Susan M. Johnson(정서중심치료), 리처드 슈워츠 박사Dr. Richard C. Schwartz(내적 가족체계)와 프랭크 다틸리오 박사 Dr. Frank M. Dattilio(인지행동 커플치료)는 친절하게도 그들과 성공적이었던 그들의 커플내담자 몇 명에게 접근할 수 있게 해주었다. 나는 또한 이러한 치료실천이 개발자보다 평균적인 임상가를 통해 더 잘 나타날 수 있을 것이라는 가정에 따라 그들의 이전 학생과 내담자 중 일부를 모집했다.

나는 모델개발자, 그들의 이전 학생, 그리고 성공적인 커플치료 내담자에게 커플치료 경험에 관한 일련의 질문을 했다. 그런 다음, 나는 공통적인 치료실천 패턴에 대한 면담을 탐색하기 위해서뿐만 아니라 그 패턴이 성공적인 성과에 기여하기 위해 어떻게 상호작용하는지에 대한 설명을 제공하기 위해서 질적 분석 기법을 사용했다. 지면의 제약으로 인해, 각각의 개념을 지지해 주는 연구로부터의 직접적인 인용구를 많이 사용하지 않을 것이지만, 관심 있는 독자들은 데이비스(2005)와 데이비스와 피어시(2007a, 2007b)의 연구에서 더 자세한 내용을 발견할 수 있다.

커플치료에서의 변화를 일으키기 위해 협의의 공통요인과 광의의 공통요인이 어떻게 상호작용하는가: 메타모델

모델([그림 9-1] 참조)은 순차적(즉, 개념화에서부터 개입, 성과에 이르기까지)으로 정리된다. 이는 부분적으로는 분리된 현상을 글로 설명할 때 그러한 선형적 설명을 피할 수 없기 때문이다(즉, 어떤 것이 제일 먼저, 두 번째, 그리고 세 번째와 같은 방식으로). 그것은 또한 일반적으로 치료가 자연스럽게 진행되는 방식이고, 연구참여자가 그렇게 기술했기 때문이다. 하지만, 이러한 각 단계를 통과하는 진행은 선형적이라기보다 한 단계는 다른 단계에 정보를 주고 또 정보를 받기도 하는 방식으로 순환적이라는 것을 명심하라. 예를 들어, 개념화단계는 내담자에게 희망을 준다는 점에서 개입적이다. 또한 개입단계가 끝나는 지점과 성과가 시작되는 지점 사이에는 뚜렷한 경계선이 없다. 그것은 흔히 같이 일어난다. 마찬가지로, 개입단계의 "인지, 정서, 그리고 행동" 요소의 순서는 임의적이다. 우리는 변화가 일어나기 위해서 어떤 요소가 다른 요소를 선행해야 한다고 주장하지 않는다.

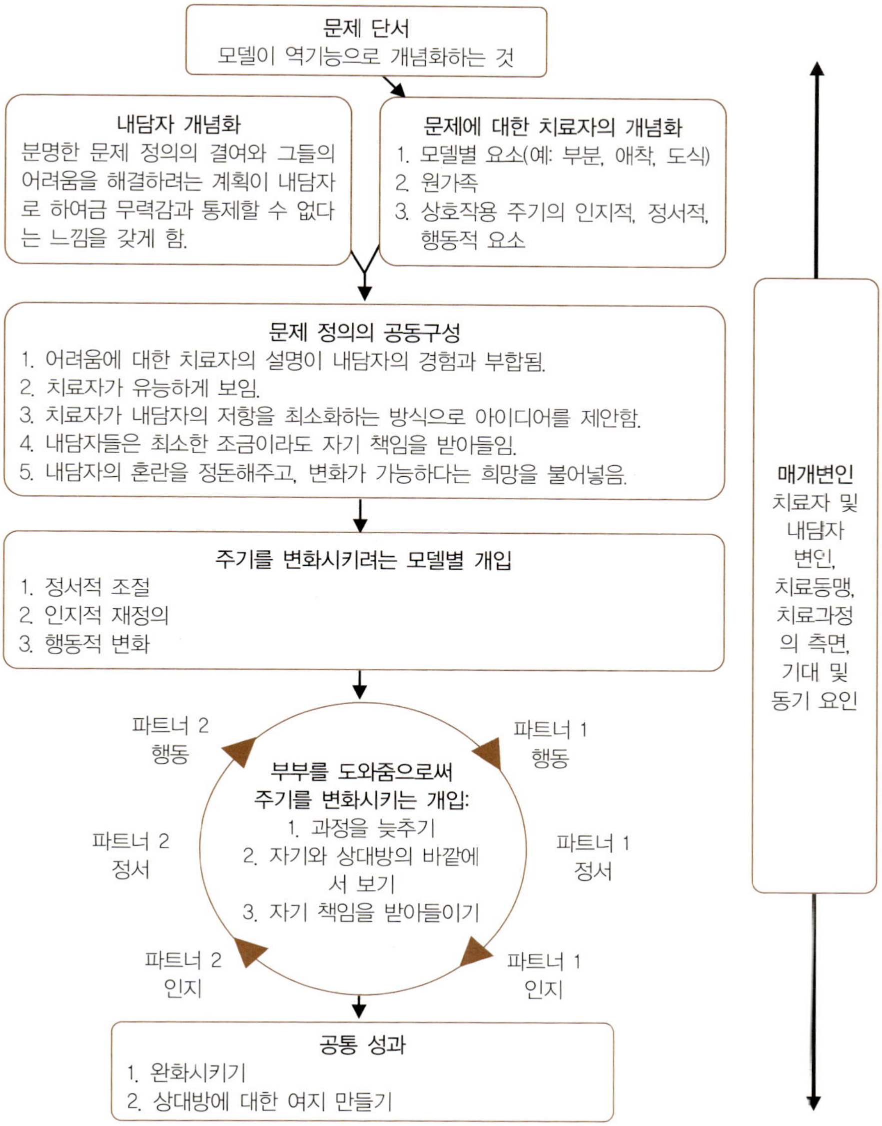

그림 9-1 모델의존적(협의적) 변인과 모델독립적(광의적) 변인이 결합하여 변화를 만드는 방법. 데이비스와 피어시(Davis & Piercy, 2007b)에서 인용.

주: 미국부부·가족치료학회에 의한 저작권 2007. 블랙웰 출판사(Blackwell Publishing)의 승인 하에 재인쇄함.

치료의 시작단계: 모델을 채택하기

적어도 두 가지 현상이 치료의 시작 회기를 특징짓는다. 첫째로, 어느 정도의 수준에서, 내담자는 그들의 관계를 어떻게 할지 혼란스러워한다. 스스로 변화시키려는 노력은 실패했다. 그들은 문제에서 벗어날 방법을 알 수 없다. 프랭크Frank와 프랭크Frank(1991)가 지적한 바와 같이, 치료를 받기 위해 오는 내담자는 "그들 자신의 기대나 다른 사람의 기대에 미치지 못했거나, 어떤 긴급한 문제에 대처할 수 없었다는 것을 의식하고 있다. [그리고] 상황이나 자신을 바꿀 힘이 없다고 느낀다"(p. 35). 둘째로, 치료자는 그들의 치료모델을 통해 커플 안에서의 "역기능"이 무엇이고, "건강"이 무엇인지, 그리고 어떻게 하면 자신의 내담자가 전자에서 이동해 후자를 얻게 할지를 분명히 알고 있다. 그들은 어떻게 도울지를 알고 있다. 그러므로 치료 시작 회기의 주요목표는 치료자의 모델이 내담자가 그들의 관계에 대한 현재의 혼란스럽고, "수렁에 빠져있다"는 관점을 그들에게 주는 희망적인 "빠져나갈 길이 있다"는 관점으로 대체하도록 돕는 것이다. 우리는 그것을 어떻게 성공적으로 행할 것인지 나중에 논의할 것이다.

활용된 모델에 상관없이, 치료자는 커플 역기능의 신호인 단서를 찾는 것으로 치료를 시작한다. 정서중심 치료자에게는 애착손상, 2차 감정 등이 이런 단서가 될 수 있다. 인지행동 치료자에게는 비합리적인 사고와 자기패배적인 행동이 될 수 있다. 내적 가족체계 치료자에게는 정서적으로 반작용하는 부분이 될 수 있다. 그 목록은 현존하는 모든 커플·가족치료 모델들에 대해 끝없이 계속될 수 있다.

각 치료자의 개념화를 묘사하는 데 사용되는 모델별 언어에도 불구하고, 두 가지 공통 주제가 이 연구의 치료자가 탐색하는 단서를 특징짓는데, 그것은 (1) 현재 행동에 영향을 미치는 원가족이나 이전 관계(〈표 9-1〉 참조)와 (2) 그러한 초기의 영향력이 미치고 현재 문제가 지속되는 상호작용 주기의 정서적, 인지적, 그리고 행동적 요소(〈표 9-2〉 참조; 또한 상호작용 주기에 대한 보다 자세한 논의를 위해서는 제8장 참조)이다. 실증주의적 모델(즉, 절대적 진리를 전제하는 모델)을 취하는 치료자가 주의를 기울이는 단서는 이 두 범주 중 적어도 하나의 맥락에서 나타날 가능성이 있다.[10)]

표 9-1 공통 개념화 원가족 경험

변화에 대한 축어록 설명	변화에 대한 이론별 설명	변화에 대한 공통요인 설명
존슨 박사(EFT): "내 내담자들이 성장하는 데 힘이 되는 환경이 없었던 것 같아요."	EFT: 원가족 경험은 어떤 사람이 "자기(self)"가 사랑받을 만한지 아닌지에 대한 신념의 집합인 애착양식을 형성한다. 서로 다른 애착양식은 사람이 편안하게 느끼는 정서적 거리를 유지하는 기능을 하는 독특한 감정 표시장치를 가지고 있다. 불안정하게 애착된 부부는 정서적 친	어린 시절의 경험은 어떤 사람이 성인이 되어 친밀한 관계에서 행동하고 생각하고 느끼는 방식을 형성한다. 이러한 느낌, 생각, 행동은 친밀하게 돌보는 관계를 수립할지 아니면 거리를 두고 멀어지게 되는지를 결정할 수 있다. 한 측면의 역기능(즉, 정서, 행동 또는 인지)은 다른

10) 유의해야 할 점은 이 메타모델을 도출하는 데 사용된 커플치료모델들은 모두 실증주의적이며, 이는 어떤 한계들을 나타낸다는 것이다. 탈근대적 커플치료모델(예: 해결중심, 이야기)은 개념적으로 실증주의적 모델(예: 정서중심치료, 인지행동치료, 내적 가족체계치료)과 다를 것이다. 예를 들어, 현재의 관계 행동에 미치는 초기 관계의 영향은 우리 모델에서 개념화의 공통 영역이다. 탈근대적 모델은 내담자의 초기 관계가 그들의 현재 관계에 미치는 영향에 관심이 없다. 탈근대적 접근의 공통점을 조사하는 미래 연구는 실증주의적 모델과의 개념적 유사성과 차이점, 그리고 이러한 차이점이 중요한지 여부를 밝혀줄 수 있다. 우리는 탈근대적 모델과 실증주적의 모델 사이에 더 많은 개념적 차이가 있을 수 있지만, 그러한 차이는 개입할 때 사라지고, 두 모델이 비슷한 변화를 가져올 것이라고 예상한다.

	밀성을 추구하면서도 두려워한다.	측면의 역기능과 연관된다.
다틸리오 박사(CBT): "그는 ... 거절당했던 [그의 어린 시절 느낌]을 다루었는데... 그의 아내가 때때로 행동하는 방식은 그의 아버지가 했던 방식을 떠올리게 했어요."	CBT: 원가족 경험은 어떤 사람이 관계 안에서의 세계와 그들 자신에 대한 핵심적인 신념인 각본과 도식을 형성한다. 관계에서의 행동과 정서는 그들의 도식을 형성하는 인지에 의해 움직인다. 사람은 그들의 도식을 강화시키는 방식으로 그들의 관계를 정리할 것이다.	
오닐(IFS): "그녀는... 오빠에게 성희롱을 당했고... 그녀의 어머니는 상당히 심한 학대를 받았어요."	IFS: 내적 "부분"은 초기 외상의 결과로 형성된다. 이러한 부분은 항상 극단적인 정서, 행동, 그리고 생각으로 특징지어진다. 한 사람이 나이가 들면서 그 부분이 건강한 관계를 확립을 방해하기도 하지만, 한 부분의 일차적인 기능은 "자기"를 보호하는 것이다.	

참고: CBT(인지행동치료), EFT(정서중심치료), IFS(내적 가족체계치료).

표 9-2 공통 개념화: 상호작용 주기

변화에 대한 축어록 설명	변화에 대한 이론별 설명	변화에 대한 공통요인 설명
존슨 박사(EFT): "그들은 때때로 둘 다 공격하지만, 기본적으로 그들의 부정적인 주기는 그가 일종의 발사를 하고 달아나 물러서 있는 것입니다."	EFT: 친밀한 관계를 확립할 만큼 정서적으로 취약해진다는 것은 너무 두렵다. 그래서 불안정한 애착을 가진 사람은 가혹한 2차 감정을 통해 정서적인 거리를 유지하려 한다. 이러한 정서는 파트너로부터 비슷한 감정을 불러일으키고,	각 파트너의 생각, 느낌, 행동은 상대 파트너의 생각과 행동에 영향을 미치고 영향을 받는다. 고통받는 부부는 각 파트너의 역기능적인 인지, 정서, 그리고 행동이 강화되는 상호작용 주기를 형성할 것이다. 만약 파트너의 생각, 느낌, 그리고 행동이

<table>
<tr><td></td><td>각 파트너를 상대 파트너로부터 정서적으로 멀어지게 한다.</td><td rowspan="3">수정된다면, 그 주기는 파괴적인 것에서 치유적인 것으로 바뀔 것이다. 한 측면에서의 변화는 다른 면에서의 변화를 이끌 것이다.</td></tr>
<tr><td><u>다틸리오 박사(CBT):</u> "그녀는 [남편]에게 굴복하지 않는 법을 배워야 했습니다. 그것의 다른 목적은 그에게 자신의 불안정과 변덕으로 그가 무엇을 하고 있는지를 가르치는 것이었습니다."</td><td><u>CBT:</u> 사람들은 그들의 핵심 도식을 구성하고 있는 신념을 강화시키는 방식으로 다른 사람과 상호작용 한다. 만약 이 도식이 관계에 대한 비합리적인 신념을 포함하고 있다면, 상호작용 주기는 그러한 신념을 지속시키는 형태를 형성할 것이다.</td></tr>
<tr><td><u>오닐(IFS):</u> "그녀의 부분은 부정적인 방식으로 행동을 해석하게 만들어, 그녀는 그의 자기나 그녀 자신의 자기에 정말로 다가설 수가 없었습니다."</td><td><u>IFS:</u> 본질적으로 정서반응적인 어떤 사람의 부분(parts)은 또한 정서반응적인 파트너의 부분을 끌어내는 경향이 있다. 목표는 내담자로 하여금 부분보다, 본질적으로 차분한 자기(self)가 소통을 이끌도록 하는 것이다.</td></tr>
</table>

참고: CBT(인지행동치료), EFT(정서중심치료), IFS(내적 가족체계치료).

예를 들어, 대부분의 관계치료자는 이전 장에서 내담자였던 알리다가 화가 나기도 하고 남편인 루이스가 눈을 굴릴 때마다 통제를 시도하려고 반응할 때가 언제인지를 알아차릴 것이다. 그들은 또한 이 두 행동이 어떻게 서로를 지속시키는지, 혹은 적어도 서로를 지속시키는 더 큰 행동주기의 작은 부분이 되는지를 알아차릴 것이다. 각 치료자는 아마도 어떤 식으로든 그것에 대해 질문할 것이고, 그것이 원가족이든 이전 관계이든 간에, 감정, 행동, 그리고 인지에 어떤 역사적 뿌리가 있다는 것을 발견하기를 기대할 것이다. 아마도 루이스의 어머니가 눈을 굴리곤 했을 때, 루이스는 무시되고 무가치하게 되는 것을 느꼈을 것이다. 이제 그도 같은 행동을 볼 때 수동공격적 분노로 반응하고 알리다와 함께 잠자리에 드는 것을 거부하고 늦은 밤까지 자지 않는 것이다. 어쩌면 알리다의 아버지가 수동공격적으로 행동할 때, 알리다의 어머니는 고개를 돌리고 경멸에 차서 눈을 굴린 다음, 나중에 그녀의 아버지가 그렇게 화를 내는 것이 얼마나 약한 것인가를 알리다에게 이야기했을 수도 있다. 루이스와 알리다 모두에게, 그들의 행동, 인지, 그리고 정서는 그들의 파트너를 변하지 않도록 만들었다.

치료자 공신력

치료자 공신력은 흔히 가장 먼저 의뢰 원천과 더불어 영향을 미친다. 내담자가 특정 치료자에 대한 강력한 추천을 받을 때, 그 내담자는 흔히 치료자가 도와줄 수 있을 것이라고 가정하여 치료를 시작한다. 이 내담자는 효과가 있다고 가정하고 치료를 시작하며, 치료자의 역량은 그 가정을 강화한다. 그러나 "역량"이란 무엇인가? 이 연구에서, 치료자들은 내담자가 믿기에 자신의 문제에 대한 적합한 설명을 제공하고(즉, 치료자의 모델을 통해), 그리고 걱정하지 않는 모습과 내담자 문제에 대한 그들 모델의 적합성을 통해 그 치료자가 이전에 비슷한 문제에 대해 믿을 만한 방식으로 해결했을 것이라는 희망을 주기 때문에 대개 유능한 것으로 보였다. 치료자가 그 과정의 진행에 익숙하고 "다른 면the other side"을 알고 있다는 것은 말하자면, 내담자에게 훌륭한 치료가 요구하는 위험을 감수할 이유를 제공한다.

치료자의 모델에 대한 열정은 치료자 공신력과 내담자 참여의 또 다른 중요한 요소이다(Blow et al., 2007). 치료가 효과적이기 위해서는,

치료자와 내담자가 모두 제공되는 임상적 접근을 "구입buy into"해야 한다. 치료자가 자신의 접근에 대해 갖는 열정은 내담자가 그 모델이 선호하는 과정과 절차에 진정으로 참여할지에 영향을 미칠 수 있으며, 이것이 커플이 경험하고 있는 관계적 고통의 현실적인 측면을 강조하면, 내담자는 궁극적으로 그들의 목표를 달성하게 될 것이다.

모델과 커플 경험과의 적합성

커플치료는 대체로 치료자가 보다 건강한 사고, 느낌 또는 행동 방식을 제공하고, 내담자들이 그것을 서로 관계 맺는 그들의 기존방식 안에 통합시키는 것이다. 만약, 어떤 사람에게 그것이 너무 치료자-중심적인therapist-centric 것으로 여겨질 수 있다고 해도, 우리는 그것이 피할 수 없는 것이라고 생각한다. 치료자는 커플-치료자 대화couple-therapist dialogue에서 무엇에 초점을 맞추고, 지나가게 하고, 재구성을 할지 등을 이끌기 위해 자신의 모델을 사용함으로써, 그들의 관계문제를 바라보는 새로운 방법을 점차적으로 소개한다. 내담자는 만일 치료에서 말해지는 것이 그들의 문제와 관련된다고 보고, 자신이 말하는 것을 치료자가 믿는다고 감지할 수 있으면, 치료자의 개념화를 "구매"할 것이다. 개념화는 그것이 관계적 건강과 역기능의 현실적인 측면을 다룰 경우 도움이 될 것이다(예: 커플이 문 위에 크리스털을 걸어 놓게 하는 것은 어떤 커플들에게는 운이 좋다고 느끼게 할 수 있지만, 만성적인 부부갈등에는 아무런 도움이 되지 않는 것 같다!). 관계치료자는 반드시 앉아서 문자 그대로 그 모델을 자신의 내담자에게 "가르쳐야만" 하는 것은 아니다. 오히려, 그 모델은 종종 내담자와 치료자 사이의 대화와 상호작용을 통해 간접적으로 가르쳐진다.

저항을 최소화시키는 분위기 조성하기

성공적인 부부치료는 내담자의 저항을 최소화하고 안전감을 키워주는 분위기에서 시작된다. 이 우호적인 배경은 치료자가 몇 가지 핵심적인 역동을 조사해보고 영향을 미침으로써 활성화된다. 성공적인 치료자는 회기의 구조structure(즉, 치료자의 방향과 지침)와 **흐름**flow(즉, 구조화되지 않은 내담자 처리) 사이에서 균형을 맞춘다. 어떤 커플의 정서적 반응성 수준은 구조와 흐름의 균형을 결정하는 데 사용될 수 있다. 정서적 반응성 수준이 높은 커플은 건강한 방식으로 서로 상호작용을 할 수 있을 만큼 충분히 감정을 조절하는 법을 배울 때까지 안전한 환경을 제공하기 위해 더 많은 구조를 필요로 한다. 더 건강한 커플은 흔히 너무 많은 구조가 성가시다고 보는데, 건강한 의사소통을 하려는 시도를 흔들어대고 좌절감을 느끼게 만들기 때문이다(Butler & Bird, 2000; Davis & Butler, 2004).

중립성neutrality의 분위기를 만드는 것도 또한 어떤 모델이 사용되는가와 상관없이 저항을 최소화하는 데 도움이 된다. 중립성은 관계 내의 어느 한 개인이 아닌 **관계**를 당신의 내담자로 보는 것을 말한다. 관계를 내담자로 해서, 치료자는 변화를 만들기 위해 관계 내의 각 사람에게 압력을 줄 것이다. 한 파트너에게 지나치게 초점을 맞추는 것은 흔히 그 파트너가 공격받는다고 느끼게 하고 다른 파트너는 문제에 대해 자기 입장을 유지하는 데 정당하다고 느끼게 한다. 중립성은 회기별로 뿐만 아니라 처치과정 전체에 걸쳐 감시되고 유지된다. 나S. D. D.[11]는 가끔 초기 회기 동안 나의 커플치료 내담자에게 그들의 관계가 내 내담자

11) 역자 주: 저자 중 한 사람인 Sean D. Davis를 가리킨다.

이고, 그들 중 한 사람이 다른 사람보다 더 많이 "곤란한 처지hot seat"에 있다고 느끼는 날이 종종 있을 것이지만, 그것은 그 관계의 더 큰 이익을 위한 것이라고 말한다. 나는 또한 그들에게 내가 다른 사람을 배제하기 위해 그들 중 한 명에게 계속해서 집중하고 있는 것처럼 느끼는지 내게 알려줄 것을 권장한다. 나는 치료가 진행됨에 따라 이러한 논의가 많은 상처받은 느낌을 우회시킬 수 있다는 것을 발견했다.

내담자가 치료자의 방법을 그들의 문제와 관련이 있다고 본다면, 그러한 방법의 **반복**은 또한 안전감을 확립하게 해준다. 내담자가 유용하다고 생각하는 기법과 개입을 반복하는 것은 커플이 그들의 삶에 새로운 기술과 생각을 통합시키는 데 도움이 되고, 따라서 그들이 더 좋아질 것이라는 희망을 증가시킨다. 물론 이용되는 모델과는 상관없이 그렇다.

동기를 부여하는 신념

제6장에서 우리는 모든 내담자가 동기부여를 받는다는 관념에 대해 논의했다. 치료자의 과제는 단순히 자신의 개입을 내담자의 동기부여 수준에 맞추어서 그들의 동기가 감소하기보다는 증가하도록 하는 것이다. 치료자 공신력, 커플의 경험에 대한 모델의 적합성, 내담자의 동기화 수준에 주의를 기울임으로써 저항을 최소화하는 분위기 등은 모두 치료가 효과가 있을 것이라는 커플의 희망에 추가되는 것 같다. 게다가, 동기를 부여하는 신념과 메타포는 내담자에게 어려운 치료작업을 정당화시키는 맥락을 제공하게 만든다. 그런 신념은 내담자의 희망에 방향과 목적을 부여하는 "큰 그림"을 제공해 그들의 동기를 확대시킨다. 이러한 신념 중 일부는 치료자에 의해, 종종 커플의 투쟁을 재정의

함으로써 제시된다. 다른 것은 내담자가 이미 가지고 있는 신념이다. 이 연구에서, 일부 내담자는 각자의 후퇴가 예전보다 더 가깝게 파트너에게 다가갈 기회를 제공했다는 신념을 언급했다. 다른 사람은 그들의 치료자가 "이것은 더 좋아지기 전에 더 악화되는 것이에요" 또는 "여러분이 누구와 결혼했든 간에 문제가 되어 테이블에 올리는 이슈를 갖게 될 것입니다. 그렇다면 그걸 왜 지금 해결하면 안 되나요?"라고 말했다고 언급했다. 내담자의 신념이 어디에서 비롯되었든 간에, 중요한 것은 일이 아무리 어려워져도 현재의 관계에서 그들의 문제를 해결할 동기를 부여하는 것이었다. 비록 그것이 도전적이긴 하지만, 동기를 부여하는 신념은 그 일이 가치 있는 것처럼 보이게 해주었다.

개인적 책임을 받아들이는 내담자 의지

"그녀가 나를 그렇게 짜증내게 만들지 않았다면 그렇게 큰 소리를 지르지는 않았을 거예요!" "그가 그렇게 냉정하지 않았다면 난 바람을 피우지 않았을 거예요!" 많은 내담자가 그들 자신을 정당화하기 위해 파트너의 나쁜 행동을 이용하려고 하면서 커플치료에 진입한다. 이것은 이해할 만한 반응이 될 수 있지만, 그들의 관계가 개선되려면 (학대와 같은 일부 명백한 예외가 있지만) 내담자가 문제에 대해 최소한 어느 정도는 자기도 책임이 있다는 것을 기꺼이 인정해야 한다. 치료자는 내담자가 이와 같이 책임을 지려는 의향을 조금이라도 갖게 만들기 위해 할 수 있는 일이 있지만, 어떤 개입이든 간에 내담자는 그들이 무엇을 어떻게 변화해야 할지 모르더라도, 먼저 그들이 변화할 필요가 있다는 것을 기꺼이 인정해야 한다.

알리다와 루이스(8장에서 논의되었던 커플)는 혼란스럽고 절망적인 상태에서 치료를 받게 되었다. 그들은 각자 자신이 알고 있는 최선의 방법으로 문제를 해결하려고 노력했지만, 그들이 사태를 해결하려고 할수록 상황은 더 악화되었다. 그들은 치료가 어떻게 도움이 될지는 몰랐지만, 치료자인 사라를 잘 추천받았기 때문에, 치료를 한번 시도해 보기로 결정했다. 그들의 첫 번째 회기의 시작은 어색했지만, 사라가 그들 각각의 경험을 듣고 인정해 주자 그들은 곧 긴장을 풀게 되었다. 그들은 또한 사라가 자신들의 문제를 들었을 때 그녀가 당황할 것이라고 예상했었다. **그들은** 확실히 당황스러웠던 것이다. 하지만 사라가 침착함을 유지하고 여전히 그들과 연결되어 있다고 느꼈을 때, 그들은 놀라면서도 기분이 나쁘지 않았다. 그녀의 침착한 반응은 아마도 탈출구가 있을 거야! 라는 안전한 느낌을 그들에게 주었다. 첫 번째 회기가 끝날 무렵, 알리다는 루이스가 무감각하고 무신경하기보다는 스트레스와 압도당한 것으로 보기 시작했고, 루이스는 알리다를 차갑고 잔소리한다고 보기보다는 외롭고 겁먹은 것으로 보기 시작했다. 아직 갈 길은 멀었지만, 뿌리를 내리기 시작한 서로에 대한 새로운 시각은 어쩌면 그들이 이전에는 생각하지 못했던 이 감정적인 미로에서 벗어날 길이 있을 거라는 희망을 주었다. 그들은 제자리를 찾은 느낌이 들었다.

루이스는 특히 사라가 자신이 어떻게 느끼는지에 관심이 있다는 것을 좋아했는데, 그는 단지 더 많은 것을 바꾸라는 말을 듣게 됨으로써 치료에서 "더 골치 아파질 것"이라고 우려했었다. 알리다도 사라가 자신의 외로운 감정을 인정해 주는 것을 좋아했다. 알리다는 자신이 너무 많은 기대를 하고 있고, 자신이 가진 것에 대해 그냥 만족해야 하는 것이 아닌가 하고 생각하기 시작했다. 사라는 루이스와 알리다가 실제로 생각하고 느끼는 것을 말할 수 있으면서도 너무 강렬해서 그들이 안전하다고 느끼지 못할 정도가 아니라 충분히 강렬하게 일을 처리하는 멋진 방식으로 진행하였다. 그들은 또한 사라가 그들이 다르게 행동할 수 있는 것을 쉽게 지적하는 것을 좋아했는데, 이것은 사라가 의도적으로 편을 들지 않는다는 것을 알게 해주었고, 그래서 그녀의 피드백을 훨씬 더 쉽게 받아들일 수 있었다.

이 커플이 그들의 문제에 대한 치료자의 개념화를 채택하고 희망을 느끼기 시작하면서, 그들은 치료자가 어떤 모델을 사용하고 있는지에 관계없이 계속해서 그들의 도전을 진행하였다. 치료 초기단계 동안의 공통적인 과정에 부가해서, 일단 치료가 진행되면 또한 다양한 모델에 의해 사용되는 개입에도 공통점이 있다. 이러한 공통점이 다음 부분의 초점이 될 것이다.

개입단계: 주기에서의 각자의 역할에 대한 인식을 제고시키고 바꾸기

다양한 모델을 사용하는 관계치료자는 그들의 모델 특유의 다양한 개입을 시행하지만, 같은 목적을 지향한다. 제8장에서 논의한 바와 같이, 대부분의 개입은 비록 일부 모델은 다른 모델보다 한 측면을 더 강조하지만, 두 파트너 간 상호작용 주기의 정서, 인지, 그리고 행동 요소를 바꾸는 것을 목표로 한다(〈표 9-3〉 참조). 어느 쪽이든, 대부분의 관계치료자는 내담자가 상호작용 주기에서 그들의 역할을 인식하도록 돕고 그들이 하는 역할을 변화시키도록 함으로써 개입한다.

표 9-3 공통 개입: 주기를 변경시키기

<table>
<tr><th>공통 개입</th><th>대표적인 인용문</th><th>공통요인 설명</th></tr>
<tr><td>정서 조절</td><td>폴(EFT 내담자): "치료 전에 우리는 서로를 비난하는 방식으로 느낌에 대해 이야기할 수 있었어요. 이제 달라진 것은... 우리 각자가 상대방을 탓하지 않고 자기가 상황에 대해 어떻게 느끼는지를 말한다는 거죠."</td><td rowspan="3">일단 내담자가 주기와 그 주기 안에서 그들의 역할을 인식하게 되면, 치료자는 내담자가 치유적인 상호작용 주기를 시작하기 위해 어떻게 변화할지를 알게 해주었다. 치료자는 내담자가 그들의 정서를 조절하고, 인지를 재구성하며, 행동을 바꾸게 함으로써 이것을 성취했다. 각 모델의 치료자가 다른 모델보다 특정한 측면에 더 초점을 맞추었지만(예를 들어, EFT 실천가는 정서에, CBT 지지자는 인지와 행동에 더 초점을 맞추었다), 모든 치료자는 그들의 내담자가 파괴적인 상호작용 주기를 벗어나게 하려고 세 측면 각각에 초점을 맞추었다.
한 측면에서의 변화는 거의 항상 다른 측면의 변화와 함께 발생하며, 거의 항상 내담자가 파괴적인 주기를 끝내고 치유적인 주기를 시작하게 하는 같은 목적을 달성했다.</td></tr>
<tr><td>인지적 재정의</td><td>티파니(CBT 내담자): "치료는 나에게 한 걸음 물러서서... 이렇게 말하도록 가르쳐 주었어요. '내가 여기서 뭘 다르게 하면, 이 결과를 좀 더 긍정적으로 만들 수 있을까? 아마도 그는 어떤 방식으로 자랐기 때문에 내게 그렇게 반응을 하는 것일지도 몰라. 어쩌면 내 행동은 지금 당장은 최선이 아닐 수도 있고, 내가 일을 더 나빠지게 하는 거에 기여하고 있을 수도 있어.' 한걸음 뒤로 물러서서 이렇게 말해보는 거야, '좋아, 어쩌면 내가 정말 제대로 해석을 못해서 어떤 일을 했거나 말을 했을 수도 있지 않을까?'"</td></tr>
<tr><td>행동적 변화</td><td>브리짓(IFS 학생): "베스가 제게 말했어요. 설거지를 하면서도 거기에 있지도 않은 '무엇'을 해야 할까, 이 앱을 어쩔까, 이 신청서를 어쩔까, 이 지저분한 집을 어쩔까를 걱정한다면, 그 때가 침대에 올라가 책을 읽거나 목욕하기 가장 좋은 때라고요. 왜냐하면, 그렇게 하면 '나는 다시 사태를 볼 수 있게 되고 남편과 다시 담담하게 이야기할 수 있으니까요.'"</td></tr>
</table>

참고: CBT(인지행동치료), EFT(정서중심치료), IFS(내적 가족체계치료).

예를 들어, 정서중심 치료자는 **기본적으로** 2차적 정서의 표출이 어떻게 주기를 지속시키는가, 즉, 루이스의 철수가 알리다의 경멸을 불러일으키는가를, 그리고 그 반대도 염두에 둘 것이다. 개입은 각 파트너로 하여금 2차적 정서(예: 분노, 경멸)보다 그들 자신의 1차적 정서(예: 상처와 두려움)를 알아내고 소유하고 표현하도록 이루어질 것이다. 표현된 1차 감정이 파트너로부터 똑같은 것을 촉발시킬 것이라고 가정해서 그 파트너가 그들의 애착손상을 해결할 수 있게 하는 치유적인 상호작용 주기를 가동시키게 될 것이다(Johnson, 2004).

다른 한편, 인지행동 치료자는 **기본적으로** 자동적인 사고automatic thoughts, 도식schemas(즉, 관계에 대해 깊이 자리 잡은 인지), 그리고 주기를 지속시키는 행동에 초점을 맞춘다(Dattilio, 2005). 그 치료자는 내담자가 파트너의 행동에 대한 대안적인 설명과 반응을 탐색하도록 도울 것이고, 이것은 그 주기를 변화시킬 것이다. 내적 가족체계 치료자(Breunlin et al., 1997)는 **기본적으로** 주기의 인지적 그리고 정서적 측면에 관심을 기울인다. 그 치료자는 각 파트너로 하여금 상대방 파트너의 "부분part"에 대해 매우 강하게 반응하고 있는 자신의 각 "부분"과 연관된 신념을 탐색하게 할 것이다. 이 접근은 그들이 서로 상호작용하는 다른 방식을 탐색하는 데 도움이 될 것이다.

주기 진입점은 다양하지만, 모든 체계모델은 주기의 한 측면을 변경하는 데 초점을 맞춘다. 종래의 모델별 지혜와는 다르지만, 연구의 결과에 기초하여, 우리는 그 주기 안으로 진입하는 데 가장 효과적인 지점은 인지적, 정서적 또는 행동적 지점인데, 어떤 한 지점이 다른 지점보다 객관적으로 더 우월(예: 정서 대 인지)하기보다는 내담자의 선호에 의해 결정된다고 믿는다. 우리는 **주기에서 한 측면의 변화가 다른 측면**

의 변화와 연관될 것이라고 가정한다. 아마도 체계적 개입의 가장 중요한 요소는 치료자가 주기의 **어느** 측면에 초점을 맞추는가가 아니라 치료자가 내담자에게 맞는 한 측면에 초점을 맞추고 체계적으로 개입하는가 일 것이다.

치료자가 주기에 진입하는 지점이 어디인가와 관계없이, 대부분의 개입은 다음과 같은 목적을 가지고 있다(〈표 9-4〉 참조). (1) 과정을 늦추기, (2) 커플이 주기에서 그들 스스로에 대한 "메타입장"에 서서, 자신과 파트너를 다르게 경험하도록 돕기, 그리고 (3) 주기 안에서 파트너의 자세를 변화시킴으로써 자기 개인의 책임을 장려하기 등이다. 우리는 아래에서 이러한 각 개념에 대해 더 자세히 논의할 것이다.

표 9-4 공통 개입: 주기와 그 안에서 각자의 역할에 대한 인식 제고

공통 개입	대표적인 인용문	공통요인 설명
과정을 늦추기	<u>루이즈(EFT 내담자)</u>: "시간이 지남에 따라... 우리의 치료자는 그를 그렇게 오래 놔두지 않았고, 이렇게 말했어요. '루이즈를 보세요, 무슨 일이죠? 왜 그녀가 조용하다고 생각하세요?' 그리고 그런 종류의 것을... 그가 <u>스스로</u> 알아차리지 못했을 것을 지적하고 그가 방해하지 않도록 하면서." <u>브리짓(IFS 내담자)</u>: "나의 치료자는 나를 앞으로 달리게 하는 대신에 내가 있던 곳에서 계속 물러나게 했어요."	치료자는 각 내담자가 주기 안에서 자신의 역할을 깨닫도록 하고, 그 안에서의 자세를 변화시키는 것에 초점을 맞추었다. 그들은 이것을 (1) 진행 속도 낮추기, (2) 내담자로 하여금 자신과 파트너의 입장을 벗어나 서보기, 그리고 (3) 주기 안에서 자세를 바꿀 개인적 책임감을 장려하기를 통해 행하였다. 내담자가 치료 안팎에서 주기를 변화시키는 작업을 하면서 그들 머릿속에 그 주기에 대한 "그림"을 계속해서 지니도록 종종 메타포를 활용하였다.
자신과 파트너의 바깥에 서보기	<u>겔러(CBT 내담자)</u>: "우리는 더 잘 소통하고 있었고 우리 자신 밖으	

	로 나와 상대방이 하는 말을 듣고 있는 것 같았어요." 찰스(EFT 내담자): "확실히 더 많이 듣는 법을 배웠어요... 녹음을 들으면서 내가 말이 너무 많다는 것을 깨달았어요."	
주기 안에서 자신의 자세를 바꿀 책임을 장려하기	오닐(IFS 학생): "우리가 작업한 것은 그것이 한 부분이 될 때를 알아채고... 이러한 부부분에 대한 관계에서 그것들이 정말로 제멋대로 하게 내버려두지 않고 다른 반응을 보일 수 있도록 한 사람에 대해서나 커플 사이에서나 충분히 비판적인 자아의 덩어리가 있는지를 알아내는 능력인 거죠." 티파니(CBT 내담자): "치료자가 저와 함께 작업한 것 중 하나는 누르고, 누르고, 누르고 나서 폭발하거나 확대, 왜곡하는 것이 아니라... 애초에 제 자신을 주장하는 것이었어요."	

참고: CBT(인지행동치료), EFT(정서중심치료), IFS(내적 가족체계치료).

과정을 늦추기

커플은 종종 서로를 변화시키기 위한 논쟁적인 투쟁에 갇혀서 치료에 들어간다. 상호작용 주기를 변화시키는 첫 번째 단계는 커플이 이 과정을 늦출 수 있게 하는 것, 즉 그들이 전형적으로 "자동조정장치 autopilot"처럼 반응하는 것으로부터 더 생산적인 상호작용으로 바꾸도록 하는 것이다. 이 단계는 내담자들에게 심호흡을 하도록 격려하고, 각 사람이 말하는 시간의 양을 구조화시키며, 각 내담자가 어떻게 반응할지를 선택하는 것을 돕는 등 여러 가지 방법으로 이루어질 수 있다. 각각의 관계모델은 이 목적을 위한 몇 가지 개입을 가지고 있다. 과정을 늦추는 것은 커플이 그들의 관계적 어려움에 대한 다른 가능성을 탐색하게 한다. 내담자는 본질적으로 "나는 여기서 뭔가 다른 것을 시도할 용의가 있다"고 말한다.

커플이 자기 입장을 떠나 바라보도록 돕기

일단 어떤 커플이 속도를 줄이면, 치료자는 그들이 자신들의 입장을 떠나(즉, 바깥에서) 바라보도록 격려함으로써 그 주기를 바꾸도록 한다. 이러한 메타입장에 서 있을 때, 커플은 상호작용 주기에서 각 파트너의 역할을 보고, 서로 상호작용하는 다른 가능성을 탐구하기 시작한다. 이 과정은 인지행동치료에서 자기대화를 모니터링하는 것과 같은 몇 가지 모델별 개입을 하는 동안에 전개된다(Dattilio, 2005). 이러한 개입에서, 내담자는 상호작용을 하는 그들 자신들 밖으로 나와 그들이 논쟁하는 동안 파트너에 대해 말하고 있는 것을 보도록 권장된다. 내담자는 자기 자신에게 다음과 같이 말할 수 있다. "그가 늦게 귀가하기 때문에 나는 방어적인 기분이 들기 시작했다. 나는 그가 늦게 오는 것을 나와 함께 있고 싶지 않다는 뜻으로 해석하지만, 나는 지난 번 치료회기에서 그가 정말로 늦었다는 것을 알게 되었다. 왜냐하면 그는 나에게 언어적인 공격을 받고 싶지 않기 때문이다." 이 목표를 촉진시키는 다른 개입으로는 혹독한 언어에 기저에 놓여있는 "더 완화된softer" 의도나 요구에 초점을 맞추고, 각 파트너가 상대방의 이야기를 다르게 들을 수 있게 하는 것이 포함된다.

개인적 책임을 장려하기

일단 내담자가 그들의 과정을 늦추고 상호작용 주기에서 그들의 역할을 정확하게 인식할 수 있게 되면, 관계치료자는 그들이 주기에서 하는 역할을 변화시킬 책임을 갖게 한다. 내담자는 구체적으로 책임지는 것을 장려하려는 개입보다는 치료과정에 걸쳐 치료자가 사용하는 언어에 의해 더 많은 개인적 책임을 지도록 권장된다. 개인적인 책임을 장려하는 구절은 "그러니까, 다음에 부인이 당신에게 소리를 지르기 시작할 때, 당신은 그것을 부인이 당신과 연결해 보려고 그러는 거구나라고 인식할 필요가 있어요. 물러나 있고 싶은 충동을 억누르고, 그녀가 화를 내는 밑에 무엇이 있을까를 생각하면서 대응해보세요." 똑같은 상황에서 이렇게 하는 대신에 소극적으로 피해자로 만들어 버리는 것을 조장하는 반응은 "들어보세요, 당신의 파트너가 얼마나 비열한지 믿을 수 없네요. 그렇게 두려워하는 게 놀랍지 않네요!"이다. 치료가 전자에서 이야기하듯이 자기 책임을 강조하는 것 없이 피해자 의식을 만들어 내는 후자의 진술 쪽으로 치우쳐 구성되어 있다면, 변화는 일어나지 않을 것이다.

개입단계의 성공에 영향을 미치는 추가적인 변인

치료의 초기단계와 마찬가지로, 앞에서 언급했던 과제의 성공은 치료환경의 안전성, 과정이 반복되는 정도, 직접적이지만 저항을 이끌어내지 않는 방식으로 개입을 제시하는 치료자의 능력, 관계문제에서 자신의 역할에 대한 개인적 책임을 기꺼이 받아들이는 내담자의 의지, 그리고 치료자가 자기에게 최선의 이익을 위해 행동하고 있다고 내담자가 신뢰하는 정도 등에 의해 대개 결정된다. 예를 들어, 내담자가 자기 자신을 벗어나 외부에서 메타입장에 서보고 그 결과로서 다른 사람의 행동을 바꾸려면 상당한 수준의 인지적 복잡성이 요구되기 때문에 내담자가 심리학적이고 체계적인 개념을 파악할 수 있는 것이 또한 중요하다.

또한 개입단계의 성공 비결은 **치료의 목표에 맞추어 달라지는 치료동맹**이다. 치료적 관계는 내담자 관계의 모델이 되어야 한다. 내담자가 바꿀 필요가 있는 속성은 치료동맹에서 치료자를 모델로 삼을 수 있다. 예를 들어, 내담자가 배우자에게 자신을 더 많이 옹호할 필요가 있다면, 치료자는 배우자에게 맞서서 의도적으로 그러한 행동을 모델로 보여줄 것이다. 요컨대 치료동맹은 일어날 필요가 있는 변화를 모델로 보여주어야 한다.

루이스와 알리다가 치료를 시작했을 때, 그들은 서로를 바꾸려고 하는 것에만 집중하였다. 사라가 알리다로 하여금 루이스가 스트레스 받고 압도당하는 것으로, 또 루이스로 하여금 알리다가 외롭고 두려워하는 것으로 보게 하면 할수록, 그들은 추적-철수 주기에서 자신들의 입장을 더 많이 포기하기 시작했다. 각자가 점차로 어떻게 자신의 자세가 파트너에게서 그들이 싫어하는 자세로 이끌게 되었는지를 알기 시작하면서, 그들은 생각과 감정을 보다 효과적으로 전달할 수 있는 방법을 탐색하게 하려는 사라의 노력에 눈을 떴다. 루이스는 사라가 자신이 두려워했던 것과 같은 개방성을 가지고 알리다와 의사소통하는 것을 보고 더 용기를 내어서 알리다에게 마음을 열어주었다. 알리다는 사라의 부드러운 자세가 어떻게 그녀가 루이스에게 늘 원했던 방식을 열게 해주었는지를 더 많이 알게 될수록 루이스와의 소통을 더 부드럽게 할 수 있었다. 그들이 상담회기에서 소통에 대한 새로운 접근을 더 많이 연습할수록, 집에서 같은 일을 더 쉽게 할 수 있게 되었다.

성과단계

앞에서 언급한 바와 같이, 다른 모델은 **동일결과성**이라는 체계적 원리를 뒷받침해 주는, 유사한 결과를 낳는 경향이 있다. 이 연구에서는 다른 치료단계보다 내담자가 변화한 방식에서 더 많은 공통점이 발견되었다. 다양한 처치모델의 적용에도 불구하고, 내담자는 놀랄 만큼 비슷한 방식으로 변화했다. 이 연구에서 내담자가 변화했던 두 가지 주요 방식은 **완화**softening와 **상대방에 대한 여지를 만드는 것**making space for the other이었다. 다시, 우리는 이 두 가지 성과를 커플과 가족이 변화하는 방식들에 대한 포괄적인 목록으로서가 아니라, 많은 모델이 커플과 가족을 같은 목적으로 이끈다는 우리의 주장을 보여주는 예화로서 제시한다. 이 두 가지 성과는 비록 모든 사람이 모두 그렇지는 않지만, 많은 사람이 도달한다.

완화

커플치료가 성공적으로 진행됨에 따라, 내담자는 그들의 파트너(그리고 어떤 경우에는 그들 자신을)를 좀 더 인내심 있고, 수용적인 접근으로 바라보게 되면서 이전에 지니고 있었던 가혹하고 비판적인 시각을 기꺼이 포기하게 된다. 예전에는 가혹한 반응, 화난 감정, 그리고 비판적 사고를 촉발시켰을 사건에 직면해서, 그들은 그렇게 하는 대신에 "더 누그러뜨려" 행동하고, 느끼고, 생각한다. 그들은 자신의 감정을 더 잘 조절할 수 있고, 결과적으로 서로에 대해 정서적으로 더 쉽게 접근할 수 있게 된다. 그들은 서로를 더욱 친절하게 대하고, 서로에 대해 더 연민을 느끼고, 의심에 대해서도 서로의 좋은 의도를 신뢰하는 혜택을 더 많이 준다. 그들은 자신들의 정서적인 욕구가 타당하다고 보고, 그들이 그러한 욕구를 소유할 수 있고 그들의 파트너가 그들을 충족시킬 것이라고 믿는다. 그들은 예전 같으면 부정적인 상호작용 주기로 바뀌었을 것을 자유롭게 끝낼 수 있게 된다.

상대방을 위한 여지 만들기

마투라나Maturana(1992)는 "폭력"을 "다른 사람의 생각이 잘못되었기 때문에 바꾸는 것이 옳다고 생각하는 것"이라고 정의한다. 반대로 그는 "사랑"을 "다른 사람의 존재를 위한 열린 공간"이라고 정의한다. "폭력"과 "사랑"에 대한 그의 정의는 커플치료에 성공한 내담자가 경험한 공통적인 변화의 배경을 제공한다. 역기능적 상호작용 주기는 개인의 성장을 제한한다. 예를 들어, 전형적인 추적-철수 패턴에서 추적자는 인내심, 친절, 관용, 그리고 기타 그러한 속성을 밀쳐버린다. 철수자는 그의 주장을 무시해버린다. 양자 모두 일관성 있게 연결하려는 노력이 원하는 결과를 얻지 못함에 따라 종종 자신감을 잃게 된다. 상호작용 주기가 파괴적인 것에서 치유되는 것으로 바뀌면서, 커플은 서로의 자율성을 지지하는 쪽으로 기울게 되고 상대방을 통제하려는 시도를 버리게 된다. 각 파트너가 상대방을 통제하려는 시도를 파트너의 자율성에 대한 지지로 대체하기 시작하면서, 각 파트너는 자신의 무시 받았던 속성을 키워가는 데 자유롭게 에너지를 쏟을 수 있게 되는데, 파트너가 제공하는 정서적이고 물리적인 공간이 그로 하여금 그렇게 할 수 있게 해주는 것이다.

서로를 통제하려는 시도를 포기하는 것은 또한 커플이 삶의 다른 측면에서도 "속도를 늦출" 수 있게 한다. 이 연구의 내담자는 전반적으로 걱정, 스트레스, 불안, 그리고 강박이 줄어드는 느낌이라고 보고했다. 많은 사람은 전반적으로 삶을 많이 즐기게 되었는데, 즉 이전보다 더 많은 것에 웃게 되고, 다른 사람을 돕는 데서 의미를 발견했으며, 더 "깊어진" 삶을 즐기게 되었다고 말했다. 이것은 그들이 **외부**(즉, 그들의 파트너)를 바꾸려고 하는 것을 멈추고 자신들의 **내부**에 있는 것을 변화시키기 시작하면서 일어나게 되었다.

서로 연결하는 노력이 성공하기 시작하면서, 각 개인의 자신감과 자기효능감이 증가했다. 이것은 흔히 결혼관계와 커플의 삶에서의 다른 영역에서도 모두 해당이 된다. 각자가 상대방의 자율성을 더 키워주기 시작하면서, 대부분의 내담자는 그들의 일에서, 부모로서, 그리고 기타 영역에서도 더 자신감을 갖게 되었다고 연구는 보고했다.

치료를 받은 지 4개월이 되었을 때 루이스와 알리다는 서로를 완전히 다르게 보게 되었다. 그들은 서로의 행동 뒤에 숨은 좋은 의도를 보게 되었고, 서로에게 훨씬 더 많은 연민을 느끼게 되었다. 또한 서로에게 더 친절해졌다. 루이스는 사라가 자신이 느끼고 있는 것을 알게 하고 표현하게 하면서 자신감이 얼마나 높아졌는지 놀라워했다. 그 결과, 결혼생활이 향상되었을 뿐만 아니라, 그가 직면했던 문제에 대해 더 주장을 할 수 있게 되고 그의 사업도 번창하게 되었다. 그리고 사라는 알리다로 하여금 루이스에게 반응하기 전에 그를 이해하려고 노력하도록 했는데, 이것은 알리다가 다른 사람과 상호작용 하는 동안 더 많은 통제력을 느끼게 만들었다. 그녀가 반응하기 전에 다른 사람의 말을 더 많이 들을수록, 그녀는 루이스뿐만 아니라 그녀의 아이들, 친구들, 그리고 다른 사람에 대해서도 더 참을성 있고 더 이해심이 많아지게 되었다.

앞에서 언급한 바와 같이, 이러한 변화는 비록 불리는 이름은 다르지만, 여러 가지 다른 모델에서 일관적이다. 이러한 변화를 더 안정적으로 애착됨(정서중심치료), 더 분화하게 됨(보웬치료), 부분이 물러서게 해서 자기가 이끌 수 있게 됨(내적 가족체계치료), 자유롭게 만드는 이야기를 채택함(이야기치료), 자기의 기피된 측면을 통합함(대상관계치료), 혹은 이러한 현상에 대한 그 어떤 유사한 모델별 묘사로 부르던 간에, 변화는 여전히 동일하며, 그것은 실용적으로 유사하지만 개념적으로 다른 경로를 통해 달성된다.

강점과 한계

우리는 우리의 모델이 임상가가 더 나은 치료를 하도록 도울 수 있다고 믿는다. 우리 모델은 임상가로 하여금 그들의 내담자가 치료를 통해 내담자가 진전하는 것을 추적할 수 있도록 광의의, 그리고 협의의 범이론적 변인들의 목록을 제공한다. 우리의 모델은 임상가가 치료가 정체되면, 치료과정에 대해 물을 수 있는 수많은 질문을 제공한다(이러한 질문 목록은 제12장 참조). 게다가, 만약 내담자가 치료자의 접근에 잘 반응하지 않는다면, 우리의 모델은 치료자를 유사한 과정으로 방향을 바꾸도록 하면서도 어떤 모델이 사용되고 있는지에 상관없이 유사한 목적을 가리켜 주기 때문에, 다른 접근으로 바꾸는 것에 대해 훨씬 덜 당황하도록 만들 수 있다.

이 모델은 광의적, 협의적 공통요인을 어떻게 커플치료에서 변화가 나타나는지를 묘사하는 일관된 메타모델 안으로 결합시키는 지 인식하게 된 첫 번째 노력을 나타낸다. 모든 연구에 대해서와 마찬가지로, 결과의 일반화를 제한시키는 연구설계에 내재된 한계가 있다. 우선 이 모델은 치료에 영향을 미치는 모든 요인을 포함한 것은 아니다. 예를 들어, 우리는 인종, 성별, 그리고 사회정치적 맥락과 같은 더 큰 맥락적 요인을 명시적으로 조사하지 않았다. 이러한 요인을 모델 안으로 통합시키는 미래의 연구가 그것을 더욱 포괄적으로 만들 수 있을 것이다. 하지만, 그 동안에 우리는 문화적으로 민감한 치료자가 다양한 내담자에게 적합하도록 우리의 모델을 변용시키는 데 어려움을 겪지는 않을 것이라고 생각한다.

게다가, 우리가 아는 것은 언급된 변인이 통계적으로 성과와 관련이 있는지 없는지에 대한 것이 아니라는 것이다. 바라건대 그것은 미래의 연구에 의해 결정될 것이다. 더욱이, 연구자의 편견을 최소화하기 위해 표준적인 예방조치를 취했음에도 불구하고, 단순히 연구자의 편견 때문에 놓쳤거나 반대로 지나치게 강조된 치료의 측면이 의심할 여지없이 존재한다. 이러한 한계에도 불구하고, 우리는 그것이 다양한 치료자와 모델에 의해 사용될 수 있을 만큼 충분히 광범위하면서도, 임상, 연구, 훈련 지침을 제공할 만큼 구체화된, 하나의 유용한 모델이라고 믿는다. 우리는 그 모델의 검증, 확장, 정련화가 계속되기를 바란다.

가족치료를 위한 특별한 고려 사항

이 메타모델은 구체적으로 커플치료를 위해 고안되었지만, 우리는 그것이 가족치료에서도 쓰일 수 있다고 믿는다. 그럼에도 불구하고, 우리는 이 메타모델을 가족치료의 지침으로 사용할 때 중요한 모순이 있다고 믿는다. 첫째, 커플치료는 일반적으로 가정폭력 혹은 많은 페미니스트 학자가 주장하듯이 비평등적 결혼과 같은 힘의 불균형이 존재하는 경우를 제외하고 변화에 대한 동등한 책임을 가정한다(Murphy & Eckhardt, 2005). 가족치료는 전형적으로 부모-자녀관계에 내재된 힘의 불균형으로 인한 변화에 대해 동등한 책임을 가정하지 않는다. 부모와 자식 모두가 변해야 할 때, 첫 발을 내딛는 의무는 부모에게 집중된다. 둘째로, 많은 효과적인 가족치료 모델은 더 큰 체계, 즉 학교, 교회, 지역사회 자원 등을 처치 안으로 통합시킨다(Doherty &c Beaton, 2000; Fraenkel, 2006). 우리가 개괄적으로 설명한 커플치료 모델은 그런 면에서는 거의 지침을 제공하지 않는다.

가족에 적용할 때 메타모델의 한계에도 불구하고, 치료의 초기단계에서 참여와 동기 부여의 중요성을 강조하고, 그것들에 대한 관련 지침을 제공한다는 점에서, 기능적 가족치료(Sexton & Alexander, 2005)와 같은 기존에 확립된 가족치료 모델과 겹치는 부분이 있다. 뿐만 아니라 이 연구에서 요약한 대로 내담자의 치료자모델 채택을 이끄는 원칙이 가족치료에도 적용될 것 같다. 더욱이, 대부분의 확립된 가족치료 모델은 체계론적이기 때문에, 이 모델에서 개략적으로 설명된, 개념적이고 개입적인 도구로서 상호작용 주기의 사용을 지도하는 원칙은 가족치료에도 사용될 수 있다. 마찬가지로, 이 연구에서 달성되는 공통의 성과는 가족치료에서도 가치 있는 목표가 될 가능성이 있다.

제10장 공통요인에 반대하는 경우

우리가 기술해온 공통요인 관점은 직관적이고, 임상환경에서 지속적으로 확인되고, 연구에 의해 강하게 지지되고 있지만, 이렇게 처치를 보는 관점은 또한 시끄러운 비평가들을 가지고 있다. 이 장에서 우리는 그러한 비판들을 살펴보고 그에 대한 우리의 반응을 제시한다.

이 논의를 시작하면서, 극소수의 비평가들(그리고 그들 중 기존에 있는 데이터를 왜곡할 준비가 되어 있는 가장 극단적인 사람들)은 공통요인을 중요하지 않다고 보는 것을 강조하는 점이 중요하다. 공통요인을 비판하는 대부분의 사람들도 치료적 관계와 희망의 생성과 같은 처치의 측면들이 차이를 만든다는 것을 인정한다(Chambless, 2002; Sexton, Gilman, & Johnson-Erickson, 2005). 대신에, 그들은 주로 웜폴드Wampold(2001)나 던컨Duncan, 밀러 Miller와 동료들(Hubble et al., 1999)과 같은 가장 급진적인 공통요인 관점에 그들의 비판을 겨냥한다(Hubble et al., 1999). 이러한 급진적인 공통요인 접근은 심리치료가 공통요인의 적용이며,

처치 접근들은 성과와 무관하며, 처치 접근들을 연마하려는 노력이 잘못된 것이라고 시사한다.

비록 우리는 웜폴드, 허블, 던컨과 밀러와 같은 학자들의 업적에 대해 큰 존경심을 가지고 있고, 이 책에서 강조했듯이, 우리의 작업에 대한 그들의 중요한 공헌을 인정하고 싶지만, 우리 자신의 접근은 상당히 다르다. 그들의 더 극단적인 입장과는 대조적으로, 우리는 커플·가족치료에서 공통요인을 유일하게 관련된 성분들은 아니지만 처치에서 가장 결정적인 요소로서 본다. 그럼에도 불구하고, 공통요인 접근에 대한 비평가들과 우리 자신의 입장 사이에는 상당한 차이가 남아 있다. 공통요인에 대해 전형적인 비평가들은 특정 처치가 우리가 이 책에서 제안하는 것보다 치료효과에 훨씬 더 중요한 역할을 한다고 제안한다(Chambless, 2002; Sexton et al., 2004). 우리는 그들이 공통요인에 대해 제시하는 각각의 핵심 비판에 대해 차례로 상당히 상세하게 논의한다.

• **비판 1: 특정한 처치가 대안적인 처치보다 우수하다는 것을 보여주는 수백 개의 연구가 있다.** 이 책에서 묘사한 것과는 다른 가족치료, 그리고 좀 더 일반적으로는 심리치료를 바라보는 아주 다른 방식이 있다. 이것은 경험적으로 지지되는 심리치료empirically supported psychotherapies: ESTs(때로는 "경험적으로 검증된 심리치료empirically validated psychotherapies"라고도 함)의 관점이다. EST 관점은 심리치료의 연구에 약물실험을 변용시킨 것에서 유래되었다(Westen et al., 2004). 약물의 안전성과 효과를 검증할 때, 무선임상실험이라고 불리는 실험설계는 약물들이 잘 작동하는지 혹은 이미 확립된 약물이나 위약보다 더 나은지를 발견하는 데

활용된다. 이 설계에서, 피험자들은 모두 모아져서 무작위로 다양한 약물과 위약을 받는 집단들에 할당된다. 그리고 난 뒤, 그 집단들은 처치 후에 그들의 기능이 비교된다. 위약보다 더 낫고 다른 잘 확립된 처치와 동등하거나 또는 더 나은 처치가 효과적으로 확인된다.

EST의 주창자들은 처치의 영향을 검증하기 위해서는 동일한 방법을 사용해야 하며, 처치가 정말로 차별화된 영향을 가지고 있어야 한다고 제안한다. 이러한 과학자들의 핵심집단은 임상가와 임상환경의 세계에 상당한 영향을 끼쳤을 뿐만 아니라, 미국의 NIMH와 같은 정부기관과 전 세계의 다른 유사한 집단들에서 엄청난 영향력을 가지고 있고, 제3자 지불인들에 대해 영향력을 증가시키고 있다. EST를 확립하는데 사용되는 연구들에서, 무선화된 잠정 내담자들은 다른 심리치료들, 더 전형적으로 심리치료를 받는 집단과 처치가 없는 집단, 혹은 위약 처치를 받는 집단들에 할당되고, 집단 간 차이가 평가된다. EST의 지위를 달성한 처치를 제안하기 위해 가장 자주 호출되는 (제5장에서도 인용된) 표준(Chambless, 1999)은 처치가 특정한 장애에 미치는 영향을 확증해주는 질 높은 무선임상실험이 최소한 두 개 이상 존재해야 하는데, 이러한 연구들은 최소한 두 개의 서로 다른 조사자들에 의해 수행되어야 한다는 것이다(한 사람만으로는 EST를 확인하는 연구의 출처가 될 수 없는데, 이것은 편견을 가진 보고와 충성도효과의 가능성을 제한하고자 해서이다).

ESTs는 커플·가족치료에도 등장하기 시작했다. 결혼 생활의 고통을 다루고 있는, 인기 있는 ESTs에는 정서중심 커플치료(Johnson, 2003b), 행동적 커플치료(Jacobson, 1980), 통합행동적 커플치료(Cristensen et al., 2004)가 포함된다. 청소년 비행, 행동장애, 약물사용장애를 치료하기 위한 ESTs에는 단기전략적 가족치료(Santistban et al., 2003), 다체계적 치료(Henggeler, Schoenwald, Borduin, Rowland, & Cunningham, 1998), 다차원적 가족치료(Liddle et al., 2005), 기능적 가족치료(Sexton & Alexander, 2003), 그리고 다차원적 처치위탁관리multidimesional treatment foster care(Chamberlain & Smith, 2005)가 있다. 심각한 정신질환을 다루는 ESTs에는 조현병schizophrenia(Anderson et al., 1980; Falloon, 2002)과 양극성장애bipolar disorder(Miklowitz et al., 2000, 2003)에 대한 가족심리교육 기술구축 처치가 포함된다. 확실히, 이러한 각각의 처치들은 세심하게 구성되고 잘 고려된 처치이다. 각 치료(많은 처치에 똑같이 해당된다)의 개발에는 상당한 시간과 노력이 들어갔다. 그리고 각각은 하나 이상의 임상실험에 의해 지지되었고, 전 세계에 널리 보급되었다. 처치 개발에서의 그러한 주의와 연구는 감탄할 만한 것으로 보인다. 하지만 우리는 이러한 ESTs의 지지자들이 이러한 처치들을 칭찬하는 것 이상으로 나아갈 때, 우려하는 마음을 갖게 된다. 그들은 다른 처치들의 영향은 아직 모르는 상태인데도, ESTs는 효과적이라는 것이 확실하기 때문에 ESTs가 다른 것보다 분명히 더 우수하고, 따라서 그들이 선호하는 EST가 첫 번째로 선택되는 처치가 된다고 주장하는 것이다.

제5장에서 강조했듯이, EST로서 처치를 확립하거나 쉐디쉬와 볼드윈(2003)이 MAST라고 부르는 것(메타분석적으로 지지되는 처치meta-analytically supported treatment)은 이러한 지정의 한계를 인식하기만 한다면 상당한 가치 있을 수 있다. 온건한 공통요인 입장은 무선임상실험이 외부 청중(정부, 제3자 지불인 및 기타 사회과학자 등)에게 우리의 처치가 효능 있음을 증명하기 위해 필요하다는 것을 인정한다. 우리는 또한 어떤 모델이 효능이 있음을 보여주는 것은 장점이 있다고 제안했다.

EST와 MAST를 지지하는 연구들은 또한 오늘날의 의료모델 중심으로 기금이 조성되는 연구환경에서 확실히 결코 기금을 조달받지 못할 동맹의 영향과 같은 처치의 측면에 대한 2차 분석을 허용하는 다른 가치를 추가했다.

그럼에도 불구하고, 실제보다 더 많이 드러내는 것처럼 보이기 위해 EST로 처치를 지정하는 것은 상당히 안이한 것이다. 여기에는 여러 가지 이유가 있다. 첫째, 어떤 처치가 가장 효과적인지 결정하는 이 방법이 약물연구에서 작동하는 방식으로 심리치료에 적용 가능한지에 대한 기본적인 의문이 있다. 우리는 또한 그것이 다른 접근들로 보완되지 않는다면 심리치료 평가에 가장 좋은 방법인지 의문을 제기한다. 약물실험은 약물과 위약을 대조한다는 것을 명심하라. 이것은 일반적으로 피험자가 어떤 집단에 배정되었는지 모르는 방식으로 제시하기가 상당히 쉽다(비록 여기서조차 때때로 피험자가 실제로 어떤 것이 위약인지를 부작용의 유무로 상당히 쉽게 알아낼 수 있다는 주장이 제기되기도 하지만 말이다). 심리치료는 "맹검blind"(피험자는 대개 그들이 통제집단에 속해 있는지 여부를 알고 있다)이 매우 어렵고, 치료자가 실제로 피검자가 어느 집단에 배당되었는지를 항상 알고 있기 때문에 사실상 이중 맹검이 불가능하다. 게다가, "위약placebo"이라는 개념조차도 심리치료 연구에서는 문제가 있는데, 왜냐하면 특정하지 않은 요인들이 통제집단뿐만 아니라 실험집단에서도 중요한 역할을 하기 때문이다. 마지막으로, 약물치료에서는 누가 처치를 전달하느냐가 훨씬 덜 중요하지만, 심리치료에서는 누가 처치를 전달하느냐가 결정적으로 중요하다.

더 나아가, 가장 훌륭한 연구에서조차도 효능을 시험하는 효과적 설계를 만들어 내는 데 수많은 문제들이 존재한다. 예를 들어, 연구를 위한 프로토콜에 적합한 사람들은 대개 질문되는 문제를 포함해서 어려움의 범위가 다양한 전형적인 내담자들과는 상당히 다르다. 전형적인 EST 연구에서 그러한 "동반질환comorbidities"(의료모델의 맥락에서 사용되는 용어)의 존재 여부는 그러한 내담자를 연구대상에서 제외시키게 만든다. 이러한 내담자들에게 있어, 연구에서 초점을 맞추고 있는 것 이상의 동반질환 문제는 대개 없는 것으로 배제되어 왔다.

치료자들은 또한 처치가 비교될 때 두 가지 다른 접근을 능숙하게 다루는 경우가 드물며, 이러한 연구 프로젝트에 참여하는 치료자의 수는 전형적으로 소수이다. 이는 각 치료자로 하여금 다양한 처치의 영향이, 그가 특정한 처치를 수행하는 능력뿐만 아니라 공통요인(다른 집단에 할당된 치료자가 그렇게 할 수 있는 능력이 다를 수 있음)을 얼마나 잘 나타내는지에 따라서도 영향받기 쉽게 만든다. 실제로, 가장 괄목할만한 EST 심리치료 연구인 우울증에 대한 NIMH 협력 처치 연구(Elkin, 1994)에 대해 제기된 한 가지 주장은 집단 간의 차이가 주로 몇몇 치료자가 내담자와 작업하는 능력에서의 차이에 따른 효과라는 것이다(Elkin, 1999). 제4장에서 지적한 바와 같이, 이 연구에서는 치료자효과는 매우 유의미하지만 처치효과는 그렇지 않다는 설득력 있는 증거가 있었다.

더욱이, 처치들은 대개 전집general population에서의 다양성을 거의 대표하지 못하는 상당히 작은 표본samples에서의 진단을 공유하는 내담자들에게서 연구된다. 이것은, 예를 들어, 다른 문화나 연령 집단에서 오는 내담자들에서는 그 효과가 다를 뚜렷한 가능성을 열어 놓는다. ESTs는 내적 타당도(즉, 그 방법이 표본에서 처치가 효과적임을 입증하는 것을 허용하는지의 여부)에 대해서는 엄격한 통제를 하면서, 전형적으로

외적 타당도(즉, 그 처치가 실질적인 면에서 다른 사람들에 대해서도 작동하는지의 여부)에 대해서는 별로 언급하지 않는 효능연구efficacy studies를 통해 그 정당성을 얻는다. 이러한 연구들을 제한하는 다른 방법론적 문제에는 중도탈락한 내담자들이 제시하는 어려움(그 처치는 그것을 완료한 내담자들 사이에서는 효과적일 수 있지만, 많은 내담자가 그렇지 않을 수 있음)과 처치 기간을 비용 고려에 따른 약물실험 기간으로 한정시키는 내재적 필요(그렇기 때문에, 그 문제에 대한 가장 좋은 처치 기간이라기보다는 연구의 필요와 관련해서 구조화된 처치를 야기시키는)가 포함된다. 아마도 무엇보다도, 이러한 작업들은 연구될 특정 처치의 선택(EST가 될 가능성을 만들어내기)으로 인해 비판을 받아왔는데, 왜냐하면 한 가지 문제를 치료하는 데 효과적인 것으로 입증된 처치가 거의 항상 또 다른 문제를 치료하기 위해서는 별도의 기금을 확보해야하기 때문이다(그러므로 순환적인 문제를 일으키게 되는데, 오늘날 ESTs는 대개 인지행동치료의 버전으로 이끈다).

부가적으로, 이러한 처치들의 영향력은 대개 제시된 것만큼 명확하지 않다. 처치들은 전형적으로 처치가 거의 없거나 심지어 문제가 있는 처치(청소년 문제에 대해 시설수용으로 처리하는 것 등)를 제공하는, 무처치나 매우 평판이 나쁜 "그저 그런 처치treatment-as-usual"와 비교된다. 때때로 이러한 "그저 그런 처치"는 선의를 가지고 있지만 지나치게 뻗어나간 실천가가 제공하는, 조직화되지 않은 "육감과 경험에 의한 seat-of-the-pants" 개입이다. 제4장에서 지적한 바와 같이, 개입이 잘 조직화되고 일관성이 있다는 사실은 (특정 개입과는 무관하게) 조직화되지 않은 대안보다 그것을 더 효과적으로 만들 수 있다. 그저 그런 처치를 하는 치료자는 또한 선호되는 "실험적" 조건에 있는 대응되는 치료자보다 덜 헌신적이다. 다른 연구는 연구 중인 처치를 실제 임상가가 하는 것과 현실적으로 유사하지 않은 가짜 심리치료 버전과 비교해왔다. 드류 웨스턴과 동료들(Westen, Stirman, & DeRubeis, 2006)은 다음과 같이 표현했다.

> 연구자가 임상가로 하여금 그들의 연구를 진지하게 받아들이도록 원한다면, 그들은 임상가를 진지하게 고려해야할 필요가 있다. 즉, 그들은 자신의 처치를 무처치, 대기자명단 통제, TAU[12]로 이름 붙여진 최악의 관행(즉, 흔히 기금도 없는 상황에서 교육 받지 못한 치료자가 과로하면서 하는 처치), 혹은 실패를 의도시키는 조건(예: 그들이 전심전력을 다하지 않아도 되는 처치 조건에 있다는 것을 알고 있는 대학원생에 의해 수행되는 이론적 목표가 없는 "지지적인" 치료)과 비교를 할 것이 아니라, 사설기관 치료를 하고 있는 숙련되고 보수를 잘 받는 전문가에 의해 수행되는 처치와의 비교를 할 필요가 있을 것이다(p. 171).

ESTs를 널리 시행된 다른 처치나 다른 ESTs와 진정으로 비교하는 연구는 몇몇에 불과하다. 이것은 널리 수용되는 전심전력을 다하는 처치가 연구된다면 ESTs로 나타날 수 있는 분명한 가능성을 남겨둔다. 대부분의 처치들은 단지 연구되지 않았다.

대표적 사례가 우울증의 개인 처치에서 만들어질 수 있다. 초기의 처치 연구들은 모두 우울증에 대한 인지행동 처치에 초점을 맞추었기 때문에, 한 때 유일한 ESTs는 모두 인지행동 처치였다. 그 후, NIMH에

---

12) 역자 주: TAU(Treatment-As-Usual)는 처치를 제공하지 않거나 심지어는 문제가 될 소지가 있기도 한 처치를 제공하는 것이다.

서 약간의 로비를 통해, 정신역동치료, 대인관계치료가 개발되어 검증되었다(Elkin, 1994; Kierman, Weissman, Rounsaville & Chevron, 1995). 그리고 그 후, 닐 제이콥슨Neil Jacobson이 커플치료(비록 인지행동적인 것이기는 했다; Jacobson et al., 1991)에 대해서도 그렇게 했듯이, 레스 그린버그Les Greenberg와 동료들은 상당히 뚜렷하게 경험적 정서중심치료가 또한 효과적임을 보여주었다(Eliott, Watson, Goldman & Greenberg, 2004). 나중에 이 두 집단이 나타나지 않았다면 우울증에 대한 모든 ESTs은 개인 인지행동치료였을 것이다. ESTs가 되는 접근의 유형은 조사되는 다양한 대안들과 분명히 밀접하게 상관관계를 가지고 있다.

또한 이러한 처치들에 대한 연구들에서는 강력한 충성도효과가 있다. 조사자가 선호하는 처치는 거의 불가피하게 더 나은 결과를 낳는다. 실제로, 한 메타분석은 이 요인이 처치 연구의 성과를 결정하는 데 가장 중요한 단일요인이라는 것을 발견했다(Luborsky et al., 1999). 제4장에서 언급한 바와 같이, 웜폴드(2001)는 충성도효과가 심리치료에서 처치효과보다 성과 분산의 더 많은 부분을 차지한다는 설득력 있는 경험적 증거를 제공한다.

우리의 논문으로 돌아가자면, 대다수의 문제에 있어 분명히 처치들 간에 걸쳐 나타나는 공통요인이 커플·가족치료들 간에 나타나는 차이보다 더 뚜렷하다. 치료자들은 모두 동맹을 맺고, 희망을 불러일으키고, 목표를 세우고, 우리가 논의했던 다른 공통요인을 끌어들인다. 이 연구는 어떤 처치가 미치는 영향력의 극히 일부만이 공통요인 속성을 배제한 처치로 귀속될 수 있다는 것을 보여준다.

이러한 결론은 압도적으로 처치는 기분 좋아지게 하기, 삶의 의미 찾기, 인간관계 즐기기, 직장에서 일 더 잘하기 등과 같은 생활에서의 광범위한 이슈를 목표로 한다는 것이다. 이러한 목표 중 그 어느 것도 EST의 중요한 초점은 아니라는 것을 주목하라. 약물치료에 대한 NIMH 연구에서 도출된 패러다임을 고려할 때, 이러한 목표는 미국정신의학회American Psychiatric Association의 DSM이라는 현상학 내에서 형성된 문제에 대해서는 0일뿐이다. 부가해서, DSM에서 이름 붙여진 증상 처치에 초점을 맞추고 의료모델 관점을 가정하더라도, 기분부전장애 dysthymic disorder나 범불안장애generalized anxiety disorder 혹은 적응장애 adjustment disorder와 같은 많은 문제는 분명히 임상가에 의해 광범위한 처치 방법을 적용할 수 있다고 간주된다. 그리고 여기서는 검증된 각 처치가 효과적이라고 입증되었다(Greenberg & Watson, 1998; Jacobson et al., 1991; Kierman & Weissman, 1991; Westen et al., 2004). 또한 아직은 그러한 문제를 다루는 연구에서 비효과적인 것으로 나타난 접근이 없다는 것을 항상 기억하는 것이 필수적이다(Westen et al., 2004).

ESTs를 지지하는 사람에게 공평하게 말하자면, 고도로 전문화된 특정한 문제에 대해 독특하게 효과적인 것으로 보이는 처치가 있다는 것이 우리의 의견(앞에서 지적한 바와 같이)이다. 전형적인 임상가가 이러한 어려움을 가진 모집단을 치료하기 어렵다는 것을 명확히 인식하게 되는 문제가 있고, ESTs는 특별히 이러한 문제에 효과적이도록 설계되었다. 그런 문제들의 예는 공황장애panic disorder(Craske & Barlow, 2008), 강박장애obsessive-compulsive disorder(Franklin & Foa, 2007), 심각한 부부간 고통 severe marital distress(Christensen et al., 2004), 경계선성격장애borderline personality disorder(Koerner & Linehan, 2002), 그리고 청소년 외현화장애 adolescent externalizing disorders(Pickrel & Hengeler, 1996) 등이다. 어떤 임상가는 모든 문제에 대해 광범위한 효과를 주장할 수 있지만, 그러한 문제에 대해 고도로 전문화된 처치를 할 수 있는 처방이 있는 것 같다. 하지만 그러한 문제를 드러내는 내담자는 분명히 모든 내담자 중 소수만을 구성한다는 것이 강조되어야 한다. 나아가, 이러한 문제를 다루기 위해 유사한 ESTs가 여러 개 개발되기 때문에(제5장에서 지적한 바와 같이), 그러한 문제에 대해 하나의 고유한 효과적인 처치가 아니라 오히려 핵심 특성을 공유하는 효과적인 처치들의 유목이 있다는 것이 분명해 보인다.

가족치료 중 몇 가지 예를 들어보자. 합동참여 처치conjoint treatment는 부부간 고통에 대한 개인 처치보다 훨씬 더 우수하고, 정서중심 커플치료, 행동적 커플치료, 통합행동적 커플치료는 심각한 부부간 어려움에 대해 상당한 영향력을 미친다는 것이 분명해 보인다(Gurman, 1978; Jacobson et al., 2000; Johnson, 2003a). 그럼에도 불구하고, 유사한 영역을 다루는 커플치료의 방법들이 궁극적으로 효과적인 것처럼 보인다. 이와 유사하게, 집중적인 처치를 받는 가족과 개별 청소년과의 작업을 포함하는 다체계적 처치는 청소년 행동표출과 약물사용 문제에 대해 선택되는 처치로 보인다(Kazdin, 2007). 방법은 다르지만 체계 관점, 처치 강도, 처치 참여를 주장하는 방법, 그리고 전형적으로 십대에게 개별적인 초점 맞추기를 포함하는 몇 가지 유사한 처치들은 모두 효과가 입증되었다(Henggeler et al., 1998; Liddle et al., 2005; Robbins et al., 2003; Sexton & Alexander, 2005). 세 번째 예는 조현병이나 양극성장애와 같은 더 심각한 형태의 정신장애를 다루는 데 있어 약물치료, 내담자에 대한 개인적 도움, 가족에 대한 도움을 결합하는 처치에서 찾을 수 있다(Anderson et al., 1980; Falloon, 1993; Miklowitz, 2008; Rea et al., 2003). 이것들은 처치하기 어려운 문제의 맥락에서 분명히 효과적인 치료들이다. 그러나 우리는 또한 이러한 각각의 특정 상황에서 이와 같이 광범위한 요인을 포함하는 다른 처치들이 이러한 문제를 다루는 상표를 붙인 치료보다 덜 효과적일 것이라고 믿을 이유가 없다고 본다. 유사한 요소를 포함하는 새로운 치료가 정기적인 간격을 두고 ESTs의 목록에 들어가며, 실제로 국립정신건강연구원tional Institute of Mental Health와 국립약물남용연구원tional Institute of Drug Abuse에서는 이러한 각각의 어려움을 다루기 위한 다소 다른 방법이지만 유사한 접근들과 관련된 몇 가지 "새로운" 처치에 대한 검사들이 진행 중에 있다.

따라서 종합해서 보자면, ESTs는 가치가 있지만, 임상과학자가 그것들을 "황금기준"이라고 언급하는 것이 항상 인정되지는 않는 한계를 가지고 있다. 그것들은 외부 청중에게 효능과 공신력을 확립시켜 주는 데 있어서 매우 귀중한 것이며, 다루기 어려운 어떤 문제를 다룰 때 특별한 관련성을 가지고 있다. 더욱이, 제5장에서 언급한 바와 같이, 무선임상실험의 방법론 안에 이러한 조사 안에서 공통요인에 대한 연구가 수행되는 것을 막는 것은 없다. 하지만 진전 연구progress research(전형적인 치료를 회기별로 효과를 검토하는)(Pinsof & Wynne, 2000)나 공통요인을 어떻게 더 잘 관여시킬까에 대한 연구와 같은 다른 유형의 연구가 기금을 주는 기관에서 폭넓게 지원되지 않는 것은 또한 안타까운 일이다. 그러한 종류의 연구는 처치 효능을 확립하기 위한 임상실험보다 어떻게 그리고 왜 치료가 효과적인지를 알게 하는 데 더 좋은 정보를 제공할 것이다.

• 비판 2: 공통요인에 대한 경험적 지지는 메타분석에서 발생하는데, 이는 처치 요인들의 영향을 완전히 반영하기 위한 충분히 미묘한 차이가 있

는 접근이 아니다. 이러한 비판은 (우리가 그것에 대해 묘사한 문제들에도 불구하고) 주로 임상실험을 연구의 황금기준으로 생각하고, 다른 형태의 증거를 연구문제와 밀접한 것으로 받아들이지 않는 사람들로부터 비롯된다. 그들은 엄격하게 통제된 임상실험이 아니면 어떤 것도 의심스러운 증거라고 여긴다.

분명히, 메타분석과 같은 종합적 접근은 공통요인 연구에 매우 중요하다. 임상실험설계는 2차 분석에서 공통요인들의 영향을 연구하는 데 사용될 수 있지만(예를 들어, 상대적 효과를 분석하기 위해 연구에서 다른 치료자들의 영향을 분석), 그것들을 임상실험의 1차 초점으로 만들기 위해 공통요인들을 실험적으로 조작할 수는 없다. 가장 단도직입적으로 말하면, 여러분은 치료자를 무작위로 나쁜 치료를 하도록 배정할 수 없다.

예를 들어, 이러한 가상적인 연구를 상상해 보자. 한 조사자는 높은 수준의 치료동맹과 희망 관여를 장려하는 처치를 받는 내담자와 의도적으로 이러한 특성들에서 낮게 평가되도록 설계된 처치에 참여하는 내담자를 대조하는 한 연구를 제안한다. 이 두 가지 요인이 처치에서 **정말** 중요하고, 따라서 그것들 없이 처치를 받는 내담자는 본질적으로 열등한 처치를 받고 있다는 것이 정신건강 전문가들 사이에서는 거의 보편적으로 받아들여지기 때문에, 그 연구는 기관이나 대학의 연구 검토위원회의 심사를 **결코** 통과하지 못할 것이다. 따라서 연구를 감독하는 임상시험심사위원회the institutional review board는 통제집단에 속해 있는 것이 거기에 배당된 사람들에 대한 안전한 선택이라고 보지 않을 것이다. 그것은 공통요인의 필수적인 중요성에 대한 증거이기는 하지만, 동시에 임상실험 연구의 직접적인 초점이 되는 것에 대한 제약이다.

의학에서 실험방법보다 선행되는 특정 원소의 사용과 마찬가지로, 공통요인이 중요하다는 것은 "일반적인 관행"의 가정이다. 의학이나 대부분의 활동에서, 일반적인 관행은 연구에 의해 부당성이 입증될 때까지 적용 가능한 것으로 간주된다.

더욱이, 우리가 알고 있는 바로는, 공통요인이 중요하지 않다는 논리를 뒷받침할 만한 기존 연구도 없다. 공통요인의 영향에 도전하기 위해 이용된, 단 하나의 미미한 관련 데이터는 우리가 이미 설명한 수많은 연구들로 구성되어 있는데, 이는 세심하게 연마된 치료들이 초점 없는 단조로운 지지로 이루어진 유사 처치들보다 더 효과가 있다는 것을 보여준다. 하지만 우리가 강조했듯이, 이 연구집단은 우리가 이 책에서 찬성하는 것과 같은 공통요인 접근의 모범적 버전에는 미치지 못한다. 나아가, 공통요인은 "섬들로" 있는 것이 아니라 처치방법을 **통해** 작용한다(Sprenkle & Blow, 2004b). 사실, 공통요인은 그 안에 밀접하게 내장되어 있기 때문에 주의 깊게 연마된 실험 처치의 효과를 만들어 내고 있는 것이 무엇인지를 알아내기 어려울 것이다. 당신은, 예를 들어, 치료동맹을 개발하지 않고 개입을 전달하는 것이나, 좋은 치료자가 되는 것에 대한 다른 비모델별 측면을 사용하지 않는 것을 상상할 수 있는가? 이 장의 앞부분에서 통제뿐만 아니라 제1장에서 강조했듯이, "위약 통제placebo control"라는 전체 개념은 처치집단**과** 통제집단 모두에 나타나는 공통요인을 갖지 않는다는 것이 불가능하기 때문에 심리치료 연구에 있어서는 허물어지게 된다.

이것을 염두에 두고, 우리는 공통요인의 중요성에 대한 연구 증거가 주로 메타분석에서 나온다는 비판과 그 증거가 약하거나 논쟁의 여지가 있다는 주장으로 되돌아간다. 공통요인을 적게 생성하는 치료자에게 내담자를 무작위로 할당하는 것은 윤리적으로 부적절하기 때문에 공통요인에 대한 주요 증거는 처치집단 내에서 공통요인이 높은 집단과 낮은 집단들 간 성과에서의 차이를 평가하면서, 전형적으로 메타분석에서 제시된 상관분석과 매개분석에서 나온다는 것이 사실이다. 이러한 결과들은 여러 저명한 문헌 리뷰(Lambert & Bergin, 1994; Lambert & Hill, 1994; Lambert & Ogles, 2004)와 메타분석(Kazdin, 2003; Shadish & Baldwin, 2002; Shadish et al., 1993; Wampold, 2001; Wampold, Minami, Tierney, Baskin, & Bhati, 2005; Wampold et al., 1997)에서 요약되었다. 이러한 각각의 리뷰와 메타분석에서, 공통요인은 분산의 중요한 원천으로 나타났는데, 사실상 항상 처치요인보다 더 중요하게 나타났다. 유일한 진짜 논쟁은 공통요인과 처치요인의 영향력 정도와 공통요인이 처치요인보다 얼마나 더 중요한가에 관한 것이다. 이러한 데이터에 대한 주장은 사실상 영향력이 없는 처치요인을 제안하는 것(Hubble et al., 1999)으로부터, 어느 정도의 영향력을 제안하는 것(Olinskinski, Grawe & Parks, 1994)[13], 더 높은 영향력을 주장하는 것(Chambless & Ollendick, 2001; Sexton et al., 2004)에 이르기까지의 범위에 걸쳐있다. 따라서 이러한 문헌 리뷰나 메타분석에서의 결과의 방향에 대해서는 거의 논쟁이 없다.

분명히 메타분석에서의 문제가 **있다**. 비평가들은 메타분석이 결과에 영향을 줄 수 있는 방법론적으로 약한 연구들을 포함하기 쉽다고 주장한다. 메타분석은 그들이 메타적으로 분석하는 연구들만큼만 좋다. 아마도 공통요인에 비해 전반적인 처치요인의 영향을 감소시키는 많은

---

13) 물론 "특정요인" 학자들은 처치요인의 영향을 높은 것으로 평가할 것이다(Chambless, 2002; Sexton & Ridley, 2004).

허술한 치료들이 연구되어 왔거나, 혹은 처치의 효과는 최상의 연구에서만 나타날 수도 있다. 그러나 그러한 비판은 연구의 방법론적 질, 특수한 문제 영역, 또는 연구된 처치의 종류가 결과에 영향을 미치지 않음을 입증하는 결과들을 통해 우리에게 강조되어온 것으로 보인다. 사실상 모든 메타분석은 공통요인에 대해 중요한 역할을 보여주며, 몇몇은 이 결과가 모든 연구에서 만큼 최상의 연구들에서 강력하다는 것을 보여주었다(Shadish & Baldwin, 2002; Smith & Glass, 1977). 메타분석에서 공통요인의 중요성을 뒷받침하는 연구 결과들은 만일 더 약한 연구들이 효과를 야기했다면 불가능했을 방식으로 그 크기가 일관적이다. 이것이 통계분석의 문제로 취급되지 않도록, 연구의 질에 대한 세심한 문헌 검토가 이러한 메타분석의 결과를 확증해 주었음을 강조할 필요가 있다(Lambert, 2004; Norcross, 2002b).

처치요인에 비교해서 공통요인의 중요성을 뒷받침하는 메타분석에 대한 다른 비판은 이러한 분석에 대한 오해에 기초를 두고 있다. 예를 들어, 섹스턴 등Sexton et al.(2004)은 메타분석은 특정처치모델에 병렬적으로 대응되는, 느슨하게 정의되거나 확산된 치료 "학파들"을 비교했을 뿐이라고 주장했다. 그러나 실제로, 웜폴드(2001)와 루보르스키 등(Luborsky et al., 2002)은 모두 메타분석을 오로지 제대로 된 처치들 간 비교로 제한했다. 마찬가지로, 섹스턴 등(2004)은 어떤 메타분석은 작기 때문에(요약된 연구들이 거의 없었다) 처치 간의 차이를 보여주기에 통계력이 불충분하다고 주장했다. 그러나 메타분석에서는 각 연구 추정치가 연구의 참여자 수에 기초하기 때문에 표준오차가 훨씬 작다. 따라서 각각 N이 20인 3개의 연구를 합치면, 3개가 아닌 60명의 참여자를 대상으로 한 연구와 유사할 것이다(Sprenkle & Blow, 2004b).

메타분석의 기법이 더 정교해지고 메타분석가가 더 세분화된 코딩(예: 문제의 유형 또는 내담자의 유형을 떼어놓는 것)을 수행할 수 있게 됨에 따라, 처치 특수성에 대한 더 많은 증거가 나타날 수 있다는 것이 확실히 가능하다. 그러나 우리는 잘 행해진 메타분석은 특정 처치요인이 공통요인보다 더 강력하다는 것을 증명할 가능성은 매우 낮다고 생각한다. 사실 우리는 모든 심리치료 연구에서 가장 강력한 데이터 기반 연구결과 중 하나는 성과 분산의 가장 큰 부분이 모든 성공적인 처치에 공통적인, 변화의 기제에 기인하는 것이라고 믿는다(Sprenkle & Blow, 2004b).

• 비판 3: 공통요인 옹호는 처치모델과 경험적으로 지지되는 모델을 폄하하고 변화과정을 지나치게 단순화한다는 점에서 양자택일의 입장이다. 이러한 논쟁은 가족치료, 좀 더 일반적으로는 심리치료에서 공통요인에 대한 과장된 관점을 목표로 한다. 우리는 그 과장된 관점에 국한된다면, 이 입장에서 장점이 있다고 본다. 치료자가 어떻게 개념화하고 개입하는지는 전혀 중요하지 않다고 제시하는 것은 우리가 이 책에서 완전히 부인했다고 믿는, 진상을 외면하는 입장이다. 우리는 그들이 가족을 돕기 위한 일관성 있는 계획이 부족하기 때문에, 쉽게 배려하는 모습을 보여주지만 가족을 참여시키지 못하는 선의의 치료자들이 가족과의 첫 만남을 하는 것을 본 적이 있다. 가족치료 분야는 여러 해에 걸쳐 개발된 모델들로 가득 차 있으며, 이 모델들은 문제에 관여하고 문제를 해결하는 사려 깊은 방법을 제시하며, 배울 가치가 충분히 있다.

처치요인에 더 큰 중요성을 귀속시키는 주장은 공통요인의 중요성을 감소시키는 주장보다 훨씬 더 강하다. 더 새로운 EST 변종이든 구식 접근이든 엄청난 양의 작업이 처치의 개발에 들어갔다. 이러한 모델들은 심리치료에서 지난 100년 동안, 그리고 가족치료에서 60년 동안에 걸쳐 진화하여 인간의 행동을 변화시키는 참여방법에서 점점 더 세련되고 발전해 왔다. 오늘날의 접근은 변화를 위한 효과적인 전략과 현재 엄청난 가치를 지닌 개입의 거대한 도구모음 세트로 채워져 있다. 더욱이, 모델은 전형적으로 인간의 기능에 대한 통찰력을 제공하고 종종 인생에서 중요한 것(예: 진정성, 자율성, 연결, 협력, 느낌, 낙천성, 이성, 자아에 대한 지식, 증상 없음, 마음챙김)에 대한 유용한 관점을 제공하는 성격과 정신병리에 대한 이론들에 기초하고 있다. 비록 이러한 생각들이 모두를 위한 보편적인 진리를 나타내지는 않을지라도, 처치모델의 중심에서 그러한 핵심가치들은 사람의 삶을 변화시키는 데 잠재적인 도움이 되는 방향을 만들어낸다. 또한, 그들은 임상가로서 우리가 개입을 가능하게 하는 명확한 방법으로 문제를 보도록 돕는다. 한 가족이 청소년의 약물사용과 같은 문제에 대한 처치로 들어갈 때, 개입의 초점이 될 수 있는 수많은 요인이 불가피하게 존재한다. 처치모델은 치료자가 이 정보를 분류하고, 변화를 위한 길을 제시하도록 돕는다. 모델은 또한 분명히 심리치료자의 발전에 도움을 준다. 우리 중 한 사람이 다른 곳에 썼듯이(Lebow, 2002), 새로운 치료자는 전형적으로 명확한 연습 모델의 길이 없다면 길을 잃게 될 것이다.

따라서 우리는 처치를 폄하하려는 것이 아니다. 처치는 결국 우리가 이 책에서 설명하는 희망과 동맹과 같은 몇 가지 공통요인을 만들어내는 가장 좋은 방법들 중 하나이다. 우리는 그저 우리 중 하나가 "신성시하는sacred"(Sprenkle & Blow, 2004a) 것으로 칭한, 변화를 향한 **최고**

의 혹은 **유일한** 길로 처치를 물신화시키는 지점에서 잠시 멈춰 세우는 것이다. 처치는 거의 항상 다른 처치로도 불러일으킬 수도 있는 변화 과정을 불러일으키는 것이다. 그것들은 단 하나가 아니라 사람들이 변화하게 하는 세상을 보는 하나의 유용한 방식을 나타내는 것이다. 그리고 각 모델은 다른 모델보다 특정한 유형의 인간 상황에 더 잘 적용된다. 우리는 또한 경험적으로 지지되는 처치의 가치를 강조해왔다.

그러나 우리는 (접근들 간 임상실험 경주를 예로 들 수 있듯이) 연구와 대화에서 모두 모델끼리 경쟁하는 것에서 벗어나, 모든 임상실천을 가능하게 하는 실천방법과 도구가 공통으로 공유하는 토대를 이해하는 쪽으로 움직여가는 것이 그런 논쟁과 경주를 지속하기보다 더 생산적일 것이라고 믿는다. 예를 들어, "진전연구progress research"라고 불리는 새로운 연구 전통은 내담자가 지속되고 있는 처치과정이 어떻게 진전되고 있는지를 바라보고 처치가 진전됨에 따라 처치 진행에 대한 피드백을 임상가에게 제공하는 것이다. 이것은 장애에 집중된 고도로 통제된 임상실험연구에서의 멀리 있는 처치 성과에 일차적인 초점을 두기보다는, 내담자에 대해 배우고 그들을 돕는 데 훨씬 더 가치를 두고 있는 것으로 보인다(Howard et al., 1996; Pinsof & Wynne, 2000). 진전연구는 회기별로 내담자 기능화와 동맹을 살펴보고, 처치가 어떻게 진전되고 있는지에 대한 지속적인 피드백과 책임을 제공함으로써 내담자의 처치에 한없이 추가될 수 있다. 마이클 램버트와 그의 동료들(Lambert, Harmon, Slade, Whipple, & Hawkins, 2005)은 치료자(그들이 선호하는 처치 방법과 상관없이)가 짧은 기간 동안의 진전에 관한 회기별 피드백을 받았을 때 현저하게 개선되었다는 일련의 연구를 보고하였다. 이러한 접근은 여전히 오랫동안의 목표를 주시하면서도 예상보다 진전이 덜 이루어졌을 때 처치의 측면을 바꾸도록 권장한다. 이 접근은 어떻게 특정한 진단문제를 다룰 것인가에는 초점을 덜 맞추고 무엇이 내담자를 진정으로 돕는 열쇠가 되는지를 이해하고, 핀소프(1995)가 문제유지 구조라고 부른, 이러한 이슈를 강조하는 것에 더 초점을 맞춘다. 핀소프와 동료들(Pinsof & Lebow, 2005; Pinsof & Wynne, 2000)은 최근 일련의 척도들(변화에 대한 체계 치료 척도)로 구성된 부부·가족치료에서의 진전을 평가하는 체계와 내담자 진전을 추적하는 고도로 정련된 컴퓨터 피드백 체계를 개발했다. 진전 연구와 같은 연구방법은 임상실험연구를 통해 장애에 잘 부합시킨 가장 효능적인 치료법을 찾아내는 것에 강조점을 두기보다 훨씬 더 성과가 있어 보이는 심리치료 연구에서 등장하고 있다.

드류 웨스텐(Westen et al., 2004)은 우울하고 성적인 문제가 있었던 한 내담자를 지적하였다. 우울증이나 성적 문제에 대한 ESTs는 전형적으로 그의 자기 대화를 바꾸는 것을 통해 이러한 문제를 극복하는 구조화된 방식을 지적해왔다. 그러나 이 내담자는 주로 그의 성 정체성과 관련된 풀리지 않은 문제들 때문에 그러한 문제를 가지고 있었다. 그 내담자는 자신이 게이라는 것을 받아들이면서, 우울증과 성적인 문제가 가라앉게 되었다. 그러한 경우, EST는 단순하게 문제의 본질을 놓칠 수 있는데, 자세히 보자면 문제가 거의 항상 의료모델 측면에서 정의된 진단범주의 관점에서 공식화되기 때문이다. 대다수의 내담자는 그런 간단한 카테고리에 깔끔하게 들어맞지 않는다.

우리는 공통요인에 대한 논의를 종종 "처치는 전혀 중요하지 않다"는 주장을 하는 지지자들에 반대해서 유발되는 허수아비 때리기 논쟁에서 벗어나게 할 필요가 있다. 우리가 이 책에 가지고 온 틀은 특정 처치로부터 배울 수 있고 심지어 어떤 특정 상황에서는 특별한 개입을 적용할 수 있는 여지를 남긴다. 그러나 우리는 커플·가족치료자들이 단지 그것이 지정된 ESTs라고 해서 새로운 처치를 배우는 데 집중하는 것보다 공통요인을 끌어올리는 그들의 능력을 최대화시키는 방법을 찾는 것이 더 가치 있다고 강하게 믿는다(Lebow, 1987). 치료자 측의 적극적인 자세와 내담자에게 전달되는 전심전력을 다한 개입방법을 가정한다면, 치료자와 내담자 사이에 무엇이 일어나는가가 그 처치가 ESTs 중의 하나인지 아닌지보다 훨씬 더 중요한 것이다. 궁극적으로, 우리는 커플·가족치료에서 치료실천을 위한 일련의 원칙이 나타날 가능성이 있다고 믿고 있지만(예를 들어, 내담자에게 의사소통 기술을 가르치는 것은 내담자에게 그런 기술이 부족할 때는 언제든지 도움이 된다), 그러한 일련의 원칙은 대부분의 ESTs의 처방적 규칙에서는 멀리 떨어져 있다. 가족치료에서 가장 널리 지지되는 ESTs중의 하나인, 청소년 약물남용과 비행에 대한 다체계치료(Hengeler & Lee, 2003)는 개입을 결정하기 위해 아주 광범위한 수준이 되는 (가족, 학교, 또래, 기타) 중 어떤 체계 안에서 작업하는 것이 가장 중요한지에 주로 초점을 맞춘다는 점에 주목할 만하다. 가족치료에서의 처치 상태와 가장 정교한 ESTs의 발전 방향도 바라보면서, 공통요인의 토대 위에 처치를 견고하게 구축하고, 당면한 사례에 적용할 수 있는 일련의 관련성 높고 효과적인 개입전략을 이용하는 것(Lebow, 1997; Pinsof, 1995)이 이 분야의 미래 방향이 될 것이다.

우리의 접근은 현재 가장 뜨겁고 가장 잘 검증된 처치모델에 대한 마케팅(책자들은 흔히 ESTs를 기술하고 있다)의 호소력을 가지고 있지 않을 수 있다. 하지만, 우리는 그것이 수십 년 동안 발전해 온 우리 분야의 축적된 지혜에 대해 훨씬 더 잘 말해준다고 믿는다. 증거를 가지고 오는 것은 실천의 발전에 필수적이다. 그것은 가치가 있는 이론, 전략과 기법을 그렇지 않은 것과 분리하는 데 도움이 되며, 더욱이 증거를 적절하게 실천에 알릴 수 있게 함으로써 특정한 방법이 언제 그리고 어떤 상황하에서 유용한지 이해하게 해준다. 그러나 처치의 영향력을 중요하게 평가하는 증거를 고려한다는 것이 이와 같이 좁게 정의된 근거기반 처치가 반드시 정해진 최선의 실천방법이라고 이해시키는 것은 아니다. 궁극적으로 치료는 변화를 향해 나아가는 핵심적인 인간과정에 참여하게 함으로써 그 영향을 미치고 있으며, 공통요인은 대개 이러한 핵심적인 인간과정에 참여시키는 주요한 요소라는 것이 우리에게는 명백해 보인다. 그리고 이 전문직이 곧 존재할 수백 개의 ESTs 중 한두 가지의 EST로 전문가들이 훈련되는 방향으로 나아가기보다는, 특정한 집단의 사람들에게 특히 잘 작용하는 것처럼 보이는 방법들 밑에 깔려 있는, 공통요인과 다른 변화의 원리들에 의존하는 것이 훨씬 더 나을 것이다(Castonguay & Beutler, 2006a).

제11장
공통요인의 훈련 및 슈퍼비전

앞에서 언급했듯이 우리 세 사람은 임상가이자 교육자이자 슈퍼바이저다. "무엇이 치료자를 효과적으로 만드는가?"라는 질문은 임상가로서 우리의 발전에 깊숙하게 관련되는 질문이다. 이 문제에 대한 우리의 대답이 책의 초점이었다. 교육자와 슈퍼바이저로서, 우리는 또한 새로운 패러다임을 훈련시키는 데 관심이 있다. 교육자가 훈련생에게 어떻게 지배적인 모델중심의 변화 패러다임과 반대로 우리의 공통요인 중심의 변화 패러다임에 따라 배우게 할 수 있을까? 우리의 훈련 및 슈퍼비전 접근이 지니는 이점은 무엇인가? 이 장은 이 두 가지 질문에 대한 답을 하는 데 초점을 맞춘다.

제8장에서, 우리는 서로 다른 관계치료 모델이 유사한 관계과정에 초점을 맞추고 유사한 개입과정 목표를 가지고 있지만 그러한 과정에 대한 개념화는 아주 다양하다는 우리의 믿음에 대해 논의했다. 효능비교 연구의 이면에 있는 가정은 이러한 개념화와 그것으로부터 논리적

으로 전개되는 개입 중 하나가 다른 모든 것보다 우월하다는 것이다(Lambert & Ogles, 2004). 그러나 이러한 가정은 일관되게 틀린 것으로 드러났다(Shadish & Baldwin, 2002). 그렇다면, 모든 서로 다른 커플·가족치료 모델들을 어떻게 할 것인가? 그런 모델들의 증식이 필요한가, 아니면 그것들은 커플·가족치료의 통달이라는 벅찬 과제를 더욱 어렵게 만드는 것인가?

우리는 여러 가지 서로 다른 잘 개발된 관계치료 모델을 갖는 것은 매우 다양한 실천가, 연구자, 그리고 이론가가 있기 때문에 피할 수 없는 결과라고 믿는다. 한편으로, 치료자 간에 매우 다양한 믿음, 선호, 성격 등이 있기 때문에, 다양한 커플·가족치료 모델을 갖는 것은 좋은 일이다. 그러한 다양성은 치료자가 자신과 맞는 것뿐만 아니라, 효과적인 치료의 중요한 요소인 내담자와도 잘 맞는 모델을 찾는 데 도움이 된다(Blow, Davis & Sprenkle, 출판 중[14]).

다른 한편, 서로 다른 것 같은 관계적 접근의 긴 목록을 응시하는 것은, 초보 치료자가 그것들 중 어느 하나라도 숙달하는 것은 고사하고, 잘 맞는 하나의 접근을 찾아내는 작업조차 벅차보이게 만들 수 있다. 모델중심 변화 접근은 한 모델에 숙달하기로 선택한다는 것은 다른 것들은 숙달하지 않기로 선택하는 것이라고 정의내리고, 한 모델이 다른 모델들과 분리되어야만 숙달될 수 있다는 메시지를 전달함으로써 자신도 모르게 곤경에 처한 훈련생의 딜레마를 가중시킬 수 있다. 비록 우

14) 역자 주: 이 책이 발표될 당시에는 출판 중이었으나 그 후 참고문헌에서의 제목도 수정되어 발표되었다. Blow, A. J., Davis, S. D., & Sprenkle, D. H. (2012). Therapist-worldview matching: Not as important as matching to clients. *Journal of Marital and Family Therapy*, 38(1), 13-17.

리는 이 접근이 반드시 해롭다고는 생각하지 않지만(하나도 안 하는 것보다는 한 모델을 숙달하는 것이 더 낫지 않은가?), 우리는 그것이 불필요하게 제한적이라고 믿는다. 역사적으로, 모델개발자들은 학생들이 효과적이 되기 위해서는 특정 모델을 배워야 한다고 주장해 온 반면, 공통요인 연구자들은 종종 치료동맹을 구축하고, 희망을 고취시키는 등과 같은 광범위한 공통요인을 배우는 것을 지지하고 모델들을 가르치는 것을 삼간다(Hubble et al., 1999). 이러한 양자택일either-or의 자세는, 우리가 보기에는 효과적인 처치의 똑같이 중요한 측면들 사이의 인위적인 분열을 만들어내면서 양쪽 모두 한동안 논쟁의 여지가 있는 투쟁에 갇히게 만들었다. 여러 모델에 걸쳐 광범위한 공통요인과 공통성을 불러일으킴으로써, 우리가 제시하는 양자 모두both-and의 공통요인 및 공통요인 중심 변화접근은 훈련을 크게 단순화할 수 있다.

도입부에서 언급한 바와 같이, 우리의 공통요인 중심 변화 패러다임은 기존모델들을 바라보는 새로운 방식을 행하는 것이지 하나의 새로운 치료모델을 나타내는 것은 아니다. 공통요인을 배우는 우리의 훈련 접근은 교육자에게 그들이 가르치는 내용을 극적으로 재정비하도록 요구하지 않지만, 그것은 모델과 다른 치료기술이 **서로와 관련시켜** 배우도록 하는 방식에 시사점을 갖는다.

이단의 첫 번째 슈퍼바이저였던 마크는 인지행동 커플치료자였다. 마크는 이단이 커플치료의 인지행동모델을 숙달하도록 장려했는데, 그것이 커플치료에서 가장 경험적으로 지지되는 처치 중 하나였기 때문이다. 이단은 인지행동치료가 그가 생각하기에 다른 모델만큼 그의 스타일에 맞지 않았음에도 불구하고 이것을 따랐다. 이단의 다음 슈퍼바이저는 정신연구소Mental Research Institute: MRI 접근의 지지자였고, 따라서 마크가 이단에게 인지행동접근을 숙달하도록 격려했던 것처럼 이단에게 정신연구소MRI 치료를 숙달하도록 격려했다. 프로그램이 진행되면서, 이단은 자신이 그것에 완전히 익숙해지기 시작했을 때 한 가지 접근에서 다른 접근으로 끌려가는 것처럼 보였다. 그는 프로그램의 상당 부분을 자신이 많은 모델과 친숙하지만 그 어느 모델에도 능숙하지 않다고 생각하면서 보냈다. 모델들이 모두 흐릿해지기 시작했고, 그는 여전히 치료에 대한 일관성 있는 접근을 가지고 있는 것처럼 느껴지지 않았다. 그는 낙담하기 시작했다.

이단이 모델들을 더 가까이서 연구하면서, 그는 다른 모델이 관계와 관련된 문제를 개념화하는 방식과, 결국 치료자가 내담자로 하여금 도달하게 하려는 최종 결과의 측면에서 몇 가지 겹쳐지는 영역을 보기 시작했다. 그는 또한 다양한 모델에서 이용되는 개입들이 유사한 주제를 공유한다는 것을 알아챘다. 어떤 것은 내담자가 서로 관계 맺는 방식을 바꾸게 했고, 다른 것은 서로에 대해 생각하는 방식을 바꾸게 한 반면, 또 다른 것은 내담자들이 서로에 대해 느끼는 방식을 바꾸었다. 이와 같이 그가 모델들이 다르기보다 더 유사하다고 보게 되자 이단의 혼란은 누그러지게 되었다. 이단은 두 가지 접근이 그의 슈퍼바이저들이 주장했던 것만큼 다르지 않았기 때문에 그가 두 가지의 아주 다른 접근에 숙달할 수 있다는 것을 깨달았다. 이단은 새로운 접근을 배우고 싶을 때마다 원점에서 출발할 필요가 없다는 것을 깨달았다. 일단 이 사실을 알게 되면서, 그는 여러 가지 접근을 숙달했고, 처치과정 전체에 걸쳐 한 가지 접근을 순수하게 사용하거나, 처치 동안 다른 처치 모델로 옮겨가거나, 혹은 여러 가지 모델을 자신의 내담자에게 맞는 접근으로 통합하기 위해 내담자의 피드백을 이용하는 데 편안해졌다.

공통요인 중심 변화 훈련 접근과 모델 중심 변화 훈련 접근의 기저에 있는 가정

내담자와 치료자: 누가 누구에게 적응해야 하는가?

치료자의 모델과 내담자의 선호도 간 적합성을 보장하는 것이 중요함은 연구에 잘 설명되어 있다(Johnson & Talitman, 1997; Muir et al., 2004). 모델 중심 변화 접근은 다른 방식보다 더 내담자가 치료자에게 맞출 것을 요구한다. 치료자가 가지고 있는 모든 것이 망치 하나라면, 그 치료자는 처치가 진행되기 전에 각 내담자를 하나의 못으로 바꾸어야 한다. "내담자들은 이미 긴 그들의 과제 목록에 '내 치료자에게 어떻게 적응할 것인가'를 추가해서는 안 된다."(Blow et al., 2007, p. 310). 우리는 또한 제4장에서 치료자가 내담자의 선호에 맞추어 그들의 지시 수준을 조정할 필요가 있고, 또한 다른 내담자에게는 그 수준을 적당히 유지하기 위해 각성을 감소시키는 반면 어떤 내담자에게는 정서적 각성 수준을 높일 필요도 있다고 시사하는 연구를 살펴보았다. 우리는 또한 어떤 내담자는 통찰지향적인 접근으로 혜택을 받고, 어떤 내담자는 기술 구축과 증상에 초점을 맞춘 방법에 더 잘 반응한다고 제시하는 인상적인 연구들을 살펴보았다.

대부분의 커플·가족치료 모델은 본성상 통합적이며, 따라서 여러 다른 모델에 친숙하고, 그러한 모델들의 한계를 보고 그 한계를 풀기 위해 새로운 모델을 내놓을 만큼 충분히 창의적인 사람들에 의해 개발되었다. 그렇다면, 같은 모델개발자가 돌아서서 그들의 모델이 임상가가 숙달해야 할 유일한 모델이라고 공공연히 또는 은밀하게 주장한다는 것은 아이러니한 일이다. 교육자가 아마도 무의식적으로 오로지 한 모델의 숙달을 장려함으로써 그 패러다임을 강요하는 것은 훨씬 더 불행한 일이다. 어느 누구도 단 한 가지 약만 처방하는 의사를 선택하지는 않을 것이다. 마찬가지로, "어떤 한 모델도 다른 모델에 대한 숙달을 배제할 정도로 포괄적이지 않다"(Blow et al., 2007, p. 310).

반대로, 우리의 공통요인 훈련 접근은 치료자가 더 많은 모델을 잘 알수록, 그 치료자는 내담자의 선호에 유연하게 적응할 수 있을 것이라는 것을 제안한다. 모델은 대개 같은 관계과정을 언어적으로 다른 방식으로 개념화하기 때문에, 학생은 관계적 고통과 건강의 공통과정(Gottman & Notaraly, 2000)과 각 모델이 이 과정을 설명하는 방식을 인식하도록 훈련받을 수 있다. 또한 변화를 가장 잘 받아들일 수 있는 과정의 측면과, 모델별 개입이 그러한 변화를 달성하는 공통적인 방식에 초점이 맞춰질 수 있다(추가적인 세부사항은 제8장 참조). 학생들은 어떤 하나의 **이론**에 대해 열정적이기보다는 **이론**에 대해 열정적이 되도록 권장될 것이다(Blow et al., 2007, p. 310).

인간의 다양성 이슈에 대한 인식

치료모델과 내담자 간의 적합성을 고려할 때, 문화, 젠더, 민족, 성적 지향, 종교 등과 같은 인간의 다양성 이슈를 고려하는 것이 아주 중요하다. 어떤 연구자는 특정모델이 어떤 문화, 젠더 및 민족에게 다른 모델보다 더 적합하다고 주장한다(McGoldrick, Gordano, & Garcia-Preto, 2005). 하나의 모델이 "작동"하는가 아닌가는 부부간의 고통 점수가 떨어지거나 부부가 싸움을 그치는지를 보는 것보다 더 복잡하다.

어떤 모델의 유용성을 평가할 때 다양성 이슈에 대한 민감성과 유해한 고정관념을 강화시키는 모델의 성향과 같은 윤리적이고 도덕적인 문제를 고려해야 한다. 예를 들어, 어떤 모델은 치료자에게 각 가족구성원의 경험을 동등하게 가치매기도록 장려하는가? 모델은 다양한 문화에 적용할 수 있을 만큼 충분히 유연한가? 이러한 질문에 대한 답은 효능과 관련된 답과 마찬가지로 모델의 유용성을 평가할 때 똑같이 중요하다.

내담자의 자원 역량에 대한 과소평가

마치 그것이 내담자를 개선시킬 유일한 모델인 것처럼 한 모델을 가르치는 것은, 내담자가 너무 서툴러서 그들이 치료를 이용하게 만들기 위해서 우리가 공작품을 제대로 만들어내야 한다는 미묘한 메시지를 전달한다. 하지만 솔직히, 당신의 내담자에게 그들의 변화가 부분적으로는 당신이 말한 적이 없거나 그들이 오해한 것 때문에 일어난 것이라고 인정한 적이 얼마나 많은가? 그것은 우리가 주의 깊게 기억하는 것보다 더 여러 번 일어났고, 우리가 최고로 잘해낸 치료 중 일부는 우리가 결코 실제로 행하지 않은 치료였다! 때때로 우리의 최선의 노력과 **상관없이** 내담자가 향상되는 것처럼 보인다! 우리는 치료가 아무런 가치가 없다고 말하는 것이 아니다. 반대로, 연구에 따르면 치료를 받으러 가는 대부분의 사람은 그렇지 않은 사람보다 훨씬 더 나아진다고 한다(Shadish & Baldwin, 2002). 오히려, 우리는 어떤 한 치료모델의 중요성을 지나치게 강조하는 것은 우리가 그들에게 주는 것을 내담자가 생산적으로 이용하는 능력을 과소평가하는 것이라고 말하는 것이다(Tallman & Bohart, 1999). 우리의 접근은 사람을 돕는 많은 방식이 있다고 주장함으로써, 그리고 그 반대보다는 모델을 내담자에게 맞추어 변용함으로써, 그 사실을 인정하는 것이다.

공통요인 훈련 프로그램의 요소

변화의 원리에 대한 이해

몇 가지 모델은 차치하고 한 가지 치료모델조차도 숙달하는 것은 버거울 수 있다. 이 과업은 다양한 모델에 걸친 **변화의 원리**principles of change를 이해함으로써 더 쉽게 해낼 수 있다(Christensen, Doss, & Atkins, 2005). 뷰틀러 등Beutler et al.(2002)은 다음과 같이 말한다. 변화의 원칙은

> 밝혀진 상황 하에서, 그리고 특정한 종류의 환자에게서의 변화와 관련되는 조건, 치료자 행동, 그리고 개입의 유목을 확인한다. 원칙은 이론이 아니며, 그것은 관찰된 관계에 대한 설명이다. 그것은 기법보다 일반적이고 이론보다 더 구체적이다. 그것은 우리에게 언제, 무엇을, 누구에게 행해야 하는지를 말해 주는 "만약... 그렇다면"이라는 관계이다(p. 3).

즉, 원칙은 다양한 모델의 특징이며, 광범위하게 다양한 상황에서 적용할 수 있는 치료적 변화의 집약된 "진리"이다. 커플·가족치료에서 변화의 원리를 보여주는 하나의 예로는 "커플은 주기의 속도를 늦추고, 자신과 파트너를 각각의 입장에서 떠나 바라보게 하고, 주기에서

자신의 역할을 바꾸는 것에 대한 책임을 받아들임으로써 그들 자신이 파괴적인 상호작용 주기로부터 벗어나게 됨에 따라 더 큰 만족을 누리게 된다."라는 것이다(Davis & Piercy, 2007b).

우리는 초보 치료자가 그러한 원칙이 밑에 깔려있는 모델들을 배움에 따라 변화의 원칙을 배울 수 있다고 믿는다(변화의 원칙에 대한 철저한 논의를 위해서는 Castonguay & Beutler, 2006b 참조; Christensen et al.(2005)은 또한 커플·가족치료에서 변화의 원리에 대한 유익한 토론을 제공한다). 효과적인 치료자는 그들을 광범위하게 다양한 내담자에게 적응시키고 문제를 제시할 수 있게 하는 변화의 원리를 확실하게 이해하고 있다. 변화의 원리를 배우는 것은 치료자가 직관을 따르면서도 이론중심적이 되도록 도울 수 있는데, 이것은 흔히 서로에게 반대되는 것으로 보이는 치료의 두 측면이다.

고통받는 부부와 건강한 부부에 대한 이해

일단의 관계치료 전문가에게 "무엇이 건강한 관계를 만드는가?"라고 물어보면, 당신은 자료의 근거가 거의 없는, 폭넓게 다양한 의견을 얻게 될 것이다. 우리는 관계에 대한 전문가로 추정되기 때문에 그것이 불편하다(결국 의사들은 "신체적 건강이지!"라고 정의할 수 있다). 이상하게도, 그것이 우리가 "다루는" 것인데도, 많은 관계치료자들은 여전히 건강한 부부들과 고통스러운 부부들에 대한 문헌들에 대해 대체로 무지하다(Gottman & Notarious, 2000). 공통요인 훈련 프로그램은 학생을 건강한 부부와 고통받는 부부의 공통점에 노출시킬 것이다. 학생들은 또한 어떻게 다른 모델이 이러한 공통적인 과정을 개념화하고 내담자가 고통으로부터 건강의 상태로 이동하도록 개입하는지를 배울 수 있다.

비임상 가족과 관련된 연구에 대한 이해

어떤 치료모델도 인간 경험의 모든 측면을 다룰 수는 없다. 그러므로 임상가가 규범적 인간발달, 젠더와 다양성 이슈, 영성, 문화, 종교, 가족연구, 의사소통, 가족에 영향을 미치는 관련 사회정치적 이슈 등과 연관되는 문헌에 능통하게 하는 것이 중요하다(Blow et al., 2007).

광의의 공통요인에 대한 이해

학생들은 광의(즉, 치료과정 자체에 내재된 치료의 측면)뿐만 아니라 협의의 공통요인(즉, 공통의 개입방법과 같은 치료의 모델에 관련된 요인)을 파악해야 한다. 치료자는 어떻게 치료동맹을 구축하고, 감시하고, 유지하는가, 어떻게 내담자를 참여하게 할 것인가, 그리고 무엇보다도 어떻게 희망과 기대를 만들어 낼 것인가를 이해해야 한다.

치료자로서의 자기 작업

만일 치료자의 작업이 해결되지 않은 개인적 이슈로 방해를 받는다면, 어떤 훈련도 소용이 없게 될 것이다. 사실, 많은 광범위한 공통요인(예: 건강한 치료동맹의 확립)은 정서적으로 건강한 치료자(Tim & Blow, 1999)를 전제로 한다. 우리는 현재 진행 중인 치료자로서의 자기 self-of-the-therapist 작업이 학생과 교육자 모두에게 훈련의 중요한 부분이라고 믿는다. 우리는 학생들이 훈련을 받는 동안 개인치료를 받도록 강력하게 장려하는 프로그램을 추천하고, 학생들에게 비용을 할인해 주는 지역사회나 대학상담서비스를 통해 치료자들과 계약을 하게 해준다. 우리는 또한 실습, 집단상담과 같은 강좌나, 교육과정 그 어디에라도 치료자로서의 자기 작업을 통합하는 프로그램에 동의한다.

우리의 공통요인 훈련 접근의 실제 사례

우리는 석사 수준의 커플치료 강좌에서 이런 방식으로 모델을 가르치는 접근을 개발했다. 우리는 뿐만 아니라 다른 방법도 있다고 확신한다. 우리의 강의에서, 학생들은 초기 커플·가족치료 모델들로 시작해서 연대순으로 매주 대략 한 가지 모델을 배운다. 이는 초창기 커플·가족치료 모델(예: MRI, 보웬가족체계이론 등)부터 연대순으로 시작해서 오늘날 인기 있는 모델(예: 정서중심치료, 해결중심치료, 인지행동 커플치료)로 끝을 맺는다. 수업의 연대기적 발달이 커플·가족치료의 분야의 연대기적 발달을 따라 이루어지게 하는 것은 학생들로 하여금 어떻게 각 모델이 이전 모델의 강점을 기반으로 구축되는지(혹은 최소한 그것들을 바꿔 말하는지!) 볼 수 있게 하고, 그것들의 지각된 약점을 넘어서려고 하는지를 알게 한다. 학생들은 매주 그 주의 모델이 바라보는 관점에서 다음 질문에 답하는 과제를 제출해야 한다.

1. 부부는 ____________ 때문에 문제가 있는가?
2. 부부는 _____________가 건강한가? (즉, 치료를 언제 종료할지 알기 위해 무엇을 보아야 하는가?)

3. 어떤 개입을 사용해야 하며, 그 개입은 정서, 인지, 행동 혹은 다른 어떤 것 중 어떤 것을 변화시켜야 하는가?
4. 변화에서 치료자의 역할과 내담자의 역할은 무엇인가?
5. 이 모델은 (이전 문제들의 견지에서, 그리고 다른 방식으로) 이번 학기에 논의된 다른 모델들과 공통적으로 무엇을 공유하는가? 무엇이 독특함을 더하는가?
6. 이 모델에 대해 좋아하는 것과 싫어하는 것은 무엇인가?

수업 토론은 그 모델의 이론과 기법을 배우는 것뿐만 아니라 이러한 질문에 대한 답변에 초점을 맞춘다. 게다가, 우리는 그 모델이 어떻게 다양한 문화, 민족, 가족형태 등에 적응할 수 있는지에 대해 논의한다. 또한 우리는 광의의 공통요인(Davis & Piercy, 2007b)에 대해 이야기하고, 각 모델의 "건강"과 "역기능"에 대한 정의가 그 주제에 관한 더 큰 참고문헌(Gottman & Notarly, 2000)과 맞는지 알아보기 위해 건강한 커플과 고통받는 커플과 관련된 참고문헌을 검토하면서 며칠을 보낸다. 학생들은 작업량에 대해 불평하는 경우가 많지만, 이러한 접근을 수행하기 전에 그들이 했던 것보다 다른 모델들을 사용할 때 더 편안하고 유능하게 느낀다고 보고한다.

이 수업의 또 다른 연습은 학생들로 하여금 모델들이 다르기보다 더 유사하다는 것을 배우게 해준다. 이런 목적을 달성하기 위해, 학생들은 건강한 부부와 고통받는 부부에 대한 문헌을 검토하는 데 시간을 보낸다. 소집단의 학생들은 건강한 부부와 고통받는 부부에 대한 한두 개의 패턴을 각각 골라내기 위해 이 문헌들을 끌어들인다. 그런 다음 이 집단들은 고통과 건강에 대해 같은 패턴을 묘사하는 다른 모델들을 찾으려고 노력한다. 학생들은 모든 건강 패턴과 역기능 패턴, 그리고 커플·가족치료 모델을 모조리 배울 때까지 이 길을 계속 간다. 그들은 또한 각 모델별로 어떤 개입이 역기능에서 건강으로의 이동을 촉진하기 위해 사용될 것인지를 논의하는 데 시간을 보낸다(이 주제에 대해 더 알기 위해서는 제8장 참조). 예를 들어, 분화에 대한 보웬 모델의 개념(Kerr & Bowen, 1988)은 일반적으로 사고와 느낌을 구별하고, 불안이 높을 때 정서적으로 반작용하기보다 사고과정에 의존하는 개인의 능력을 말한다. 분화가 낮은 사람은 그들의 파트너와 함께 얽히게 되거나 거리를 두면서 관계에서 그들의 불안을 처리한다. 비슷하게, 가트맨과 노태리어스Gottman & Notarious(2000)는 고통받는 부부의 다른 유형들을 묘사한다. 첫 번째 유형은 그들의 상호작용에서, 한 파트너의 반응이 다른 파트너로부터 유사한 반응을 이끌어 낸다는 것을 의미하는, 유관성contingency이 높은 커플이다. 한다. 보웬 모델로 말하자면, 그들은 융합되어 있다. 또 다른 유형의 고통받는 부부는 갈등을 피하기 위해 자신의 모든 감정을 마음속에 담아두고, 서로에 대해 긍정적인 행동을 많이 하지 않는다. 보웬 식으로 말하자면, 그들은 정서적 단절을 경험하고 있다.

건강한 관계와 고통받는 관계에 관한 문헌은 가족과 커플 이론에 의해 오랫동안 묘사되어 온 과정으로 가득 차 있지만, 우리의 경험에서 그것들은 흔히 두 개가 서로 얽혀 있는 문헌들로 다루어지지 않는다. 우리는 학생들이 그것들을 통합하도록 하는 것이 그들로 하여금 커플과 시작할 지점이 어디이고, 그들이 어떤 결과를 향해 작업해 갈 것인지를 알게 하는 좋은 방법이라는 것을 발견했다. 또한 우리는 많은 모델이 동일한 커플과정을 설명하기 위해 다른 언어를 사용하고 있다는 것을 학생들이 깨닫도록 도와준다는 것을 발견했다. 이것은 임상모델들이 다르기보다 더 유사해 보이게 하고, 따라서 그것들의 통합과 융통성 있는 사용을 더 많이 가능하게 만들 수 있다.

슈퍼비전에 대한 시사점

여러분 중 많은 수가 훈련기관에서 일하지 않을 수도 있지만, 여러분의 전문적인 역할 중 하나로 치료자에게 슈퍼비전을 할 수도 있기 때문에, 우리는 여기서 슈퍼바이저를 위한 몇 가지 시사점을 제공한다. 물론 슈퍼비전은 훈련의 하위범주이기 때문에, 이러한 언급은 훈련환경에서 슈퍼비전을 행하는 사람들에게도 적용될 수 있다.

치료자가 여전히 특정한 치료모델의 지지자가 되면서도 공통요인 치료자가 될 수 있는 것처럼, 모델들에 대한 온건한 공통요인 입장을 이해한다면, 특정모델의 관점에서 지도감독을 할 수도 있다. 아주 자주, 그리고 특히 훈련기관 밖에서, 슈퍼바이저들은 다양한 모델을 사용하여 치료에 참여하는 슈퍼바이지들과 함께 일하는 데 어려움을 겪는다. 우리는 공통요인 중심 패러다임을 갖는 것이 다른 모델로부터 온 슈퍼바이지들과 함께 일하는 데 도움이 될 것이라고 생각하는데, 왜냐하면 당신은 이 모델들에 대해 "메타" 입장에 설 수 있고 그 모델들의 유사성을 인식할 수 있기 때문이다.

우리는 슈퍼바이저가 두 가지 방식으로 공통요인 렌즈를 사용할 수 있다고 믿는다. 첫째, 당신은 치료자가 공통요인 관점에서의 우리 자신의 작업을 감시하도록 스스로에게 물어보는, 우리가 제12장에서 제안하는 것과 같은 질문을 슈퍼바이지들에게 물어볼 수 있다. (이러한 질문의 전체 목록을 위해 제12장으로 눈을 돌리면 좋을 것이다. 또한 부록 A를 확인해보라. 여기서 우리는 온건한 공통요인 틀을 사용하는 슈퍼바이저를 위한 체크리스트를 제공한다.)

다음은 6개 범주의 질문 중 처음 3개 범주에서 얻은 몇 가지 예제 질문들이다.

1. **내담자특성:** "나의 내담자는 치료에 참여해서 변화를 일으키도록 동기 부여가 되어있는가? 그렇지 않다면 변화를 위해 그들의 동기와 준비단계를 맞추기 위해 무엇을 할 수 있을까?"
2. **치료자특성 :** "나는 충분히 높은 수준의 활동을 사용해서 역기능 패턴을 방해하고, 과도하게 통제하거나 방어를 불러일으킬 정도는 되지 않게, 가족구성원으로 하여금 인지적, 정서적, 행동적 이슈를 직면하도록 장려하고 있는가?"
3. **치료동맹:** "나는 치료목표에 관해서 내담자와 같은 입장인가?", "내가 주는 과제는 나의 내담자에게 신뢰를 주고 있는가?", "우리의 정서적 유대는 내담자가 안전하다고 느끼기에 충분히 강한가?"

이러한 질문들은 해결중심 슈퍼바이지에게 만큼이나 이야기치료 슈퍼바이지에게 또는 자신을 "통합적" 혹은 "절충적"이라고 묘사하는 사람에게 똑같이 적용될 수 있다는 점에 유의하라. 우리는 이러한 질문을 슈퍼비전과정에 대한 본보기로 자주 사용한다. 우리는 이 질문들이 우리가 더 체계적이고 포괄적으로 슈퍼비전과정에 접근하는 것을 도왔고, 또한 슈퍼바이지는 그 질문들이 도움이 되고 자극을 주는 것으로 알고 있다고 믿는다.

둘째, 슈퍼바이저는 같은 질문들 중 많은 것을 수정해서 슈퍼바이지와의 전문적인 관계에 적용할 수 있다(Walter Lowe, Jr., 개인소통, 2005년 9월). 예를 들어, 슈퍼바이저로서 당신은 “내가 슈퍼비전의 목표에 대해 슈퍼바이지와 같은 입장인가?”, “내 제안이 슈퍼바이지에게 믿을 만한가?”, “나는 슈퍼바이지가 이 사례에 대해 희망을 가질 수 있도록 도왔는가?”, “이 사례가 슈퍼바이지에게 어떤 면에서 고통스럽다면, 나와 슈퍼바이지와의 정서적 유대는 감정 표현을 촉진할 만큼 충분한 안전한가?”와 같이 물을 수 있다. 당신은 이러한 공통요인 기반의 질문을 당신의 슈퍼바이지와의 관계를 검토하기 위해 내적으로 사용할 수도 있고, 아니면 당신이 적절하다고 생각할 때 슈퍼바이지에게 이 질문들 중 몇 개를 묻기로 명시적으로 선택할 수도 있다.

성찰하는 이론적 포괄성의 풍토

아마도 공통요인 훈련 프로그램의 가장 중요한 요소는 성찰하는 이론적 포괄성의 풍토를 조성하는 교수진일 것이다. 그러한 환경에서 학생은 교수진의 충성도에 근거하여 한 가지 모델을 선택하고 다른 모델을 피해야 한다는 압력을 덜 느끼게 될 것이다. 관계전문가, 교수진과 슈퍼바이저가 때때로 단지 그들이 모델 선호가 다르기 때문에 서로 잘 지내기를 거부한다는 것은 아이러니한 일이다! 이와는 대조적으로, 이상적인 공통요인 훈련 프로그램 내에 있는 교수진은 각자가 몇 가지 선호되는 접근에서 전문가일 것이고, 다른 접근들에서의 서로의 전문성을 논쟁의 원천이 아닌 자산으로서 간주할 것이다. 교수들은 여전히 자신이 선호하는 모델의 효능에 대해 활발한 논쟁을 벌일 수 있지만, 이러한 주고받기는 분열을 뿌리기보다는 동료와 학생을 "긴장을 늦추지 않게" 하는 정신일 것이다. 단 한 가지 유형의 훈련(예: 포스트모던, 정신역동 등)만을 제공하고 다른 것은 무시하거나 피하는 훈련 프로그램은 우리의 공통요인 접근과 어울리지 않는다. 포괄적인 이론적 접근에 의해 이루어진 풍토는 아이러니하게도, 관계이론가들이 수십 년 동안 분투해 온 원리를 학생들에게 전달하는데, 즉, 서로의 이론적 차이를 위협이라기보다는 배우는 기회로 보게 함으로써, 우리는 그렇지 않았을 때보다 더 강해지고 더 균형이 잡혀지게 된다는 것이다.

제12장
임상가와 연구자에 대한 시사점

이 책의 첫 장에서 우리는 기존의 모델 중심 변화 패러다임model-driven change paradigm과 대조되는, 새롭게 부상되는 공통요인 중심의 변화 패러다임common-factors-driven change paradigm을 전개했다. 제3장~제11장에서 우리는 이러한 구분의 세부사항과 공통요인이 치료적 변화의 주된 원인이 된다는 우리의 주요 논제를 기술했다. 이 장은 더 나아가 임상가와 연구자에게 추가적인 시사점을 제공할 뿐만 아니라 이 패러다임 이동에 대해 이전에 논의된 시사점을 구체화할 것이다.

우리는 특히 제5장("공통요인에 대한 온건한 관점")과 제9장("커플치료에서의 변화에 대한 메타모델")에서, 우리가 주로 "메타모델" 혹은 또 다른 경쟁적인 치료모델을 옹호하기보다는, 더 높은 추상수준에서 모델들을 바라보는 방식을 제시하고 있음을 분명히 하려고 했다. 제1장에서 이러한 대안적 패러다임들은 대개 동일한 성분을 사용하지만 그것들을 다른 관점에서 본다고 한 점을 상기하라. 변화에 대한 공통요인 중심 패러다임은 이전의 패러다임과 같은 현상, 즉 모델, 내담자, 치료자, 개입, 변화과정을 보지만, 그들의 상호관계를 다르게 본다. 모델은 변화를 이끄는 1차적인 엔진은 아니지만 여전히 가치가 있다. 이와 같은 이유로, 이 떠오르는 패러다임을 따르기 위해 임상가, 슈퍼바이저 또는 연구자로서 당신이 하는 일에 근본적인 변화를 줄 필요는 없을 것인데, 우리는 앞에서 말한 "아기를 목욕물과 함께 던져버리는", 분야에서의 그러한 경향에 기여하고 싶지 않다. 공통요인에 대한 온건한 관점(제5장에서 길게 논의됨)은 공통요인이 모델들을 통해 작용하며 많은 모델들이 매우 효과적이라고 분명히 주장한다. 우리는 또한 여러분이 "모델을 가져야 한다."는 것도 분명히 했다. 무엇이 1차적으로 변화를 몰고 오는지에 대해 명확하다면, 여러분은 여전히 공통요인 중심의 패러다임을 유지하면서도, 정서중심치료, 이야기치료, 기능적 가족치료, 내적 가족체계치료, 통합적 모델 혹은 당신의 작업에 일관성과 구조를 제공하는 접근이 무엇이든 그것을 주장하는 사람으로 부를 수 있다. 내담자를 역기능에서 건강으로 이동시키는 믿을만한 계획을 제공한다면 말이다. 그러나 우리는 당신이 우리가 여기서 제공한 메타모델의 더 넓은 렌즈를 통해 당신의 모델을 보는 것이 가치 있기를 바란다.

임상가를 위한 일반적인 시사점

전문적 겸손을 실천하라

모델의 **상대적** 효능에 대해 현재 이용 가능한 것보다 더 나은 증거가 있지 않은 한, "내" 모델이 "우월"하다고 주장하는 것은 거의 보증되지 않는다. 우리 분야에 남아있는 전문적인 오만의 잔재가 무엇이든 간에 우리는 이 책이 그것을 종식시키는 데 기여할 수 있기를 바란다. 우리가 (제11장에서) 치료 훈련 프로그램 내에서 포용성을 주장했듯이, 여기에서 우리는 현장에서도 그 정신을 요구한다. 우리는 이론 중심의 말다툼이 존중, 대화, 그리고 치료적 변화에 주된 책임이 있는 공통요인을 활성화시키는 많은 방법이 있다는 인식뿐만 아니라 다양한 접근의 기여에 대한 더 넓은 감사로 대체될 수 있기를 바란다.

물론, "증거가 중요하다고 보는 사람들"로서, 우리는 미래의 연구가 어떤 커플·가족치료 모델이 특정 유형의 내담자나 이슈에 대해 다른 모델에 비해 **상대적으로** 특수한 이점을 제공한다는 것을 보여줄 가능성(이는 개인치료 내에서 몇몇 문제들에 대해 합리적으로 잘 확립된 바 있다)이 있다고 생각한다(제5장 및 제10장 참조). 만약 우리가 이러한 증거를 가지게 된다면, 그리고 이러한 증거를 갖게 될 때, 우리는 그것을 받아들여야 한다. 우리는 또한 이러한 일반적인 범주 내의 특정모델이 아직 **상대적** 효능의 증거를 제시하지 않았음에도 불구하고, 관계치료의 어떤 **범주**(현재중심적 문제에 초점을 맞춘present centered problem-focused 생태학적 모델ecological models과 같은)는 어떤 문제(청소년 행동장애와 같은)에 유리할 수 있음을 시사했다. 그러나 이러한 구체적인 기여가 성립된다 하더라도, 이것들이 심리치료에서 유리한 성과를 설명하는 데 있어 공통요인을 능가하는 것으로 입증될 가능성은 거의 없다고 생각한다(제5장과 제10장 참조). 그래서 다시 한 번, 특정모델의 우월성에 대한 전문적인 겸손이 적절하다.

하지만 어떤 사람이 실천에서 검증되지 않은 모델을 사용하는 것은 어떠한가? 우리는 널리 실행되고 있는 어떤 모델(청소년 행동장애에 대한 "교정시설boot camp"접근과 같은)이 비효율적일 뿐만 아니라 완전히 유해하다는 것이 밝혀졌기 때문에(Henggeler & Sheidow, 2002), 모든 모델이 정말로 효능에 대해 검증되기를(즉, 그것들이 최소한 어떤 통제조건에 따라 "작동한다"는 증거를 제공하기를) 바란다. 그러나 그런 결과는 드물다. 우리는 제10장에서 건전한 심리사회적 원칙에 근거하여 널리 행해진 평판 좋은 당대 처치들이 경험적으로 연구되었을 때 효과적이지 않다고 밝혀진 것은 거의 없다고 주장했다. 따라서 보웬치료, 이야기치료 또는 내적 가족체계치료(만일 숙련된 임상가에 의해 조직적이고 일관성 있는 방식으로 적용된다면)와 같이 대개 검증되지 않은 모델들이 현재의 ESTs만큼 효능이 있다고 입증될 가능성이 높다. 우리는 제4장과 제10장에서 우울증에 대한 대인관계적이고 경험적인 처치가 더 널리 검증된 인지행동치료만큼 효과가 있다는 증거를 제시했다. 어떤 모델은 그것이 많이 검증되었다는 이유로 우월하다고 "추정"된다. 만약 여러분이 경험적으로 타당화된 접근을 실행한다면, 우리는 여러분에게 박수를 보낸다. 하지만 우리는 또한 여러분의 모델이 검증되지 않은 접근보다 우월한지 아닌지에 대해서는 여러분이 유보적이거나 최소한 겸손할 것을 권장한다. 게다가, 우리가 이 책에서 정리한 모든 증거들은 앞서 언급한 검증되지 않은 모델 중 하나를 사용하지만 이 책에서 강조된 공통요인을 극대화하는 치료자가, 공통요인에서 부족함이 있고 이전에 확립된 ESTs를 사용하는 치료자보다 더 나은 결과를 얻을 수 있을 것이라고 자신 있게 예측하도록 이끈다. 다시 한 번, 교훈은 다음과 같다: 여러분의 모델에 대해 겸손하라.

신뢰하는 모델(또는 메타모델)을 선택하라

이 조언은 앞의 지침과 모순되는 것처럼 보일 수 있지만, 실제로 "자신에 대해서" (모든 사람에 대해서와 반대로) 해석될 때는 그렇지 않다. 우리는 이 책에서 한 모델에 대한 "충성심"을 갖는 임상적 관점에서 여러분을 더 자신감 있고 신뢰할 수 있게 만들 수 있고, 따라서 여러분 내담자의 변화에 대한 희망이나 기대의 공통요인을 강화시킬 수 있다는 것을 여러 번 언급하였다. 우리는 또한, 비록 아직까지 이 주장에 대해 직접적인 경험적 증거는 거의 없지만, 내담자의 세계관과도 일치하는 모델을 사용한다면, 여러분의 세계관에 잘 맞는 모델 사용은 효능을 향상시킬 수 있다는 사이먼Simon(2006)의 주장은 가치가 있다고 생각한다.

여러분의 모델을 융통성 있게 실천하라

이 지침의 주요한 주의사항은 여러분이 선호하는 모델을 유연하게 사용하라는 것이다. 여러분의 모델이 더 통합되지 않을수록, 좁은 모델이 내담자에게서 나타나는 모든 범위의 인간문제와 차이를 효과적으로 다루지 못할 것이라고 인식함이 더 중요해질 것이다. 광범위한 기존모델을 통합한, 핀소프(1995)의 통합적 문제중심모델integrative problem-centered model과 같은, 아주 통합적인 모델은 대부분의 내담자와 이슈에 적용될 수 있는 반면, 덜 통합적인 접근은 때때로 내담자나 이슈에 잘 들어맞지 않고 "모든 것을 하나의 못으로 바꾸는 망치"라는 속담의 위험을 무릅쓰게 될 것이다. 그렇다면, 여러분이 선택한 모델이 통합되지 않을수록, 어떤 내담자에 대해 성공하기 위해서는 그것을 넘어서야 할 가능성이 더 커질 것이다. 이것이 우리가 제11장에서 몇 가지 모델에 정통해야 한다고 주장한 이유다. 우리는 또한 구체적인 사례를 다루는 것과 연계된 이러한 모델을 어떻게 통합할지에 대해 잘 숙고된 근거를 갖는 것이 중요하다고 생각한다.

우리는 또한 이 책에서 치료자가 정서적 각성이나 침착성에 대한 다양한 내담자 요구뿐만 아니라 지시에 대한 다양한 내담자 선호에 적응해야 한다는 설득력 있는 증거를 검토했고, 또 어떤 내담자는 보다 통찰지향적인 접근에 더 잘 반응하는 반면 다른 내담자는 기술에 기반을 둔 방법 혹은 증상에 초점을 맞춘 방법을 선호한다는 연구를 검토했다. 제6장의 대부분은 내담자가 변화를 위한 어떤 준비단계에 있을 때(비록 아직까지는 커플·가족치료와 특정 단계를 맞추는 것에 대한 경험적 증거가 거의 없지만) 어떤 모델이 어떻게 더 잘 작동할 수 있는지, 그리고 특정한 내담자에게 동기를 부여하기 위해 다른 방법을 사용하는 것이 얼마나 중요한지를 보여주는 데 전념했다. 우리는 또한 치료자가 젠더, 문화, 그리고 다른 다양성 이슈에 지속적으로 적응해야 한다는 것을 내내 강조해왔다. 만약 여러분의 모델이 이러한 차원에 대해 아주 유연하지 않다면, 여러분은 자신의 유연성을 통해 이를 보상해야 할 것이다.

최대한 정직한 피드백을 많이 얻으라

공통요인과 진전을 연구한 마이클 램버트와 동료들(Harmon, Hawkins, & Lambert, 2005; Lambert et al., 2005)의 큰 기여는 치료자

가 그들이 어떻게 하고 있는지에 대한 솔직한 피드백을 얻을 때 더 잘 한다는 것을 밝혀낸 것이다. 이러한 결론은 치료자가 어떤 모델을 사용하든 사실인 것처럼 보이며, 이것은 또한 모든 모델에 걸쳐 개선 효과가 나타났기 때문에 변화에 대한 공통요인 관점을 지지한다. 피드백을 얻는 바로 그 과정은 치료자로 하여금 잘하고 있음을 더 의식하게 만들고, 좋은 결과를 얻기 위해 더 확고해지도록 하는 것 같다.

모든 치료자가 잘 타당화된 사정도구를 정기적으로 사용하는 것이 유리하지만(비록 성과와 치료동맹의 일부 척도는 매우 단기적이고 실용적이지만; Duncan & Miller, 2000의 부록 5 참조), 현실적으로 이러한 필요는 반드시 그것을 해야 할 필요가 없는 환경에서는 충족될 것 같지 않다. 그러나 치료자는 내담자가 자발적으로 비공식적인 피드백을 주는 것에 의존해서는 안 되는데, 그렇게 주는 피드백은 호의적으로 편향되는 경향이 있고 필요한 변화를 요구하는 경우가 거의 없기 때문이다. 사정도구를 사용하더라도(그리고 더 중요하게는 치료자가 구두로 피드백을 요청할 때), 다음과 같은 메시지를 내담자에게 전달해야 한다.

> "당신으로부터 솔직한 피드백을 받게 된다면 감사하겠습니다. 종종 내담자들은 좋게 말해줌으로써 그들의 치료자를 기쁘게 해주고 싶어 하는데, 이것은 치료에 대해 변화를 요구할 수 있는 문제가 있을 때 별로 도움이 되지 않습니다. 저는 우리 작업에서 도움이 되는 것뿐만 아니라 도움이 되지 않는 것을 배우는 것도 소중하다고 생각합니다. 그러니까, 우리가 함께 하고 있는 작업과 우리 관계에 대해 솔직하고 구체적인 피드백을 해주신다면 정말 감사하겠습니다."

우리가 이미 여러 번 언급했듯이, 치료에서 중요한 것에 대한 내담자의 지각은 종종 우리 자신의 것과 극적으로 다르기 때문에, 치료자는 또한 치료에서 무엇이 "중추적"(Helmeke & Sprenkle, 2000)이었는지를 내담자에게 정기적으로 물어봐야 한다.

솔직한 피드백이 전형적인 치료자에게 제공하는 데이터 외에도, 최고의 치료자들, 즉 그 전문직에서의 진정한 슈퍼스타들은 평균적이거나 심지어 더 뛰어난 치료자보다 내담자의 피드백에 훨씬 더 많이 맞추고 있다는 몇 가지 증거도 있다. 그들은 내담자가 그들과 그들의 일에 대해 어떻게 느끼는지에 대한 피드백을 받는 것을 훨씬 더 의식한다(그리고 그들은, 많은 치료자들처럼, 그렇게 한다고 말만 하지 않는다), 더 중요한 것은 그들은 실제로 수행을 향상시키기 위해 이 피드백을 더 열심히 사용한다는 것이다(Miller, Hubble, & Duncan, 2007).

임상가를 위한 구체적인 시사점

공통요인 접근이 어떻게 우리가 커플치료를 하는 방법에 영향을 미쳤는지에 대한 구체적인 예는 제9장을 참조하라. 다음은 공통요인 렌즈를 통해 자신의 작업을 보는 치료자로서 여러분이 할 수 있는 구체적인 작업 몇 가지를 추가한 것이다. 대부분의 지침은 여러분의 작업을 모니터링하고 적절한 조치를 취하도록 자신에게 요청할 수 있는 일련의 질문으로 제시될 것이다.

관계치료에 고유한 공통요인을 활용하라

이 책의 독자 대부분이 커플·가족치료자일 가능성이 높으므로, 우리는 여러분이 제3장에서 설명한 다음과 같은 네 가지 독특한 공통요인을 활용하기 바란다. 즉, (1) 어려움을 관계적 용어로 개념화하기, (2) 역기능적인 관계패턴을 중지시키기, (3) 직접적인 처치체계를 확대하기, (4) 치료동맹을 확대하기 등이다. 이 네 가지 공통요인은 관계치료의 발전에 필수적이며, 모든 효과적인 커플·가족치료 접근이 그것들을 활용한다. 사실, 그것들 없이는 관계치료도 존재하지 않을 것이다.

관계치료자로서 우리 자신들의 임상작업에서 더욱 공통요인 중심적이 된 이후, 우리는 이 네 가지 독특한 요인에 기초하여 우리가 만나게 된 각 사례에 대해 우리 자신에게 간단한 일련의 질문을 던지기 시작했다. 문제를 관계적으로 살펴보는 데 있어서 필수적인 부분은 문제가 내장되어 있는 역기능적 주기를 이해하는 것이고, 단지 "이 문제를 유지시키고 있는 역기능적 주기는 무엇인가, 그리고 어떻게 하면 내담자가 그것을 깨뜨리는 것을 촉진시킬 수 있을까?"라는 질문이 여러분의 작업을 앞세우는 것이다. 참석하지는 않지만 "문제유지 구조"(Pinsof, 1995)에 결정적인 간접체계의 중요한 인물들을 염두에 두고 직접적인 처치체계의 확대를 도모하는 것도 좋은 생각이다. "상호작용 관점을 이용하려면 누가 이 치료에 포함되어야 하는가?" 마지막으로, 균형을 유지하고 "분열" 동맹을 피하는 것과 같이, 여러 사람이 관련되었을 때는 치료동맹의 고유한 측면에 주목하여 골고루 신경을 써야 한다. "다양한 가족구성원과 하위체계와 맺은 나의 동맹은 어떤 것이며, 나의 동맹은 균형을 이루고 있는가, 아니면 갈라져 있는가?"

공통요인에 대한 협의의 견해뿐만 아니라 광의의 견해도 활용하라

대부분의 사람이 공통요인을 생각할 때, 마음속에 떠오르는 것은 협의의 관점(제8장에서 자세히 설명되었는데, 표면적으로 언어와 기법은 다르게 보이더라도 모든 모델에 공통되는 변화기제)이나 혹은 치료관계나 동맹(제7장의 주제)이다. 이것들은 오로지 우리가 제4장에서 약술한 공통요인에 대한 6개 부분의 광의적 관점 중 두 측면일 뿐이다.

여기서, 우리는 다시 우리 자신과 슈퍼바이지들에게 광의의 공통요인 패러다임을 활용하는 질문을 묻고 있다. (아래 범주는 구분되지 않고 서로 상호작용 한다는 점을 강조했음을 상기하라.) 우리는 이것이 메타틀이며, 심리치료를 위해 당신이 선호하는 모델(들)과 상관없이 이러한 질문을 할 수 있다는 것을 다시 강조한다.

1. **내담자특성:** "나의 내담자는 참여해서 변화를 일으키도록 동기 부여가 되어있는가? 그렇지 않다면, 변화에 대한 그들의 동기화와 준비단계에 맞추기 위해 나는 무엇을 할 수 있을까?", "그들이 겪는 문제의 본질에 대한 나의 개념화는 그들에게 너무 지나친 것인가? 그들이 나의 개념화를 '구매'하지 않는다면, 나는 그들에게 어떻게 맞출 것인가?", "그들이 치료에 대해 도움이 된다고 생각하는 것뿐만 아니라 도움이 안 된다고 생각하는 것도 정기적으로 사정하고 있는가?"(제4장 및 제6장 참조)
2. **치료자특성:** "나는 과도하게 통제하거나 방어를 불러일으키지 않

도록 보이면서도, 역기능적 패턴을 중지시키고 가족구성원들이 인지적, 정서적, 그리고 행동적 이슈들에 직면하도록 장려하는 충분한 구조를 만들어 내기 위해 충분히 높은 수준의 활동을 사용하고 있는가?", "나는 회기에서의 정서적 각성 수준을 적당하게(너무 높거나 너무 낮지 않게) 유지하고 있는가?", "나는 이러한 내담자의 학습스타일(예: 통찰지향 대 기술구축 혹은 증상중심)에 잘 맞춰서 개입을 하고 있는가?"(제4장 참조)

3. **치료동맹:** "치료목표에 대해 내담자와 합심을 잘하고 있는가?", "내 작업은 내담자에게 신뢰감을 주고 있는가?", "내담자가 안전하다고 느낄 정도로 우리의 정서적 유대가 강한가?"(제7장 참조)
4. **희망 혹은 기대:** "나의 내담자는 기운이 빠진 채로 치료에 온 것 같다. 그들의 사기를 북돋아 주기 위해 무엇을 했는가?", "내가 희망감을 주고 있는가?", "그들은 자기들의 문제와 거기서 빠져나오는 방법에 대한 나의 개념화를 '구매'하고 있는가?"(제4장 참조)
5. **다양한 모델들에 걸친 개입(공통요인에 대한 협의적 견해):** "나는 내담자가 그들의 문제를 바라보는 '관점'을 변화시키도록(인지적 변화) 무엇을 했는가?", "나는 내담자가 그들의 문제에 대해 행동하는 것을 변화시키도록(행동적 변화) 무엇을 했는가?", "나는 정서적 표현이나 조절, 또는 애착을 촉진하기 위해 무엇을 했는가?"(정서적 변화). (제8장 참조) 역기능적 주기를 방해하기 위해 사용할 수 있는 구체적인 방법과는 상관없이, 다음과 같이 물을 수 있다. "나는 가족구성원이 과정을 '천천히 가도록' 도왔는가?", "나는 가족구성원이 그들 자신의 절차에 따라 메타입장에 서 보도록(혹은 자기관찰 자세를 개발하도록) 도왔는가?", "나는 가족구성원

에게 역기능적 주기에 자기가 기여하고 있다는 것에 대해 개인적 인 책임을 지도록 격려했는가?"(제9장 참조)

6. **기타 매개 및 조절변수(충성도와 조직/일관성)**: "나는 내 접근이 문제와 그 해결책에 대한 나의 견해를 '판매'할 수 있고, 또한 내담자에게 신뢰감을 줄 수 있다는 진정한 믿음을 가지고 있는가?", "나의 접근은 내가 행동하는 바에 대한 확신을 주고, 이것이 내담자에게도 똑같이 확신을 불어넣을 만큼 충분히 조직화되고 일관성이 있는가?"(제4장 참조)

연구자들을 위한 일반적인 시사점

공통요인 연구를 개별 연구에 끼워 넣으라

이 책 전체에 걸쳐 우리는 공통요인이 일차적으로 치료적 변화를 주도하는 것이라는 일반적인 명제에 대한 강력한 연구 기반이 있음을 강조했다. 그러나 이러한 증거의 대부분은 메타분석에서 나오는데, 다수의 연구에서 얻은 집합 자료에 근거한 결론으로서, 그 연구들의 대부분은 개별 조사로서 특별히 공통요인을 연구하는 것이 아니었다. 치료동맹에 관한 연구를 제외하면, 이 책에 기술된 주요한 공통요인에 의도적으로 초점을 맞춘 개별 연구는 많지 않다.

그래서 우리의 첫 번째 권고사항은 연구자가 개별 조사에서 의도적으로 주요한 공통요인을 연구하라는 것이다. 그러나 실질적으로 말해서, 단기적으로는 연구자가 기금을 더 받을만한 주제에 대한 연구설계에 공통요인 연구를 끼워 넣을 필요가 있을 것이다. 좋든 싫든 간에, NIH 기금은 현재 DSM 진단과 관련된 처치에 집중되어 있다. 현재 환경에서는 1차적으로 공통요인에 초점을 맞춘 연구는 최소한 NIH에 의해 기금지원을 받을 것 같지는 않다. 그러나 제5장과 제10장에서 언급한 바와 같이, DSM 진단이 가능한 문제에 대한 처치를 조사하는 임상실험 방법에서 원래 연구자가 내담자요인, 치료자효능 차등과 같은 몇몇 공통요인을 연구하지 못하도록 하는 것이 없다. 물론 제10장에서 지적한 바와 같이, 어떤 공통요인은 윤리적 연구에서 실험적으로 조작될 수 없다. 블로우 Blow와 동료들(2007)은 임상실험연구에 어떤 공통요인 변수들을 끼워 넣는 연구에 대해 몇 가지 구체적인 제안을 추가적으로 제공한다.

무선임상실험과 경험적으로 지지되는 심리치료를 조건을 붙여가면서 계속해서 지지하라

우리는 제5장과 제10장에서 무선임상실험이 가치 있음을 강조했다. 온건한 공통요인 입장은 "상대적" 효능이 알려져 있지 않거나 입증되지 않은 경우에도 여전히 모델이 "절대적" 효능을 확립할 책임이 있다고 강조한다. 더욱이, 커플·가족치료들이 학문공동체, 정부, 그리고 제3자 지불인과 같은 외부 청중에게 신뢰감을 주는 유일한 방법은 효능과 효과의 확립에 소위 황금기준을 사용하는 것이다. 우리는 또한 앞의 단락에서 언급된 실용적인 이유로, 임상실험 연구가 계속 연구기금을 받을 것이며, 연구자는 이러한 설계에 공통요인 연구를 끼워 넣을 수 있을 것이라고 믿는다. 임상실험에 기초한 메타분석도 공통요인

대 특정요인 논쟁에 관한 귀중한 데이터를 계속 제공할 것이다. 더욱이, 우리는 제10장에서 ESTs이 고도의 전문화된 처치가 필요한 제한된 수의 어려운 문제를 위해 선택된 처치라고 강조하였다.

따라서 임상실험 연구와 새로운 ESTs의 지속적인 지정을 포기해야 한다는 일부 공통요인 학자가 취해온 보다 급진적인 입장을 취할 필요는 없다. 그러나 우리는 최소한 현재 실행된 것만큼 이러한 접근들의 단점과 그 제한된 가치에 대해 훨씬 더 큰 인식이 있어야 한다고 믿는다(보다 자세한 내용은 제10장 참조). 우리는 이러한 방법의 종식을 요구하지 않는 매우 존경받는 학자들이 명망 있는 학술지에 이러한 접근들에 대한 진지한 비평을 쓰고 있다는 것에 고무된다(Westen et al., 2004).

장기적으로 연구의 문화를 바꾸라

제1장에서 우리는 기존의 연구기관이 모델 중심의 변화 패러다임을 지배적으로 지지한다고 주장했다. 이러한 패러다임은 진단이 전형적으로 명확한 처치로 이끌고, 이와 유사하게 심리치료 연구는 "약물이 없는 약물 연구"와 같다고 가정하는 의료모델에 기반을 두고 있다. 처치모델은 중요한 것이며, 누가 처치를 전달하느냐와 같은 맥락적 요인은 상대적으로 중요하지 않은 것으로 간주된다. 여기서는 제1장, 제5장, 제10장에서 우리가 한 모든 주장을 되풀이하지 않고, 성과에 영향을 미칠 때 내담자의 진단보다 훨씬 더 중요한 내담자변인이 있고, 치료자변인이 매우 중요하며, 다른 "공통요인"이 성과 결정에서 처치 선택을 종종 능가한다고 말하는 것으로 충분하다.

그래서 연구자 **시대정신**zeitgeist이 이러한 다른 변수를 무시한 채 처치의 역할을 계속 강조하는 한, 우리는 이 상황이 연구의 문화를 바꾸도록 외친다고 말한다! 우리는 장기적으로는 이 학문분야와 사회 전반에서 처치가 실제로 얼마나 효과적으로 작동하는지를 더 잘 이해시키는 연구뿐만 아니라 모든 합법적인 처치가 어떻게 더 효과적일 수 있는지를 보여주는 더 나은 연구들이 나올 것이라고 생각한다.

우리는 또한 관계치료자로서 우리의 전문적인 시간을 소모시키는 전형적인 삶의 문제 대부분이 연구기금을 얻기가 매우 어렵다는 것은 불행하다고 생각한다. 예를 들어, 특정한 DSM 진단과 무관한 커플치료 연구(부부 불화)에 대한 연방정부의 기금을 받는 것은 매우 어려워지고 있다(Andrew Christensen, 개인소통, 2007년 3월 20일).

마지막으로, 우리는 (위와 같이) 무선임상실험의 역할을 존중하면서도, 연구의 문화가 진전연구(Pinsof & Wynne, 2000)에 더 많은 가치를 두어야 한다고 생각한다. 진전연구는 내담자 성과와 동맹이 치료에서 회기별로 어떻게 변화하는지를 보여주고, "그들의 다음 움직임"에 영향을 미치는 치료자에 대한 피드백의 사용을 통합시킨다. 우리는 또한 질적 연구는 연구자의 장비 중에서 귀중한 위치를 차지하고 있으며, 치료적 변화의 원인이 무엇인지에 대한 핵심 질문을 조명할 수 있는 큰 가능성을 가지고 있다고 본다(Davis & Piercy, 2007a, 2007b 참조). 효과적인 치료에서 나타나는 공통적인 과정에 초점을 맞추는 과정연구process research나 관찰연구observational research, 그리고 성과연구outcome research는 또한 채택된 모델에 관계없이 그 치료가 **왜** 그리고 **어떻게** 효과적인지를 조명할 가능성이 있다. 게다가, 건강한 부부와 역기능적인 부부의 공통적인 측면을 설명하는 기존의 연구와 커플치료 모델 간 연관성을 더 명확하게 하는 것은 사람들이 변화시키는 우리의 치료모델을 어떻게 사용할지에 대한 이해를 크게 높일 수 있다.

이러한 연구문화의 변화 중 그 어느 것도 쉽거나 빨리 달성되지는 않을 것이다. 우리는 이 책 자체뿐만 아니라 이 책에서 인용한 학자들의 훌륭한 업적이 이러한 변화를 정당화하는 데 도움이 되기를 바란다. 만약 당신이 이러한 생각을 믿는다면, 그것을 널리 알려주고 지지해 주길 바란다.

연구자를 위한 구체적인 시사점

다음에 나오는 것은 어느 정도 대표적인 것이기는 하지만, 결코 다 언급한 것이 아니며, 이 책에서 제시한 공통요인의 범주에 기초해서 앞으로 몇 년 동안 조사자들이 다루기를 바라는 연구질문들이다. 더 많은 내용은 제4장, 제7장과 제10장의 연구 리뷰를 참조하라. 다시 한 번, 이 모든 질문은 어느 커플·가족치료 모델에나 적용되며, 우리는 또한 다음 범주 사이에 뚜렷한 구분이 없다는 것을 인정한다.

1. **내담자특성:** "관계치료에서 그 성과는 어떻게 내담자의 변화 태세와 치료에 대한 동기화나 참여의 수준에 의해 영향을 받는가?", "끈기, 숙제를 하려는 의욕, 내적 강점 등과 같은 내담자특성의 영향은 무엇인가?" (제6장 참조)
2. **치료자특성:** "채용된 모델과는 독립적으로, (강력한 동맹을 형성하고

유연해지고/ 적응할 수 있는 능력 외에) 무엇이 우월한 관계치료자와 평균인 관계치료자를 구분시키는가?"(제4장 참조), "관계치료자가 달성하는 결과는 (개인치료자가 달성하는 결과와 마찬가지로) 회기별 내담자 피드백을 받는 것에 의해 긍정적인 영향을 받는가?"

3. **치료동맹:** "커플 · 가족치료에서의 여러 개의 동맹을 맺는 것에 대한 치료자 감수성은 어떻게 성과에 영향을 미치는가?", "개인치료에서 동맹을 향상시키는 '찢고 수선하는' 기제는 관계치료에서의 '분열된' 동맹에 의해 어떻게 영향을 받는가?
4. **희망이나 기대:** "치료자는 어떻게 구체적으로 의기소침해진 커플이나 가족에게 기운을 북돋을 수 있는가?", "관계치료에서 희망의 종단적 경로는 무엇인가? 예를 들어, 성공적인 치료에서, 희망은 대개 일찌감치 확립되어서 유지되는가?"(제4장 참조)
5. **다양한 모델에 걸친 개입(공통요인에 대한 협의의 관점):** "모든 커플 · 가족치료는 역기능적 주기를 방해하는 행동적, 인지적, 정서적 기제를 사용하는가?"(제8장 참조). "주기가 방해받을 때, 가족구성원은 '과정의 진행 속도를 늦추었다', '그들의 과정을 메타입장에서서 보게 되었다', 그리고 '자기 책임을 인정하게 되었다'라고 지각하는가?"(제9장 참조)
6. **기타 매개 및 조절변수(동맹 및 조직/일관성):** "관계치료에서 '충성도'의 효과크기는 '처치' 변수의 효과크기와 어떻게 비교되는가?", "'조직/일관성'은 어떻게 조작으로 정의될 수 있는가, 그리고 관계치료에서의 성과와 그것의 관계는 무엇인가?"(제4장 참조)

여러분이 우리와 똑같은 패러다임 전환을 완료했든 아니든 간에, 우리는 지금 여러분이 다른 렌즈를 통해 당신의 작업을 보고 새로운 질문을 하고 있기를 바란다. 만약 우리의 명제가 옳다면, 떠오르는 패러다임은 치료자와 그들이 자신들의 일을 어떻게 보는지 뿐만 아니라 훈련시키는 사람, 슈퍼바이저, 연구자에게도 중요한 시사점을 가질 것이다. 우리는 또한 이러한 접근이 전반적으로 이 분야에 중요한 영향을 미치고 있으며, 시간이 지남에 따라 기금을 주는 기관이나 제3자 지불인과 같은 외부 청중이 어떻게 커플·가족치료와 심리치료를 보다 폭넓게 보게 될 지에 당연히 영향을 미칠 수 있다고 생각한다.

이 떠오르는 패러다임이 완성되었는가? 거의 그렇지 않다! 우리는 공통요인이 1차적으로 치료적 변화를 주도하는 것이라는 일반 명제에 대해 설득력 있는 증거가 있다고 생각하지만, 이 과정의 세부사항에 대한 우리의 지식은 연구와 개발의 초기 수준에 있다. 이론적 차원에서도, 우리는 제9장에서 기술한 메타모델은 커플치료용으로 개발되었으며, 그것의 측면은 가족치료에 적용되지 않을 수도 있음을 인정한다. 공통요인의 많은 구체적인 차원을 관계치료에 적용하는 것에 대한 연구 증거는 아직 초기단계에 있다. 그러나 이것은 정서중심치료와 같은 경험적으로 지지되는 관계치료에도 적용된다. 우리는 그 치료가 효과가 있다는 것을 알지만, 우리는 특정한 성분의 기여에 대해 훨씬 덜 자신한다. 그것을 활성화하고 사용하는 모델뿐만 아니라 공통요인에 대해서도, 뒷받침하는 증거에 앞서서 이론과 실천이 항상 앞서 있을 것이다.

이러한 한계에도 불구하고, 우리는 이론가가 이러한 생각을 계속해서 다듬고, 임상가가 그것을 시도하고, 그리고 연구자가 그것들을 검증하기를 바랄만큼 공통요인에 대한 증거는 충분히 설득력이 있다고 생각한다. 우리는 이 마지막 장에서 많은 구체적인 제안을 제시했다. 우리는 늘 이 분야가 이론, 연구와 실천의 시너지를 통해 발전할 것이라고 믿어왔다. 우리는 이 책이 이 세 영역 모두에 기여하고, 여러분이 하는 작업을 증진시키기를 바란다.

아이러니하게도, 데이터가 보여주는 바로는 관계전문가로서 우리들 중 일부 사람은 비교적 순리에 따르지 않는 어떤 것(즉, 모델 선호)에 근거하여 서로 잘 지내지 못하고 있다. 그러한 입장은 다른 분야들과의 관계 속에서 자신을 여전히 규명해야 하는, 증거가 부족한 신흥 전문직에서는 이해할 수 있지만, 지금 이러한 커플·가족치료의 발달단계는 빠르게 과거로 후퇴하고 있는 것이다. 관계치료 분야는 성숙해졌고, 정신건강 문제를 광범위하게 다루는, 인정받고 경험적으로 지지되는 학문이다. 우리는 무엇이 우리를 단결시키는가에 초점을 맞춤으로써 서로간의 관계에 이 분야의 성숙함을 반영할 때가 왔다고 믿는다. 이론과 관련된 포괄성을 적극적으로 육성함으로써, 커플·가족치료자는 사회체계의 상호연관성에 대해 설교하는 것을 실천하고 있을 것이다. 만약 관계치료자가 설교하는 것이 어떤 장점이 있다면, 그리고 우리는 그것이 있다고 확신한다면, 우리의 포괄적인 공통요인 접근은 커플과 가족에게 엄청난 혜택을 주는 과정에서 또한 이 분야에 더 큰 단결도 가져올 수 있을 것이다.

부록 A 온건한 공통요인 슈퍼비전 체크리스트

슈퍼바이지 목표

다음은 온건한 공통요인 개념들에서 영감을 얻은 몇 가지 질문들과 목표들이다. 학기를 시작할 때와 종료할 때에 당신이 이 목표를 달성한 정도를 표시해보라.

내담자특성

1. 나의 스타일과 개입은 내담자의 동기화 수준과 일치하는가? 그렇지 않다면, 변화에 대한 그들의 동기화와 준비단계에 맞추기 위해 나는 무엇을 할 수 있을까?

시작:	1 잘 못함	2	3	4	5	6	7	8	9	10 잘함
종료:	1 잘 못함	2	3	4	5	6	7	8	9	10 잘함

의견:

2. 그들이 겪는 문제의 본질에 대한 나의 개념화는 그들에게 너무 지나친 것인가?

시작: 1 2 3 4 5 6 7 8 9 10
잘 못함 잘함

종료: 1 2 3 4 5 6 7 8 9 10
잘 못함 잘함

의견:

3. 내담자가 나의 개념화를 "구매"하지 않는다면, 내가 그들에게 맞추고 있는 것인가? 나는 이것을 이루기 위해 구체적으로 무엇을 하고 있는가?

시작: 1 2 3 4 5 6 7 8 9 10
잘 못함 잘함

종료: 1 2 3 4 5 6 7 8 9 10
잘 못함 잘함

의견:

4. 나는 내담자들이 치료에 대해 도움이 된다고 생각하는 것뿐만 아니라 도움이 안 된다고 생각하는 것도 정기적으로 사정하고 있는가?

시작: 1 2 3 4 5 6 7 8 9 10
잘 못함 잘함

종료: 1 2 3 4 5 6 7 8 9 10
잘 못함 잘함

의견:

치료자특성

1. 나는 과도하게 통제하거나 방어를 불러일으키지 않으면서도, 역기능적 패턴을 중지시키고, 가족구성원들이 인지적, 정서적, 행동적 이슈들에 직면하도록 장려하기 위해 충분히 높은 수준의 활동과 구조를 사용하고 있는가?

시작:	1 잘 못함	2	3	4	5	6	7	8	9	10 잘함
종료:	1 잘 못함	2	3	4	5	6	7	8	9	10 잘함

의견:

2. 나는 회기에서의 정서적 각성 수준을 적당하게(너무 높거나 너무 낮지 않게) 유지하고 있는가?

시작:	1 잘 못함	2	3	4	5	6	7	8	9	10 잘함
종료:	1 잘 못함	2	3	4	5	6	7	8	9	10 잘함

의견:

3. 나는 이러한 내담자의 학습스타일(예: 통찰지향 대 기술구축/증상중심)에 잘 맞춰서 개입하고 있는가?

시작:	1 잘 못함	2	3	4	5	6	7	8	9	10 잘함
종료:	1 잘 못함	2	3	4	5	6	7	8	9	10 잘함

의견:

치료동맹

1. 치료목표에 대해 나는 내담자와 합심을 잘하고 있는가?

시작:	1	2	3	4	5	6	7	8	9	10
	잘 못함									잘함
종료:	1	2	3	4	5	6	7	8	9	10
	잘 못함									잘함

의견:

2. 내 작업은 내담자에게 신뢰감을 주고 있는가?

시작:	1	2	3	4	5	6	7	8	9	10
	잘 못함									잘함
종료:	1	2	3	4	5	6	7	8	9	10
	잘 못함									잘함

의견:

3. 내담자가 안전하다고 느낄 정도로 우리의 정서적 유대가 강한가?

시작:	1	2	3	4	5	6	7	8	9	10
	잘 못함									잘함
종료:	1	2	3	4	5	6	7	8	9	10
	잘 못함									잘함

의견:

희망 또는 기대

1. 내담자들이 의기소침해서 치료에 왔다면, 그들의 사기를 다시 북돋우는 구체적인 조치를 취하고 있는가?

	1	2	3	4	5	6	7	8	9	10
시작:	1 잘 못함	2	3	4	5	6	7	8	9	10 잘함
종료:	1 잘 못함	2	3	4	5	6	7	8	9	10 잘함

의견:

2. 내가 희망감을 주고 있는가?

	1	2	3	4	5	6	7	8	9	10
시작:	1 잘 못함	2	3	4	5	6	7	8	9	10 잘함
종료:	1 잘 못함	2	3	4	5	6	7	8	9	10 잘함

의견:

3. 내담자들은 나의 처치 계획이 자신들의 문제로부터 벗어나게 할 것이라고 믿고 있는가?

	1	2	3	4	5	6	7	8	9	10
시작:	1 잘 못함	2	3	4	5	6	7	8	9	10 잘함
종료:	1 잘 못함	2	3	4	5	6	7	8	9	10 잘함

의견:

다양한 모델들에 걸친 개입

1. 적용될 수 있다면, 나는 내담자가 자기 문제에 대해 "바라보는 것"을 변화시키고 있는가?(인지적 변화)

시작: 1 2 3 4 5 6 7 8 9 10
잘 못함 잘함

종료: 1 2 3 4 5 6 7 8 9 10
잘 못함 잘함

의견:

2. 적용될 수 있다면, 나는 내담자가 자신의 문제에 대해 "행동하는 것"을 변화시키기 위해 무엇을 하고 있는가?(행동적 변화)

시작: 1 2 3 4 5 6 7 8 9 10
잘 못함 잘함

종료: 1 2 3 4 5 6 7 8 9 10
잘 못함 잘함

의견:

3. 적용될 수 있다면, 나는 건강한 정서적 표현, 조절 또는 애착을 촉진하고 있는가?(정서적 변화)

시작: 1 2 3 4 5 6 7 8 9 10
잘 못함 잘함

종료: 1 2 3 4 5 6 7 8 9 10
잘 못함 잘함

의견:

4. 나는 가족구성원들이 그들의 과정을 "천천히 가도록" 도와주고 있는가?

시작:	1 잘 못함	2	3	4	5	6	7	8	9	10 잘함
종료:	1 잘 못함	2	3	4	5	6	7	8	9	10 잘함

의견:

5. 나는 가족구성원들이 자신의 과정 밖에 설 수 있도록("메타 입장을 취하도록") 돕고 있는가?

시작:	1 잘 못함	2	3	4	5	6	7	8	9	10 잘함
종료:	1 잘 못함	2	3	4	5	6	7	8	9	10 잘함

의견:

6. 나는 가족구성원들이 역기능적 주기에 자기가 기여하고 있다는 것에 대해 개인적인 책임을 지도록 격려하고 있는가?

시작:	1 잘 못함	2	3	4	5	6	7	8	9	10 잘함
종료:	1 잘 못함	2	3	4	5	6	7	8	9	10 잘함

의견:

기타 변수들

1. 나는 내 접근이 문제와 그 해결책에 대한 나의 견해를 "판매"할 수 있고, 또한 내담자에게 신뢰감을 줄 수 있다는 진정한 믿음을 가지고 있는가?

	1	2	3	4	5	6	7	8	9	10
시작:	잘 못함									잘함
종료:	잘 못함									잘함

의견:

2. 나의 접근은 내가 행동하는 바에 대한 확신을 주고, 이것이 내담자에게도 똑같이 확신을 불어 넣을 만큼 충분히 조직화되고 일관성이 있는가?

	1	2	3	4	5	6	7	8	9	10
시작:	잘 못함									잘함
종료:	잘 못함									잘함

의견:

사례별 질문과 목표

1. 질문/목표:

시작:	1	2	3	4	5	6	7	8	9	10
	잘 못함									잘함
종료:	1	2	3	4	5	6	7	8	9	10
	잘 못함									잘함

의견:

2. 질문/목표:

시작:	1	2	3	4	5	6	7	8	9	10
	잘 못함									잘함
종료:	1	2	3	4	5	6	7	8	9	10
	잘 못함									잘함

의견:

3. 질문/목표:

시작:	1	2	3	4	5	6	7	8	9	10
	잘 못함									잘함
종료:	1	2	3	4	5	6	7	8	9	10
	잘 못함									잘함

의견:

전반적인 사례 의견

슈퍼바이저 의견

슈퍼바이저 ______________________ 날짜______________

치 료 자 ______________________ 날짜______________

부록 B 공통요인 관련 다른 저자들의 측정도구

핀소프Pinsof와 동료들이 개발한 통합적 심리치료동맹척도Integrative Psychotherapy Alliance Scales와 밀러Miller, 던칸Duncan과 동료들이 개발한 회기평가척도Session Rating Scales는 동맹과 회기 중 치료과정을 사정하는 평가척도들로서 실시와 점수 계산이 간단하고 쉽다. 우리는 가장 최근 버전으로 축약형 통합적 심리치료동맹척도와 다른 연령층의 성인과 아동을 위해 개발된 회기평가척도의 다양한 버전을 제시한다. 이 척도들은 아래의 참고문헌에서 설명되고 있다. 이 척도들을 이용하려면 복제하기 전 그 척도의 저자들로부터 허락을 받아야만 한다.

참고문헌

Pinsof, W. M., Zinbarg, R., & Knobloch-Fedders, L. M. (2008). Factorial and construct validity of revised short form integrative psychotherapy alliance scales for family, couple, and individual therapy. *Family Process, 47*, 281-301.

Duncan, B. L., Miller, S., & Sparks, J. (2004). *The heroic client: A revolutionary way to improve effectiveness through client-centered, outcome informed therapy* (rev. ed.). San Francisco: Jossey-Bass.

www.talkingcure.com. Session Rating Scales. Session Rating Scale (SRS V.3.0)

통합적 심리치료동맹척도(수정판 축약형)

당신의 치료에 대한 질문들

다음 질문들은 당신의 치료자와 당신이 방금 참여한 치료에 대한 당신의 느낌과 사고에 대한 것이다. 지금 각 문항에 당신이 얼마나 동의하는지 아닌지에 대해 평가하시오. 당신이 개인치료(대부분의 회기가 당신만 포함)를 받고 있다면 개인치료 질문에 응답하시오. 당신이 커플치료(대부분의 회기가 당신과 파트너 포함)를 받고 있다면 커플치료 질문에 응답하시오. 당신이 가족치료(대부분의 회기가 당신과 가족 포함)를 받고 있다면 가족치료 질문에 응답하시오.

개인치료(대부분의 회기가 당신만 포함)	매우 그렇다	거의 그렇다	그렇다	보통이다	그렇지 않다	거의 그렇지 않다	결코 그렇지 않다
1. 나에게 중요한 사람들 중 일부는 내가 이 치료를 받고 있다는 것을 좋아하지 <u>않을</u> 것이다.	1	2	3	4	5	6	7
2. 치료자는 나를 이해하지 <u>못한다.</u>	1	2	3	4	5	6	7
3. 나에게 중요한 사람들 일부는 이 치료의 목표에 대해 치료자에게 동의하지 <u>않을</u> 것이다.	1	2	3	4	5	6	7
4. 치료자와 나는 이 치료의 목표에 대해 의견이 일치되지 <u>않는다.</u>	1	2	3	4	5	6	7
5. 나에게 중요한 사람들 일부와 나는 이 치료에서 내가 얻고 싶은 것에 대해 똑같이 느끼지 <u>않는다.</u>	1	2	3	4	5	6	7
6. 나에게 중요한 사람들은 이 치료에 대한 나의 목표를 이해할 것이다.	1	2	3	4	5	6	7
7. 나에게 중요한 사람들 일부는 이 치료에서의 나의 관여를 받아들이지 <u>못할</u> 것이다.	1	2	3	4	5	6	7
8. 나는 한 인간으로서 치료자에게 신경을 쓰지 <u>않는다.</u>	1	2	3	4	5	6	7
9. 치료자가 나를 받아들이지 <u>못한다고</u> 느낀다.	1	2	3	4	5	6	7
10. 나에게 중요한 사람들 일부는 이 치료가 그들과 나의 관계에 좋다는 것을 신뢰하지 <u>못할</u> 것이다.	1	2	3	4	5	6	7
11. 나에게 중요한 사람들은 나의 치료가 행해지는 방식을 인정할 것이다.	1	2	3	4	5	6	7
12. 나에게 중요한 사람들은 치료자에게 받아들여진다고 느낀다.	1	2	3	4	5	6	7

13. 치료자는 나의 중요한 관계에 대해 갖고 있는 목표가 나와 일치하지 **않는다.**	1	2	3	4	5	6	7
14. 치료자는 내 관계 중 어떤 것들이 내게 얼마나 중요한지를 인식하지 **못한다.**	1	2	3	4	5	6	7
15. 치료자는 나의 중요한 관계들에 대해서 나를 도와준다.	1	2	3	4	5	6	7
16. 나는 이 치료에 만족한다.	1	2	3	4	5	6	7
커플치료(대부분의 회기가 당신과 파트너 포함)							
1. 치료자는 한 인간으로서 나에게 신경을 쓴다.	1	2	3	4	5	6	7
2. 치료자는 이 치료에 대한 나의 목표를 이해한다.	1	2	3	4	5	6	7
3. 치료자와 나는 치료가 행해지는 방식에 대해 의견이 일치한다.	1	2	3	4	5	6	7
4. 치료자는 파트너와 나의 관계를 이해하지 **못한다.**	1	2	3	4	5	6	7
5. 치료자는 파트너와 나의 관계에 신경을 쓴다.	1	2	3	4	5	6	7
6. 치료자는 이 치료에서 파트너와 내가 부부로서 갖고 있는 목표를 이해하지 **못한다.**	1	2	3	4	5	6	7
7. 파트너는 치료자에게 받아들여진다고 느낀다.	1	2	3	4	5	6	7
8. 파트너와 치료자는 치료가 행해지는 방식에 대해 의견이 일치한다.	1	2	3	4	5	6	7
9. 치료자는 이 치료에 대한 파트너의 목표를 이해한다.	1	2	3	4	5	6	7
10. 파트너와 나는 이 치료에서 서로를 받아들이지 **못한다.**	1	2	3	4	5	6	7
11. 파트너와 나는 이 치료에서 우리의 목표에 대해 의견이 일치한다.	1	2	3	4	5	6	7
12. 파트너와 나는 이 치료에서 우리 각자가 하는 일이 마음에 들지 **않는다.**	1	2	3	4	5	6	7
13. 나는 이 치료에 만족한다.	1	2	3	4	5	6	7
가족치료(대부분의 회기가 당신과 가족 포함)							
1. 치료자는 나를 이해하지 **못한다.**	1	2	3	4	5	6	7
2. 치료자는 치료에서 나의 목표를 이해한다.	1	2	3	4	5	6	7
3. 나는 치료자를 신뢰한다.	1	2	3	4	5	6	7
4. 치료자는 이 치료에 대한 내 가족의 목표를 이해하지 **못한다.**	1	2	3	4	5	6	7
5. 치료자는 내 가족을 돕는 기술과 능력이 부족하다.	1	2	3	4	5	6	7
6. 치료자는 내 가족에 대해 신경을 쓴다.	1	2	3	4	5	6	7
7. 치료자는 내 가족의 다른 사람들을 돕는 기술과 능력을 가지고 있다.	1	2	3	4	5	6	7
8. 치료자는 이 치료에 대해 내 가족의 모든 다른 사람들이 가지고 있는 목표를 이해한다.	1	2	3	4	5	6	7

9. 치료자는 내 가족 중 다른 몇 사람에 대해 개인적으로 신경을 쓰지 **<u>않는다.</u>**	1	2	3	4	5	6	7
10. 내 가족 중 다른 몇 사람과 나는 이 치료에서 얻기 바라는 것에 대해 똑같은 방식으로 느끼지 **<u>않는다.</u>**	1	2	3	4	5	6	7
11. 내 가족 중 다른 몇 사람과 나는 이 치료에서 우리 각자가 하는 것이 마음에 들지 **<u>않는다.</u>**	1	2	3	4	5	6	7
12. 내 가족 중 다른 몇 사람과 나는 이 치료에서 서로에게 안전하다고 느끼지 **<u>않는다.</u>**	1	2	3	4	5	6	7
13. 나는 이 치료에 만족한다.	1	2	3	4	5	6	7

회기평가척도(SRS V.3.0)

이름: ______________________ 나이(년): ____________
ID# ______________________ 성별: 남 / 여
회기# ____________ 날짜: ______________________

여러분의 경험을 가장 잘 설명하는 정도를 선 위에 표시해서 오늘 회기를 평가해주세요.

관계

내 말을 잘 들어주고, 이해해주고, 존중해 준다고 느끼지 않았다.	I--I	내 말을 잘 들어주고, 이해해주고, 존중해준다고 느꼈다.

목표와 주제

우리는 내가 다루고 싶고 말하고 싶은 것을 다루거나 말하지 않았다.	I--I	우리는 내가 다루고 싶고 말하고 싶은 것을 다루고 말했다.

접근이나 방법

치료자의 접근이 나에게 안 맞았다.	I--I	치료자의 접근이 나에게 잘 맞았다.

전체

오늘 회기에서 놓친 것이 있었다.	I--I	전반적으로, 오늘 회기는 나에게 적절했다.

치료변화연구소(*www.talkingcure.com*)

아동회기평가척도(CSRS)

이름: ______________________ 나이(년): __________

성별: 남 / 여

회기#__________ 날짜: ______________________

오늘 우리가 함께 보낸 시간이 어땠어요? 여러분이 오늘 어떻게 느꼈는지를 우리가 알 수 있게 아래 선 위에 표시를 해주세요.

들어주기

내 말을 잘 들어주지 않았다. |------------------| 내 말을 잘 들어주었다.

얼마나 중요한가요?

우리가 했던 것과 말했던 것은 나에게 중요한 것이 정말 아니었다. |------------------| 우리가 했던 것과 말했던 것은 나에게 중요한 것이었다.

우리가 무엇을 했나요?

우리가 했던 것이 안 좋았다. |------------------| 우리가 했던 것이 좋았다.

전체

나는 우리가 다른 것을 할 수 있기를 바란다. |------------------| 나는 다음에도 똑같은 종류의 것을 하기를 바란다.

치료변화연구소(*www.talkingcure.com*)

유아회기평가척도(YCSRS)

이름: ______________________ 나이(년): __________
성별: 남 / 여
회기#____________ 날짜: ______________________

여러분이 오늘 여기 있었던 것이 어땠는지를 나타내는 얼굴을 하나 골라주세요. 아니면 여러분에게 딱 맞는 그림을 아래에 그릴 수도 있어요.

치료변화연구소(*www.talkingcure.com*)

참고문헌

Ackerman, N. W. (1970). *Family therapy in transition.* Oxford, England: Little, Brown.

Adler, A. (1951). *The practice and theory of individual psychology* (2nd ed., rev.). Oxford, England: Humanities Press. (Original work published 1924)

Anderson, C. M., Hogarty, G. E., & Reiss, D. J. (1980). Family treatment of adult schizophrenic patients: A psycho-educational approach. *Schizo-phrenia Bulletin, 6*(3), 490–505.

Annunziata, D., Hogue, A., Faw, L., & Liddle, H. A. (2006). Family func-tioning and school success in at-risk, inner-city adolescents. *Journal of Youth and Adolescence, 35*(1), 105–113.

Asay, T. P., & Lambert, M. J. (1999). The empirical case for the common fac- tors in therapy. In M. A. Hubble, B. L. Duncan, & S. D. Miller (Eds.), *The heart and soul of change: What works in therapy* (pp. 23–55). Washington, DC: American Psychological Association.

Barlow, D. H., Allen, L. B., & Basden, S. L. (2007). Psychological treatments for panic disorders, phobias, and generalized anxiety disorder. In P. E. Nathan & J. M. Gorman (Eds.), *A guide to treatments that work* (3rd ed., pp. 351–394). New York: Oxford University Press.

Barlow, D. H., Pincus, D. B., Heinrichs, N., & Choate, M. L. (2003). Anxiety disorders. In G. Stricker & T. A. Widiger (Eds.), *Handbook of psychol- ogy: Clinical psychology* (pp. 119–147). New York: Wiley.

Barton, C., & Alexander, J. F. (1977). Therapists' skills as determinants of effective systems-behavioral family therapy. *American Journal of Family Therapy, 5*(2), 11–19.

Bateson, G. (1972). *Steps to an ecology of mind: Collected essays in anthro- pology, psychiatry, evolution, and epistemology.* Northvale, NJ: Jason Aronson.

Beck, A. T., & Weishaar, M. E. (1989). Cognitive therapy. In A. Freeman, K. *book of cognitive therapy* (pp. 21-36). New York: Plenum Press. Beutler, L. E., Bongar, B., & Shurkin, J. N. (1998). *A consumer' s guide to psychotherapy.* New York: Oxford University Press.

Beutler, L. E., Consoli, A. J., & Lane, J. (2005). Systemic treatment selection and prescriptive psychotherapy. In J. C. Norcross & M. R. Goldfried (Eds.), *Handbook of psychotherapy integration* (2nd ed., pp. 121-143). New York: Oxford University Press.

Beutler, L. E., Harwood, T. M., Alimohamed, S., & Malik, M. (2002). Func- tional impairment and coping style. In J. Norcross (Ed.), *Psychotherapy relationships that work: Therapist contributions and responsiveness to patient needs* (pp. 145-170). New York: Oxford University Press.

Beutler, L. E., Malik, M. L., & Alimohamed, S. (2004). Therapist variables. In M. J. Lambert (Ed.), *Bergin and Garfield' s handbook of psychother- apy and behavior change* (pp. 227-306). New York: Wiley.

Bischoff, R. J., & Sprenkle, D. H. (1993). Dropping out of marriage and fam- ily therapy: A critical view of research. *Family Process, 32,* 353-375.

Blatt, S. J., Sanislow, C. A., Zuroff, D. C., & Pilkonis, P. A. (1996). Char- acteristics of effective therapists: Further analyses of data from the National Institute of Mental Health treatment of depression collabora- tive research program. *Journal of Consulting and Clinical Psychology, 64,* 1276-1284.

Blow, A. J., Davis, S. D., & Sprenkle, D. H. (in press). Therapist worldview: A fruitless dialogue without more evidence. *Journal of Marital and Fam- ily Therapy.*

Blow, A. J., Sprenkle, D. H., & Davis, S. D. (2007). Is who delivers the treatment more important than the treatment itself?: The role of the therapist in common factors. *Journal of Marital and Family Therapy, 33,* 298-317.

Boszormenyi-Nagy, I., & Spark, G. M. (1973). *Invisible loyalties: Reciprocity in intergenerational family therapy.* Oxford, England: Harper & Row.

Bowen, M. (1960). A family concept of schizophrenia. In D. Jackson (Ed.), *The etiology of schizophrenia* (pp. 346-372). Oxford, England: Basic Books.

Bowen, M. (1972). Family therapy and family group therapy. In H. I. Kaplan & B. J. Sadock (Eds.), *Group treatment of mental illness* (pp. 384-421). New York: Dutton.

Bowen, M. (1974). Alcoholism as viewed through family systems theory and family psychotherapy. *Annals of the New York Academy of Sciences, 233,* 115-122.

Bowen, M. (1978). *Family therapy in clinical practice.* New York: Jason Aronson.

Bowlby, J. (1988). *A secure base.* New York: Basic Books.

Boyd-Franklin, N. (2003). *Black families in therapy: Understanding the Afri- can American experience* (2nd ed.). New York: Guilford Press.

Breunlin, D. C., & Mac Kune-Karrer, B. (2002). Metaframeworks. In F. W. Kaslow (Ed.), *Comprehensive handbook of psychotherapy: Vol. 4. Integrative/eclectic* (pp. 367-385). New York: Wiley.

Breunlin, D. C., Schwartz, R. C., & Mac Kune-Karrer, B. (1997). *Metaframe- works: Transcending the models of family therapy* (rev., & updated). San Francisco: Jossey-Bass.

Butler, M. H., & Bird, M. H. (2000). Narrative and interactional process for preventing harmful struggle in therapy: An integrative model. *Journal of Marital and Family Therapy, 26,* 123-142.

Castonguay, L. G., & Beutler, L. E. (2006a). Principles of therapeutic change: A task force on participants, relationships, and technique factors. *Jour- nal of Clinical Psychology, 62*(6), 631-638.

Castonguay, L. G., & Beutler, L. E. (2006b). *Principles of therapeutic change that work.* New York: Oxford University Press.

Chamberlain, P. (2003). Multidimensional treatment foster care program components and principles of practice. In P. Chamberlain (Ed.), *Treat- ing chronic juvenile offenders: Advances made through the Oregon mul- tidimensional treatment foster care model law and public policy* (pp. 69-93). Washington, DC: American Psychological Association.

Chamberlain, P., & Smith, D. K. (2005). Multidimensional treatment foster care: A community solution for boys and girls referred from juvenile justice. In E. D.

Hibbs & P. S. Jensen (Eds.), *Psychosocial treatments for child and adolescent disorders: Empirically based strategies for clinical practice* (2nd ed., pp. 557–573). Washington, DC: American Psycho- logical Association.

Chambless, D. L. (1999). Empirically validated treatments—what now? *Applied and Preventive Psychology, 8*(4), 281–284.

Chambless, D. L. (2002). Beware the dodo bird: The dangers of overgeneral- ization. *Clinical Psychology: Science and Practice, 9*(1), 13–16.

Chambless, D. L., & Hollon, S. D. (1998). Defining empirically supported therapies. *Journal of Consulting and Clinical Psychology, 66,* 7–18.

Chambless, D. L., & Ollendick, T. H. (2001). Empirically supported psy- chological interventions: Controversies and evidence. *Annual Review of Psychology, 52,* 685–716.

Christensen, A., Atkins, D. C., Berns, S., Wheeler, J., Baucom, D. H., & Simpson, L. E. (2004). Traditional versus integrative behavioral couple therapy for significantly and chronically distressed married couples. *Journal of Consulting and Clinical Psychology, 72*(2), 176–191.

Christensen, A., Doss, B. D., & Atkins, D. C. (2005). A science of couple therapy: For what should we seek empirical support? In W. M. Pinsof & J. L. Lebow (Eds.), *Family psychology: The art of the science* (pp. 43–63). New York: Oxford University Press.

Clarkin, J. F., & Levy, K. N. (2004). Research on client variables in psy- chotherapy. In M. J. Lambert (Ed.), *Bergin and Garfield' s handbook of psychotherapy and behavior change* (pp. 194–226). New York: Wiley. *and Family Therapy, 24*(4), 405–408.

Crane, R. D., Griffin, W., & Hill, R. D. (1986). Influence of therapist skills on client perceptions of marriage and family therapy outcome: Implications for supervision. *Journal of Marital and Family Therapy, 12,* 91–96.

Craske, M. G., & Barlow, D. H. (2001). Panic disorder and agoraphobia. In D. H. Barlow (Ed.), *Clinical handbook of psychological disorders: A step-by-step treatment manual* (3rd ed., pp. 1–59). New York: Guilford Press.

Craske, M. G., & Barlow, D. H. (2008). Panic disorder and agoraphobia. In D. H.

Barlow (Ed.) *Clinical handbook of psychological disorders: A step-by-step treatment manual* (4th ed., pp. 1-64). New York: Guilford Press.

Dattilio, F. M. (Ed.). (1998). *Case studies in couple and family therapy.* New York: Guilford Press.

Dattilio, F. M. (2005). The restructuring of family schemas: A cognitive- behavior perspective. *Journal of Marital and Family Therapy, 31,* 15-30.

Dattilio, F. M., & Bevilacqua, L. J. (Eds.). (2000). *Comparative treatments for relationship dysfunction.* New York: Springer.

Dattilio, F. M., & Epstein, N. B. (2003). Cognitive-behavior couple and fam- ily therapy. In T. L. Sexton, G. R. Weeks, & M. S. Robbins (Eds.), *Hand- book of family therapy* (pp. 147-173). New York: Brunner-Routledge.

Davis, S. D. (2005). *Common and model-specific factors: What marital fam- ily therapy model developers, their former students, and their clients say about change.* Unpublished doctoral dissertation; Virginia Polytechnic Institute and State University.

Davis, S. D., & Butler, M. H. (2004). Enacting relationships in marriage fam- ily therapy: A conceptual and operational definition of an enactment. *Journal of Marital and Family Therapy. 30,* 319-333.

Davis, S. D., & Piercy, F. P. (2007a). What clients of couple therapy model developers and their former students say about change, part I: Model- dependent common factors across three models. *Journal of Marital and Family Therapy, 33,* 318-343.

Davis, S. D., & Piercy, F. P. (2007b). What clients of couple therapy model developers and their former students say about change, part II: Model- independent common factors and an integrative framework. *Journal of Marital and Family Therapy, 33,* 344-363.

deShazer, S. (1985). *Keys to solution in brief therapy.* New York: Norton. deShazer, S. (1988). *Clues: Investigating solutions in brief therapy.* New York: Norton.

Doherty, W. J., & Beaton, J. M. (2000). Family therapist, community, and civic renewal. *Family Process, 39,* 149-162.

Duncan, B. L., & Miller, S. D. (2000). *The heroic client: Doing client-directed, outcome-informed therapy.* San Francisco: Jossey-Bass.

Duncan, B. L., Miller, S. D., & Sparks, J. A. (2004). *The heroic client: A revolutionary way to improve effectiveness through client-directed, out- come-informed therapy* (rev. ed.). San Francisco: Jossey-Bass.

Duncan, B. L., Sparks, J. A., & Miller, S. D. (2006). Client, not theory, directed: Integrating approaches one client at a time. In G. Stricker & J. Gold (Eds.), *A casebook of psychotherapy integration* (pp. 225–240). Washington, DC: American Psychological Association.

Elkin, I. (1994). The NIMH Treatment of Depression Collaborative Research Program: Where we began and where we are. In A. E. Bergin & S. L. Garfield (Eds.), *Handbook of psychotherapy and behavior change* (4th ed., pp. 114–139). Oxford, England: Wiley.

Elkin, I. (1999). A major dilemma in psychotherapy outcome research: Dis- entangling therapists from therapies. *Clinical Psychology: Science and Practice, 6*(1), 10–32.

Elkin, I., Shea, T., Watkins, J. T., Imber, S. D., Sotsky, S. M., Collins, J. F., et al. (1989). National Institute of Mental Health treatment of depression collaborative research program: General effectiveness of treatments. *Archives of General Psychiatry, 46,* 971–982.

Elliott, R., Watson, J. C., Goldman, R. N., & Greenberg, L. S. (2004). Adapting process-experiential therapy to particular client problems. In R. Elliott, J. C. Watson, R. N. Goldman, & L. S. Greenberg (Eds.), *Learning emotion-focused therapy: The process-experiential approach to change* (pp. 287–310). Washington, DC: American Psychological Association.

Ellis, A. (1962). *Reason and emotion in psychotherapy.* Oxford, England: Lyle Stuart.

Emmelkamp, P. M. G. (2004). In M. J. Lambert (Ed.), *Bergin and Garfield' s handbook of psychotherapy and behavior change* (5th ed., pp. 393–446). New York: Wiley.

Engle, G. L. (1977). The need for a new medical model: A challenge for bio- medicine. *Science, 196,* 129–136.

Falicov, C. J. (2003). Culture in family therapy: New variations on a fundamental theme. In T. L. Sexton, G. R. Weeks, & M. S. Robbins (Eds.), *Handbook of family therapy: The science and practice of working with families and couples* (pp. 37–55). New York: Brunner- Routledge.

Falloon, I. R. H. (1993). Behavioral family therapy for schizophrenic and affective disorders. In A. S. Bellack & M. Hersen (Eds.), *Handbook of behavior therapy in the psychiatric setting* (pp. 595–611). New York: Plenum Press.

Falloon, I. R. H. (2002). Cognitive-behavioral family and educational inter- ventions for schizophrenic disorders. In S. G. Hofmann & M. C. Tomp- son (Eds.), *Treating chronic and severe mental disorders: A handbook of empirically supported interventions*. New York: Guilford Press.

Farber, B. A., & Lane, J. S. (2002). Positive regard. In J. C. Norcross (Ed.), Oxford University Press.

Fisch, R., Weakland, J. H., & Segal, L. (1983). *The tactics of change*. San Francisco: Jossey-Bass.

Fraenkel, P. (2006). Engaging families as experts: Collaborative family pro- gram development. *Family Process, 45*, 237–257.

Frank, J. D. (1961). *Persuasion and healing: A comparative study of psycho- therapy*. Baltimore: Johns Hopkins University Press.

Frank, J. D. (1973). *Persuasion and healing: A comparative study of psycho- therapy* (2nd ed.). Oxford, England: Schocken.

Frank, J. D. (1976). Psychotherapy and the sense of mastery. In R. L. Spitzer & D. F. Klein (Eds.), *Evaluation of psychotherapies: Behavior therapies, drug therapies, and their interactions* (pp. 47–56). Baltimore: Johns Hopkins University Press.

Frank, J. D., & Frank, J. B. (1991). *Persuasion and healing: A comparative study of psychotherapy* (3rd ed.). Baltimore: Johns Hopkins University Press.

Franklin, M. E., & Foa, E. B. (2007). Cognitive behavioral treatment of obsessive–compulsive disorder. In P. E. Nathan & J. M. Gorman (Eds.), *A guide to treatments that work* (3rd ed., pp. 431–446). New York: Oxford University Press.

Freud, S. (1987). The origin and development of psychoanalysis: First and second lectures. *American Journal of Psychology, 100*(3-4), 472-488.

Friedlander, M. L., Escudero, V., & Heatherington, L. (2006a). Building and maintaining healthy alliances. In *Therapeutic alliances in couple and family therapy: An empirically informed guide to practice* (pp. 261-268). Washington, DC: American Psychological Association.

Friedlander, M. L., Escudero, V., & Heatherington, L. (2006b). Building blocks of the alliance. In *Therapeutic alliances in couple and fam- ily therapy: An empirically informed guide to practice* (pp. 143-158). Washington, DC: American Psychological Association.

Friedlander, M. L., Escudero, V., & Heatherington, L. (2006c). *Therapeutic alliances in couple and family therapy: An empirically informed guide to practice.* Washington, DC: American Psychological Association.

Friedlander, M. L., Escudero, V., Horvath, A. O., Heatherington, L., Cabero, A., & Martens, M. P. (2006). System for observing family therapy alli- ances: A tool for research and practice. *Journal of Counseling Psychol- ogy, 53*(2), 214-225.

Furman, B., & Ahola, T. (1994). Solution talk: The solution-oriented way of talking about problems. In M. F. Hoyt (Ed.), *Constructive therapies* (pp. 41-66). New York: Guilford Press.

Garfield, S. L. (1987). Towards a scientifically oriented eclecticism. *Scandina- vian Journal of Behavior Therapy, 16,* 95-109.

Goldfried, M. R. (1980). Toward the delineation of therapeutic change prin- ciples. *American Psychologist, 35,* 991-995.

Goldfried, M. R., & Norcross, J. C. (1995). Integrative and eclectic thera- pies in historical perspective. In B. M. Bongar & L. E. Beutler (Eds.), *Comprehensive textbook of psychotherapy: Theory and practice* (pp. 254-273). London: Oxford University Press.

Goldfried, M. R., & Padaver, W. (1982). Current status and future directions in psychotherapy. In M. R. Goldfried (Ed.), *Converging themes in psy- chotherapy* (pp. 3-49). New York: Springer.

Gottman, J. M. (1994). *Why marriages succeed or fail.* New York: Simon & Schuster.

Gottman, J. M., & Notarious, C. I. (2000). Decade review: Observing mari- tal interaction. *Journal of Marriage and the Family, 62,* 927-947.

Gottman, J. M., & Silver, N. (1999). *The seven principles for making mar- riage work.* New York: Three Rivers Press.

Green, R.-J., & Herget, M. (1991). Outcomes of systemic/strategic team con- sultation: III. The importance of therapist warmth and active structur- ing. *Family Process, 30*(3), 321-336.

Greenberg, L. S., & Pinsof, W. M. (Eds.). (1986). *The psychotherapeutic process: A research handbook.* New York: Guilford Press.

Greenberg, L. S., & Watson, J. (1998). Experiential therapy of depression: Differential effects of client-centered relationship conditions and pro- cess experiential interventions. *Psychotherapy Research, 8*(2), 210-224.

Grencavage, L. M., & Norcross, J. C. (1990). Where are the commonali- ties among the therapeutic common factors? *Professional Psychology Research and Practice, 21,* 372-378.

Gurman, A. S. (1978). Contemporary marital therapies: A critique and comparative analysis of psychoanalytic, behavioral and systems theory approaches. In T. J. Paolino & B. S. McCrady (Eds.), *Marriage and marital therapy: Psychoanalytic, behavioral and systems theory perspec- tives* (pp. 445-566). Oxford, England: Brunner/Mazel.

Haaga, D. A., McCrady, B., & Lebow, J. (2006). Integrative principles for treating substance use disorders. *Journal of Clinical Psychology, 62*(6), 675-684.

Haas, L. J., Alexander, J. F., & Mas, C. (1988). Functional Family Therapy: Basic concepts and training program. In H. A. Liddle, D. C. Breunlin, & R. C. Schwartz (Eds.), *Handbook of family therapy training and super- vision* (pp. 128-147). New York: Guilford Press.

Haley, J. (1987). *Problem-solving therapy* (2nd ed.). San Francisco: Jossey- Bass.

Haley, J. (1997). *Leaving home: The therapy of disturbed young people* (2nd ed.). Philadelphia: Brunner/Mazel.

Harmon, C., Hawkins, E. J., Lambert, M. J., Slade, K., & Whipple, J. S. (2005). Improving outcomes for poorly responding clients: The use of clinical support tools and feedback to clients. *Journal of Clinical Psy- chology, 61*(2), 175-185.

Heimann, P. (1950). On counter-transference. *International Journal of Psycho- Analysis, 31,* 81–84.

Helmeke, K. B., & Sprenkle, D. H. (2000). Clients' perceptions of pivotal moments in couples therapy: A qualitative study of change in therapy. *Journal of Marital and Family Therapy, 26,* 469–484.

Henggeler, S. W., & Lee, T. (2003). Multisystemic treatment of serious clini- cal problems. In A. E. Kazdin & J. R. Weisz (Eds.), *Evidence-based psychotherapies for children and adolescents* (pp. 301–322). New York: Guilford Press.

Henggeler, S. W., Schoenwald, S. K., Borduin, C. M., Rowland, M. D., & Cunningham, P. B. (1998). *Multisystemic treatment of antisocial behav- ior in children and adolescents.* New York: Guilford Press.

Henggeler, S. W., Schoenwald, S. K., Rowland, M. D., & Cunningham, P. B. (2002). *Serious emotional disturbance in children and adolescents: Multisystemic therapy.* New York: Guilford Press.

Henggeler, S. W., & Sheidow, A. J. (2002). Conduct disorder and delin- quency. In D. H. Sprenkle (Ed.), *Effectiveness research in marriage and family therapy* (pp. 27–52). Alexandria, VA: American Association for Marriage and Family Therapy.

Hollander-Goldfein, B. (1989). Basic principles: Structural elements of the intersystem approach. In G. R. Weeks (Ed.), *Treating couples: The inter- system model of the Marriage Council of Philadelphia* (pp. 38–69). New York: Brunner Mazel.

Hollon, S. T., & Beck, A. T. (2004). Cognitive and cognitive behavioral thera- pies. In M. J. Lambert (Ed.), *Bergin and Garfield' s handbook of psycho- therapy and behavior change* (5th ed., pp. 447–492). New York: Wiley.

Holtzworth-Munroe, A., Jacobson, N. S., DeKlyen, M., & Whisman, M. A. (1989). Relationship between behavioral marital therapy outcome and process variables. *Journal of Consulting and Clinical Psychology, 57,* 658–662.

Horvath, A. O. (Ed.). (1994). *Empirical validation of Bordin' s pantheoreti- cal model of the alliance: The Working Alliance Inventory perspective.* Oxford, England: Wiley.

Horvath, A. O. (2001). The alliance. *Psychotherapy: Theory, Research, Prac- tice, Training, 38*(4), 365-372.

Horvath, A. O. (2006). The alliance in context: Accomplishments, chal- lenges, and future directions. *Psychotherapy: Theory, Research, Prac- tice, Training, 43*(3), 258-263.

Horvath, A. O., & Bedi, R. P. (Eds.). (2002). *The alliance.* New York: Oxford University Press.

Horvath, A. O., & Greenberg, L. S. (1989). Development and validation of the Working Alliance Inventory. *Journal of Counseling Psychology, 36*(2), 223-233.

Horvath, A. O., & Greenberg, L. S. (Eds.). (1994). *The working alliance: Theory, research, and practice.* Oxford, England: Wiley.

Howard, K. I., Moras, K., Brill, P. L., Martinovich, Z., & Lutz, W. (1996). The evaluation of psychotherapy: Efficacy, effectiveness, and patient progress. *American Psychologist, 51,* 1059-1064.

Howard, K. I., Orlinsky, D. E., Saunders, S. M., Bankoff, E., Davidson, C., & O' Mahoney, M. T. (1991). Northwestern University-University of Chicago Psychotherapy Research Program. In *Psychotherapy research: An international review of programmatic studies* (pp. 65-74). Washing- ton, DC: American Psychological Association.

Hubble, M. A., Duncan, B. L., & Miller, S. D. (Eds.). (1999). *The heart and soul of change: What works in therapy.* Washington, DC: American Psychological Association.

Jacobson, N. S. (1980). Behavioral marital therapy: Current trends in research, assessment and practice. *American Journal of Family Therapy, 8*(2), 3-5.

Jacobson, N. S., & Christensen, A. (1996). *Integrative couple therapy: Pro- moting acceptance and change.* New York: Norton.

Jacobson, N. S., Christensen, A., Prince, S. E., Cordova, J., & Eldridge, K. (2000). Integrative behavioral couple therapy: An acceptance-based, promising new treatment for couple discord. *Journal of Consulting and Clinical Psychology, 68*(2), 351-355.

Jacobson, N. S., Dobson, K., Fruzzetti, A. E., Schmaling, K. B., & Salusky, S. (1991).

Marital therapy as a treatment for depression. *Journal of Con- sulting and Clinical Psychology, 59*(4), 547–557.

Johnson, S. M. (1996). *Creating connection: The practice of emotionally focused marital therapy.* New York: Brunner/Mazel.

Johnson, S. M. (2002). Marital problems. In D. H. Sprenkle (Ed.), *Effective- ness research in marriage and family therapy* (pp. 163–190). Alexan- dria, VA: American Association for Marriage and Family Therapy.

Johnson, S. M. (2003a). Couples therapy research: Status and directions. In G. Sholevar (Ed.), *Textbook of family and couples therapy: Clini- cal applications* (pp. 797–814). Washington, DC: American Psychiatric Publishing.

Johnson, S. M. (2003b). Emotionally focused couples therapy: Empiricism and art. In T. L. Sexton, G. R. Weeks, & M. S. Robbins (Eds.), *Hand- book of family therapy: The science and practice of working with fami- lies and couples* (pp. 263–280). New York: Brunner-Routledge.

Johnson, S. M. (2004). *The practice of emotionally focused marital therapy: Creating connection* (2nd ed.). New York: Brunner/Mazel.

Johnson, S. M., & Denton, W. (2002). Emotionally focused couple therapy: Creating secure connections. In A. S. Gurman & N. S. Jacobson (Eds.), *Clinical handbook of couple therapy* (3rd ed., pp. 221–250). New York: Guilford Press.

Johnson, S. M., & Talitman, E. (1997). Predictors of success in Emotionally Focused Marital Therapy. *Journal of Marital and Family Therapy, 23,* 135–152.

Jung, C. (1916). On some crucial points in psychoanalysis. In C. G. Jung & C. E. Long (Eds.), *Analytical psychology* (pp. 236–277). New York: Moffat & Yard.

Jung, C. (1935). Basic principles of practical psychotherapy. *Zentralblatt für Psychotherapie, 8,* 66–82.

Karasu, T. B. (1986). The specificity versus nonspecificity dilemma: Toward identifying therapeutic change agents. *American Journal of Psychiatry, 143,* 687–695.

Kazantzis, N., & L' Abate, L. (2007). *Handbook of homework assignments in psychotherapy: Research, practice, prevention.* New York: Springer.

Kazdin, A. E. (Ed.). (2003). *Methodological issues and strategies in clinical research*

(3rd ed.). Washington, DC: American Psychological Associa- tion.

Kazdin, A. E. (2007). Psychosocial treatments for conduct disorder in chil- dren and adolescents. In P. E. Nathan & J. M. Gorman (Eds.), *A guide to treatments that work* (3rd ed., pp. 71-104). New York: Oxford Uni- versity Press.

Keith, D. V., Connell, G. M., & Whitaker, C. A. (1991). A symbolic-expe- riential approach to the resolution of therapeutic obstacles in family therapy. *Journal of Family Psychotherapy, 2*(3), 41-56.

Kerr, M. E., & Bowen, M. (1988). *Family evaluation: An approach to Bowen theory.* New York: Norton.

Kiser, D. J., Piercy, F. P., & Lipchik, E. (1993). The integration of emotion in solution-focused therapy. *Journal of Marital and Family Therapy, 19,* 233-242.

Klerman, G. L., & Weissman, M. M. (1991). Interpersonal psychotherapy: Research program and future prospects. In L. E. Beutler & M. Crago (Eds.), *Psychotherapy research: An international review of program- matic studies* (pp. 33-40). Washington, DC: American Psychological Association.

Klerman, G. L., Weissman, M. M., Rounsaville, B., & Chevron, E. S. (1995). Interpersonal psychotherapy for depression. *Journal of Psychotherapy Practice and Research, 4*(4), 342-351.

Knobloch-Fedders, L. M., Pinsof, W. M., & Mann, B. J. (2004). The forma- tion of the therapeutic alliance in couple therapy. *Family Process, 43*(4), 425-442.

Knobloch-Fedders, L. M., Pinsof, W. M., & Mann, B. J. (2007). Therapeu- tic alliance and treatment progress in couple psychotherapy. *Journal of Marital and Family Therapy, 33*(2), 245-257.

Koerner, K., & Linehan, M. M. (2002). Dialectical behavior therapy for borderline personality disorder. In S. G. Hofmann & M. C. Tompson (Eds.), *Treating chronic and severe mental disorders: A handbook of empirically supported interventions* (pp. 317-342). New York: Guilford Press.

Kolden, G. G., & Howard, K. I. (1992). An empirical test of the generic model of psychotherapy. *Journal of Psychotherapy Practice and Research, 1*(3), 225-236.

Krupnick, J. L., Elkin, I., Collins, J., Simmens, S., Sotsby, S., Pilkonis, P., et al. (1994). Therapeutic alliance and clinical outcome in the NIMH Treatment of

Depression Collaborative Research Program: Preliminary findings. *Psychotherapy: Theory, Research, Practice, Training, 31*(1), 28-35.

Kuehl, B. P., Newfield, N. A., & Joanning, H. (1990). A client-based descrip- tion of family therapy. *Journal of Family Psychology, 3*, 310-321.

Lambert, M. J. (1992). Psychotherapy outcome research: Implications for integrative and eclectic therapists. In J. C. Norcross & M. R. Goldfried (Eds.), *Handbook of psychotherapy integration* (pp. 94-129). New York: Basic Books.

Lambert, M. J. (Ed.). (2004). *Bergin and Garfield' s handbook of psycho- therapy and behavior change* (5th ed.). New York: Wiley.

Lambert, M. J. (2005). Early response in psychotherapy: Further evidence for the importance of common factors rather than "placebo effects." *Journal of Clinical Psychology, 61*(7), 855-869.

Lambert, M. J., & Bergin, A. E. (1994). The effectiveness of psychotherapy. In A. E. Bergin & S. L. Garfield (Eds.), *Handbook of psychotherapy and behavior change* (4th ed., pp. 143-189). Oxford, England: Wiley.

Lambert, M. J., Harmon, C., Slade, K., Whipple, J. L., & Hawkins, E. J. (2005). Providing feedback to psychotherapists on their patients' prog- ress: Clinical results and practice suggestions. *Journal of Clinical Psy- chology, 61(2)*, 165-174.

Lambert, M. J., & Hill, C. E. (1994). Assessing psychotherapy outcomes and processes. In A. E. Bergin & S. L. Garfield (Eds.), *Handbook of psycho- therapy and behavior change* (4th ed., pp. 72-113). Oxford, England: Wiley.

Lambert, M. J., & Ogles, B. M. (2004). The efficacy and effectiveness of psychotherapy. In M. J. Lambert (Ed.), *Bergin and Garfield' s handbook of psychotherapy and behavior change* (5th ed., pp. 139-193). New York: Wiley.

Lebow, J. L. (1982). Consumer satisfaction with mental health treatment. *Psychological Bulletin, 91*(2), 244-259.

Lebow, J. L. (1987). Developing a personal integration in family therapy: Principles for model construction and practice. *Journal of Marital and Family Therapy, 13*(1), 1-14.

Lebow, J. L. (1995). Open-ended therapy: Termination in marital and family therapy.

In *Integrating family therapy: Handbook of family psychology and systems theory* (pp. 73–86). Washington, DC: American Psycho- logical Association.

Lebow, J. L. (1997). The integrative revolution in couple and family therapy. *Family Process, 36*(1), 1–17.

Lebow, J. L. (2002). Training in integrative/eclectic psychotherapy. In F. W. Kaslow (Ed.), *Comprehensive handbook of psychotherapy: Vol. 4. Integrative/eclectic* (pp. 545–556). Hoboken, NJ: Wiley.

Lebow, J. L. (2005). Integrative family therapy for families experiencing high-conflict divorce. In J. L. Lebow (Ed.), *Handbook of clinical family therapy* (pp. 516–542). Hoboken, NJ: Wiley.

Lebow, J. L. (2006a). Integrative couple therapy. In G. Stricker & J. Gold (Eds.), *A casebook of psychotherapy integration* (pp. 211–223). Wash- ington, DC: American Psychological Association.

Lebow, J. L. (2006b). *Research for the psychotherapist: From science to practice.* New York: Routledge.

Lebow, J. L. (2008). *Twenty-first century psychotherapies: Contemporary approaches to theory and practice.* Hoboken, NJ: Wiley.

Leon, S. C., Kopta, S., Howard, K. I., & Lutz, W. (1999). Predicting patients' responses to psychotherapy: Are some more predictable than others? *Journal of Consulting and Clinical Psychology, 67*(5), 698–704.

Liddle, H. A., Rodriguez, R. A., Dakof, G. A., Kanzki, E., & Marvel, F. A. (2005). Multidimensional family therapy: A science-based treatment for adolescent drug abuse. In J. L. Lebow (Ed.), *Handbook of clinical fam- ily therapy* (pp. 128–163). Hoboken, NJ: Wiley.

Liddle, H. A., & Rowe, C. L. (2002). Multidimensional family therapy for adolescent drug abuse: Making the case for a developmental-contex- tual, family-based intervention. In D. W. Brook & H. I. Spitz (Eds.), *The group therapy of substance abuse* (pp. 275–291). New York: Haworth Press.

Liddle, H. A., Rowe, C. L., Quille, T. J., Dakof, G. A., Mills, D. S., Sakran, E., et al. (2002). Transporting a research-based adolescent drug treatment into practice. *Journal of Substance Abuse Treatment, 22*, 231–243.

Linehan, M. M., Schmidt, H., III, Dimeff, L. A., Craft, J., Kanter, J., & Com- tois, K. A. (1999). Dialectical behavior therapy for patients with bor- derline personality disorder and drug-dependence. *American Journal on Addictions, 8*(4), 279–292.

Lipchik, E. (1988). Purposeful sequences for beginning the solution-focused interview. *Family Therapy Collections, 24,* 105–117.

Luborsky, L., Crits-Christoph, P., McLellan, A. T., Woody, G., Piper, W., Liberman, B., et al. (1986). Do therapists vary much in their success?: Findings from four outcome studies. *American Journal of Orthopsy- chiatry, 56,* 501–512.

Luborsky, L., Diguer, L., Seligman, D. A., Rosenthal, R., Johnson, S. Hal- perin, G., et al. (1999). The researcher' s own therapeutic alliances: A "wild card" in comparisons of treatment efficacy. *Clinical Psychology: Science and Practice, 6,* 95–132.

Luborsky, L., Rosenthal, R., Diguer, L., Andrusyna, T. P., Berman, J. S., Lev- itt, J. T., et al. (2002). The dodo bird verdict is alive and well—mostly. *Clinical Psychology: Science and Practice, 9,* 2–12.

Luborsky, L., Singer, B., & Luborsky, L. (1975). Comparative studies of psy-chotherapy: Is it true that "Everyone has won and all must have prizes" ? *Archives of General Psychiatry, 32,* 995–1008.

Markman, H. J., Stanley, S. M., & Blumberg, S. L. (1996). *Fighting for your marriage: Positive steps for preventing divorce and preserving a lasting love* (2nd ed.). San Francisco: Jossey-Bass.

Maturana, H. R. (1992). *Biology, emotions and culture* [Videotape 6]. Cal- gary, Canada: Vanry & Associates.

McCarthy, B. W. (2002). Sexuality, sexual dysfunction, and couple therapy. In A. S. Gurman & N. S. Jacobson (Eds.), *Clinical handbook of couple therapy* (3rd ed., pp. 629–652). New York: Guilford Press.

McFarlane, W. R., Dixon, L., & Lucksted, A. (2002). Severe mental illness. In D. H. Sprenkle (Ed.), *Effectiveness research in marriage and family therapy* (pp. 255–288). Alexandria, VA: American Association for Mar- riage and Family Therapy.

McGoldrick, M., Giordano, J., & Garcia-Preto, N. (Eds.). (2005). *Ethnicity and family therapy* (3rd ed.). New York: Guilford Press.

McGoldrick, M., Giordano, J., & Pearce, J. K. (Eds.). (1996). *Ethnicity and family therapy* (2nd ed.). New York: Guilford Press.

Middleberg, C. V. (2001). Projective identification in common couples dances. *Journal of Marital and Family Therapy, 27,* 341–352.

Miklowitz, D. J. (2008). *Bipolar disorder: A family-focused treatment approach* (2nd ed.). New York: Guilford Press.

Miklowitz, D. J., Richards, J. A., George, E. L., Frank, E., Suddath, R. L., Powell, K. B., et al. (2003). Integrated family and individual therapy for bipolar disorder: Results of a treatment development study. *Journal of Clinical Psychiatry, 64*(2), 182–191.

Miklowitz, D. J., Simoneau, T. L., George, E. L., Richards, J. A., Kalbag, A., Sachs-Ericsson, N., et al. (2000). Family-focused treatment of bipolar disorder: 1-year effects of a psychoeducational program in conjunction with pharmacotherapy. *Biological Psychiatry, 48*(6), 582–592.

Miller, G., & deShazer, S. (2000). Emotions in solution-focused therapy: A re-examination. *Family Process, 39,* 5–23.

Miller, S. D., Duncan, B. L., & Hubble, M. A. (1997). *Escape from Babel: Toward a unifying language for psychotherapy practice.* New York: Norton.

Miller, S. D., Duncan, B. L., & Hubble, M. A. (2005). Outcome-informed clinical work. In J. C. Norcross & M. R. Goldfried (Eds.), *Handbook of psychotherapy integration* (2nd ed., pp. 84–102). London: Oxford University Press.

Miller, S. D., Duncan, B. L., Sorrell, R., & Brown, G. S. (2005). The Partners Behavior Change Outcome Management System. *Journal of Clinical Psychology, 61*(2), 199–208.

Miller, S. D., Hubble, M., & Duncan, B. (2007, November–December). Supershrinks. *Psychotherapy Networker*, pp. 26–35, 56.

Miller, W. R. (1995). *Motivational enhancement therapy with drug abus-ers.* Treatment manual funded by the National Institute on Drug Abuse(RO1-DA08896).

Miller, W. R. (2000). Motivational interviewing IV: Some parallels with horse whispering. *Behavioural and Cognitive Psychotherapy, 28,* 285–292.

Miller, W. R., & Rollnick, S. (2002). *Motivational interviewing: Preparing people for change* (2nd ed.). New York: Guilford Press.

Miller, W. R., & Rollnick, S. (2003). Motivational interviewing: Preparing people for change. *American Journal of Forensic Psychology, 21*(1), 83-85.

Minuchin, S. (1974). *Families and family therapy.* Cambridge, MA: Harvard University Press.

Minuchin, S. (1998). Where is the family in narrative family therapy? *Journal of Marital and Family Therapy, 24,* 397-404.

Minuchin, S., & Fishman, H. C. (1981). *Family therapy techniques.* Cam- bridge, MA: Harvard University Press.

Mitrani, V. B., Prado, G., Feaster, D. J., Robinson-Batista, C., & Szapocznik, J. (2003). Relational factors and family treatment engagement among low-income, HIV-positive African American mothers. *Family Process, 42*(1), 31-45.

Muir, J. A., Schwartz, S. J., & Szapocznik, J. (2004). A program of research with Hispanic and African American families: Three decades of interven- tion development and testing influenced by the changing cultural con- text of Miami. *Journal of Marital and Family Therapy, 30*, 113-129.

Murphy, C. M., & Eckhardt, C. I. (2005). *Treating the abusive partner: An individualized cognitive-behavioral approach.* New York: Guilford Press.

Napier, A. (1997, September). *Called by families: The journey of the thera- pist.* Plenary address at the annual meeting of the American Association for Marriage and Family Therapy, Atlanta, GA.

Nichols, M. P., & Schwartz, R. C. (2001). *Family therapy: Concepts and methods* (5th ed.). Boston: Allyn & Bacon.

Norcross, J. C. (2002a). Empirically supported therapy relationships. In J. C.

Norcross (Ed.), *Psychotherapy relationships that work: Therapist con- tributions and responsiveness to patients* (pp. 3-16). London: Oxford University Press.

Norcross, J. C. (Ed.). (2002b). *Psychotherapy relationships that work: Ther- apist contributions and responsiveness to patients.* London: Oxford University Press.

Norcross, J. C., & Newman, C. F. (1992). Psychotherapy integration: Setting the context. In J. C. Norcross & M. R. Goldfried (Eds.), *Handbook of psychotherapy integration* (pp. 3-45). New York: Basic Books.

O' Farrell, T. J., & Fals-Stewart, W. F. (2002). Alcohol abuse. In D. H. Spren- kle (Ed.), *Effectiveness research in marriage and family therapy* (pp. 123-161). Alexandria, VA: American Association for Marriage and Family Therapy.

O' Hanlon, W. H., & Beadle, S. (1997). *A guide to possibility land: Fifty-one methods for doing brief, respectful therapy*. New York: Norton.

Onedera, J. D. (2006). Functional family therapy: An interview with Dr. James Alexander. *The Family Journal, 14,* 306-311.

Orlinsky, D. E., Grawe, K., & Parks, B. K. (1994). Process and outcome in psychotherapy: Nocheinmal. In A. E. Bergin & S. L. Garfield (Eds.), *Handbook of psychotherapy and behavior change* (4th ed., pp. 270-376). Oxford, England: Wiley.

Orlinsky, D. E., & Howard, K. I. (1987). A generic model of psychotherapy. *Journal of Integrative and Eclectic Psychotherapy, 6*(1), 6-27.

Orlinsky, D. E., & Ronnestad, M. (2000). Ironies in the history of psycho- therapy research: Rogers, Bordin, and the shape of things that came. *Journal of Clinical Psychology, 56*(7), 841-851.

Patterson, C. H. (1984). Empathy, warmth, and genuineness in psychother- apy: A review of reviews. *Psychotherapy: Theory, Research, Practice, Training, 21,* 431 -438.

Peterson, C., & Seligman, M. E. (2004). Social Intelligence. In C. Peterson & M. E. Seligman (Eds.), *Character strengths and virtues: A handbook and classification* (pp. 337-353). Washington, DC: American Psychological Association.

Pickrel, S. G., & Henggeler, S. W. (1996). Multisystemic therapy for adoles- cent substance abuse and dependence. *Child and Adolescent Psychiatric Clinics of North America, 5*(1), 201-211.

Piercy, F. P., Lipchik, E., & Kiser, D. (2000). Miller and DeShazer' s article on "emotions in solution-focused therapy." *Family Process, 39,* 25-28. Pinsof, W. M. (1978). *Family therapist verbal behavior: Development of a coding system.* Toronto, Canada: York University.

Pinsof, W. M. (1995). *Integrative problem-centered therapy: A synthesis of family, individual, and biological therapies.* New York: Basic Books.

Pinsof, W. M. (2005). Integrative problem-centered therapy. In J. C. Norcross & M. R. Goldfried (Eds.), *Handbook of psychotherapy integration* (2nd ed., pp. 382–402). New York: Oxford University Press.

Pinsof, W. M., & Catherall, D. R. (1986). The integrative psychotherapy alli- ance: Family, couple and individual therapy scales. *Journal of Marital and Family Therapy, 12*(2), 137–151.

Pinsof, W. M., & Lebow, J. L. (2005). A scientific paradigm for family psy- chology. In W. M. Pinsof & J. L. Lebow (Eds.), *Family psychology: The art of the science* (pp. 3–19). New York: Oxford University Press.

Pinsof, W. M., & Wynne, L. C. (Eds.). (1995). *Family therapy effectiveness: Current research and theory.* Alexandria, VA: American Association for Marriage and Family Therapy.

Pinsof, W. M., Zinbarg, R., & Knobloch-Fedders, L. M. (2008). Factoria and construct validity of the revised short form Integrative Psychotherapy Alliance Scales for Family, Couple, and Individual Psychotherapy. *Fam- ily Process, 47,* 281–301.

Prochaska, J. O. (1994). Strong and weak principles for progressing from precontemplation to action on the basis of twelve problem behaviors. *Health Psychology, 13,* 47–51.

Prochaska, J. O. (1999). How do people change, and how can we change to help many more people? In M. A. Hubble, B. L. Duncan, & S. D. Miller (Eds.), *The heart and soul of change* (pp. 227–255). Washington, DC: American Psychological Association.

Prochaska, J. O., DiClemente, C. C., & Norcross, J. C. (1992). In search of how people change: Applications to addictive behaviors. *American Psychologist, 47,* 1102–1114.

Prochaska, J. O., Velicer, W. F., & Rossi, J. S. (1994). Stages of change and decisional balance for 12 problem behaviors. *Health Psychology, 13,* 39–46.

Project MATCH Research Group. (1997). Matching alcoholism treatments to client heterogeneity: Project MATCH posttreatment drinking out- comes. *Journal of Studies in Alcoholism, 58,* 7–29.

Raskin, N. J., & Rogers, C. R. (1989). Person-centered therapy. In R. J. Corsini & D. Wedding (Eds.), *Current psychotherapies* (4th ed., pp. 155–194). Itasca, IL: Peacock.

Rea, M. M., Tompson, M. C., Miklowitz, D. J., Goldstein, M. J., Hwang, S., & Mintz, J. (2003). Family-focused treatment versus individual treat- ment for bipolar disorder: Results of a randomized clinical trial. *Journal of Consulting and Clinical Psychology, 71*(3), 482–492.

Robbins, M. S., Alexander, J. F., Newell, R. M., & Turner, C. W. (1996). The immediate effect of reframing on client attitude in family therapy. *Journal of Family Psychology, 10*(1), 28–34.

Robbins, M. S., Szapocznik, J., Santisteban, D. A., Hervis, O. E., Mitrani, V. B., & Schwartz, S. J. (2003). Brief strategic family therapy for His- panic youth. In A. E. Kazdin & J. R. Weisz (Eds.), *Evidence-based psy- chotherapies for children and adolescents* (pp. 407–424). New York: Guilford Press.

Rogers, C. R. (1951). The necessary and sufficient conditions of thera- peutic personality change. *Journal of Consulting Psychology, 21*, 95–103.

Rogers, C. R. (1961). *On becoming a person*. London: Constable.

Rogers, C. R., Kirschenbaum, H., & Henderson, V. L. (1989). *The Carl Rog- ers reader*. Boston: Houghton Mifflin.

Rosenzweig, S. (1936). Some implicit common factors in diverse methods in psychotherapy. *Journal of Orthopsychiatry, 6*, 412–415.

Rowe, C. L., & Liddle, H. A. (2002). Substance abuse. In D. H. Spren- kle (Ed.), *Effectiveness research in marriage and family therapy* (pp. 53–87). Alexandria, VA: American Association for Marriage and Fam- ily Therapy.

Santisteban, D. A., Coatsworth, J., Perez-Vidal, A., Kurtines, W. M., Schwartz, S. J., LaPerriere, A., et al. (2003). Efficacy of brief strategic family therapy in modifying Hispanic adolescent behavior problems and substance use. *Journal of Family Psychology, 17*(1), 121–133.

Santisteban, D. A., & Szapocznik, J. (1994). Bridging theory, research and practice to more successfully engage substance abusing youth and their families into therapy. *Journal of Child and Adolescent Substance Abuse, 3*(2), 9–24.

Santisteban, D. A., Szapocznik, J., Perez-Vidal, A., Kurtines, W. M., Mur- ray, E. J., & LaPerriere, A. (1996). Efficacy of intervention for engaging youth and families into treatment and some variables that may contrib- ute to differential effectiveness. *Journal of Family Psychology, 10*(1), 35–44.

Scharff, D., & Scharff, J. S. (1987). *Object relations family therapy.* New York: Jason Aronson.

Scharff, J. S., & Bagnini, C. (2002). Object relations couple therapy. In A. S. Gurman & N. S. Jacobson (Eds.), *Clinical handbook of couple therapy*(pp. 59–85). New York: Guilford Press.

Sexton, T. L., & Alexander, J. F. (2003). Functional family therapy: A mature clinical model for working with at-risk adolescents and their families. In T. L. Sexton, G. R. Weeks, & M. S. Robbins (Eds.), *Handbook of family therapy: The science and practice of working with families and couples* (pp. 323–348). New York: Brunner-Routledge.

Sexton, T. L., & Alexander, J. F. (2005). Functional family therapy for exter- nalizing disorders in adolescents. In J. L. Lebow (Ed.) *Handbook of clinical family therapy* (pp. 164–191). Hoboken, NJ: Wiley.

Sexton, T. L., Gilman, L., & Johnson-Erickson, C. (2005). Evidence-based practices. In T. P. Gullota & G. R. Adams (Eds.), *Handbook of ado- lescent behavioral problems: Evidence-based approaches to prevention and treatment* (pp. 101–128). New York: Springer Science + Business Media.

Sexton, T. L., & Griffin, B. L. (Eds.). (1997). *Constructivist thinking in counseling practice, research, and training.* New York: Teachers College Press.

Sexton, T. L., & Ridley, C. R. (2004). Implications of a moderated common factors approach: Does it move the field forward? *Journal of Marital and Family Therapy, 30*(2), 159–163.

Sexton, T. L., Ridley, C. R., & Kleiner, A. J. (2004). Beyond common factors: Multilevel-process models of therapeutic change in marriage and family therapy. *Journal of Marital & Family Therapy, 30*(2), 131–149.

Shadish, W. R., & Baldwin, S. A. (2002). Meta-analysis of MFT interven- tions. In D. H. Sprenkle (Ed.), *Effectiveness research in marriage and family therapy* (pp.

339–370). Alexandria, VA: American Association for Marriage and Family Therapy.

Shadish, W. R., & Baldwin, S. A. (2003). Meta-analysis of MFT interven- tions. *Journal of Marital and Family Therapy, 29*(4), 547–570.

Shadish, W. R., Montgomery, L. M., Wilson, P., Wilson, M. R., Bright, I., & Okwumabua, T. (1993). Effects of family and marital psychotherapies: A meta-analysis. *Journal of Consulting and Clinical Psychology, 61*(6), 992–1002.

Shadish, W. R., Ragsdale, K., Glaser, R. R., & Montgomery, L. M. (1995). The efficacy and effectiveness of marital and family therapy: A perspec- tive from meta-analysis. *Journal of Marital and Family Therapy, 21*(4), 345–360.

Sheidow, A. J., Henggeler, S. W., Schoenwald, S. K. (2003). Multisystemic therapy. In T. L. Sexton, G. R. Weeks, & M. S. Robbins (Eds.), *Hand- book of family therapy* (pp. 323–348). New York: Brunner-Routledge.

Simon, G. M. (2006). The heart of the matter: A proposal for placing the self of the therapist at the center of family therapy research and training. *Family Process, 45,* 331–344.

Smith, M. L., & Glass, G. V. (1977). Meta-analysis of psychotherapy out- come studies. *American Psychologist, 32*(9), 752–760.

Smith, M. L., & Glass, G. V. (1979). Meta-analysis of psychotherapy out- come studies. In C. A. Kiesler, N. A. Cummings, & G. R. VandenBos (Eds.), *Psychology and national health insurance: A sourcebook* (pp. 530–539). Washington, DC: American Psychological Association.

Snow, M. G., Prochaska, J. O., & Rossi, J. S. (1992). Stages of change for smoking cessation among former problem drinkers: A cross-sectional analysis. *Journal of Substance Abuse, 4,* 107–116.

Sprenkle, D. H. (Ed.). (2002). *Effectiveness research in marriage and family therapy.* Alexandria, VA: American Association for Marriage and Fam- ily Therapy.

Sprenkle, D. H., & Blow, A. J. (2004a). Common factors and our sacred models. *Journal of Marital and Family Therapy, 30*(2), 113–129.

Sprenkle, D. H., & Blow, A. J. (2004b). Common factors are not islands— they work through models: A response to Sexton, Ridley, and Kleiner. *Journal of Marital and Family Therapy, 30*(2), 151–158.

Sprenkle, D. H., Blow, A. J., & Dickey, M. H. (1999). Common factors and other nontechnique variables in marriage and family therapy. In M. A. Hubble, B. L. Duncan, & S. D. Miller (Eds.), *The heart and soul of change: What works in therapy* (pp. 329–360). Washington, DC: Amer- ican Psychological Association.

Stith, S. M., Rosen, K. N., & McCollum, E. E. (2002). Domestic violence. In D. H. Sprenkle (Ed.), *Effectiveness research in marriage and family therapy* (pp. 223–254). Alexandria, VA: American Association for Mar- riage and Family Therapy.

Stolk, Y., & Perlesz, A. J. (1990). Do better trainees make worse family ther- apists? A follow-up study of client families. *Family Process, 29*, 45–58. Straus, M. A. (1973). A general systems theory approach to a theory of vio- lence between family members. *Social Science Information, 2*(3), 105–125.

Stricker, G., & Gold, J. (2005). Assimilative Psychodynamic Psychotherapy. In J. C. Norcross & M. R. Goldfried (Eds.), *Handbook of psychother- apy integration* (2nd ed., pp. 221–240). New York: Oxford University Press.

Szapocznik, J., Kurtines, W. M., Foote, F. H., Perez-Vidal, A., & Hervis, O. (1983). Conjoint versus one-person family therapy: Some evidence for the effectiveness of conducting family therapy through one person. *Jour- nal of Consulting and Clinical Psychology, 51*, 881–899.

Szapocznik, J., Kurtines, W. M., Foote, F. H., Perez-Vidal, A., & Hervis, O. (1986). Conjoint versus one-person family therapy: Further evidence for the effectiveness of conducting family therapy through one person fam- ily therapy with drug-abusing adolescents. *Journal of Consulting and Clinical Psychology, 54*, 395–397.

Szapocznik, J., Perez-Vidal, A., Brickman, A. L., Foote, F. H., Santisteban, D., Hervis, O., et al. (1988). Engaging adolescent drug abusers and their families in treatment: A strategic structural systems approach. *Journal of Consulting and Clinical Psychology, 56*(4), 552–557.

Szapocznik, J., Robbins, M. S., Mitrani, V. B., Santisteban, D. A., Hervis, O., & Williams, R. A. (2002). Brief strategic family therapy. In F. W. Kaslow (Ed.),

Comprehensive handbook of psychotherapy: Vol. 4. Integrative/ eclectic (pp. 83-109). New York: Wiley.

Szapocznik, J., & Williams, R. A. (2000). Brief strategic family therapy: Twenty-five years of interplay among theory, research, and practice in adolescent behavior problems and drug abuse. *Clinical Child and Fam- ily Psychology Review, 3*(2), 117-134.

Tallman, K., & Bohart, A. C. (1999). The client as a common factor: Clients as self-healers. In M. A. Hubble, B. L. Duncan, & S. D. Miller (Eds.), *The heart and soul of change* (pp. 91-131). Washington, DC: American Psychological Association.

Timm, T. M., & Blow, A. J. (1999). Self-of-therapist work: A balance between removing restraints and identifying resources. *Contemporary Family Therapy: An International Journal, 21,* 331-351.

Waldron, H. B., Turner, C. W., Barton, C., Alexander, J. F., & Cline, V. B. (1997). Therapist defensiveness and marital therapy process and out- come. *American Journal of Family Therapy, 25,* 233-243.

Wampler, K. (1997). *Systems theory and outpatient mental health treatment.* Paper presented at the Inaugural American Association for Marriage and Family Therapy Research Conference, Santa Fe, NM.

Wampold, B. E. (2001). *The great psychotherapy debate: Models, methods, and findings.* Mahwah, NJ: Erlbaum.

Wampold, B. E., Minami, T., Tierney, S. C., Baskin, T. W., & Bhati, K. S. (2005). The placebo is powerful: Estimating placebo effects in medicine and psychotherapy from randomized clinical trials. *Journal of Clinical Psychology, 61*(7), 835-854.

Wampold, B. E., Mondin, G. W., Moody, M., Stich, F., Benson, K., & Ahn, H. (1997). A meta-analysis of outcome studies comparing bona fide psy-chotherapies: Empiricially, "all must have prizes." *Psychological Bul- letin, 122*(3), 203-215.

Wampold, B. E., Ollendick, T. H., & King, N. J. (2006). Do therapies desig- nated as empirically supported treatments for specific disorders produce outcomes superior to non-empirically supported treatment therapies? In J. C. Norcross, L.

E. Beutler, & R. F. Levant (Eds.), *Evidence-based practices in mental health: Debate and dialogue on the fundamental questions* (pp. 299-328). Washington, DC: American Psychological Association.

Watzlawick, P., Beavin, J. H., & Jackson, D. (1967). *Pragmatics of human communication: A study of interactional patterns, pathologies, and par- adoxes.* New York: Norton.

Watzlawick, P., Weakland, J. H., & Fisch, R. (1974). *Change: Principles of problem formation and problem resolution.* Oxford, England: Norton. Westen, D., Novotny, C. M., & Thompson-Brenner, H. (2004). The empiri- cal status of empirically supported psychotherapies: Assumptions, find-ings, and reporting in controlled clinical trials. *Psychological Bulletin, 130,* 631-663.

Westen, D., Stirman, S. W., & DeRubeis, R. J. (2006). Are research patients and clinical trials representative of clinical practice? In J. C. Norcross, L. E. Beutler, & R. F. Levant (Eds.), *Evidence-based practices in mental health: Debate and dialogue on the fundamental questions* (pp. 161-189). Washington, DC: American Psychological Association.

Whitaker, C. A., & Keith, D. M. (1982). Symbolic-experiential family ther- apy. *Terapia Familiare, 11,* 95-134.

Whitaker, C. A., & Malone, T. P. (1953). *The roots of psychotherapy.* Oxford, England: Blakiston.

White, M., & Epston, D. (1990). *Narrative means to therapeutic ends.* New York: Norton.

저자 약력

■ **Douglas H. Sprenkle**

더글라스 스프렝클 박사Douglas H. Sprenkle, PhD는 퍼듀대학교Purdue University 부부·가족치료 박사과정Doctoral Program in Marriage and Family Therapy의 전 학과장이었다. 그는 또한 퍼듀대학교 아동발달·가족학과Department of Child Development and Family Studies 소속의 명예교수였으며, 부부·가족치료와 아동발달·가족학 교수였다. 스프렝클 박사는 『*부부·가족치료저널Journal of Marital and Family Therapy*』의 전 편집장이었으며, 100여 편의 학술 논문과 『*부부·가족치료에서의 효과 연구Effectiveness Research in Marriage and Family*』, 『*가족치료 연구방법론Research Methods in Family Therapy(제2판)*』(프레드 피어시Fred Piercy와 공동 편집), 『*가족치료 소스북Family Therapy Sourcebook (제2판)*』(프레디 피어시, 조셉 웨츨러Joseph Wetchler와 공동 저술)을 비롯한 책 6권의 저자 혹은 편자이다. 그는 전미가족관계학회National Council on Family Relations에서 격년으로 우수 강의자에 주는 오스본 상Osborne Award(1986), 부부·가족치료 공헌상(2012), 부부·가족치료 연구에 대한 경력 기여상(2000), 그리고 미국부부·가족치료학회American Association for Marriage and Family Therapy: AAMFT에서 주는 훈련상(2002)을 수상하였다. 스프렝클 박사는 또한 미국가족치료학회American Family Therapy Academy로부터 가족치료이론 및 실천에 대한 우수 기여상(2010)을 받았다.

■ **Sean D. Davis**

션 데이비스 박사Sean D. Davis, PhD는 캘리포니아 새크라멘토에 있는 알리안트국제대학교Alliant International University의 커플·가족치료학과Couple and Family Therapy Program의 부교수이며, AAMFT의 공인 지도감독approved supervisor이자 임상회원clinical member이다. 데이비스 박사는 또한 『*부부·가족치료저널Journal of Marital and Family Therapy*』의 편집위원으로 일하고 있다. 그의 연구, 임상, 그리고 교수에 대한 관심은 공통요인과 부부·가족치료에서의 학자-실천가 사이의 간격을 메우는 것에 집중되어 있다. 공통요인에 대한 그의 박사학위 논문은 2005년 AAMFT 대학원생 연구상, 그리고 2006년 AAMFT 학위논문상을 수상했다. 데이비스 박사는 여러 편의 학술논문과 『*무엇이 커플치료를 작동하게 하는가?What Makes Couples Therapy Work?*』와 『*가족치료 처치계획서The Family Therapy Treatment Planner(제2판)*』를 비롯한 책들을 출판했으며, 사설 치료를 하고 있다.

■ **Jay L. Lebow**

제이 리보우 박사Jay L. Lebow, PhD는 노스웨스턴대학교Northwestern University 가족연구소Family Institute의 심리학 임상교수이다. 그는 30여 년간 커플·가족치료에 대한 임상실천, 지도감독과 연구를 수행해 왔다. 그는 미국전문심리학위원회American Board of Professional Psychology의 공인가족심리학위원board certified in family psychology이며 AAMFT의 공인지도감독이다. 리보우 박사는 거의 대부분이 연구와 실천의 연결, 통합적인 커플·가족치료에 초점을 맞추는 100여 편의 책들의 장과 학술논문의 저자이다. 그가 출판한 책은 『*심리치료자를 위한 연구Research for the Psychotherapist*』를 포함한 책들과 『*임상가족치료 핸드북Handbook of Clinical Family Therapy*』을 비롯한 4권의 편저들이다. 그는 미국심리학회American Psychological Association의 가족심리분과Division of Family Psychology 회장을 역임했으며, 가족연구소의 심리치료 변화 프로젝트Psychotherapy Change Project에 참여하였다. 리보우 박사는 현재 『*가족과정Family Process*』 저널의 편집장이다.

옮긴이 약력

■ **최연실**

- 현재 상명대학교 가족복지학과 교수
- 서울대학교 가정관리학과 학사, 대학원 가정관리학과 석사 및 소비자아동학과 박사
- 한국가족치료학회, 한국가정관리학회, 한국가족관계학회 회장 역임
- 한국가족치료학회 부부 · 가족상담전문가 슈퍼바이저, 한국상담학회(부부 · 가족상담학회) 1급 전문상담사(지도감독자), 한국가족관계학회 가족상담사 슈퍼바이저
- 대표저술: 『가족상담 및 치료』, 『한국가족을 말하다』, 『임상가를 위한 가족치료 연구방법론』(역서), 『부부 · 가족치료자를 위한 필수사정기술』(역서), 『가족놀이치료』(역서)

커플 · 가족치료에서의 공통요인

초판발행 2021년 12월 20일 **1판 1쇄 인쇄** | 2021년 12월 25일 **1판 1쇄 발행**

지은이 Douglas H. Sprenkle, Sean D. Davis, & Jay L. Lebow
옮긴이 최연실
펴낸이 최용구 | **펴낸곳 도서출판 신정**
주소 (04316) 서울시 용산구 원효로 89길 19 (원효로1가)
전화 02)3211-4782, 0266(영업부), 3211-4783(편집부), 3211-4784(팩스)
이메일 shinjeong72@naver.com | **홈페이지** www.sjbook.co.kr
등록 2001년 5월 11일 제13-702호
기획마케팅 최용구 장만동 송대용 최충구 | **책임편집** 석기은 황가연

ISBN 978-89-5912-758-0 93590
정가 17,000원